民办高校大学生体质健康管理实践

冯卫卫　李　贵　著

哈尔滨工程大学出版社
Harbin Engineering University Press

内 容 简 介

本书将科学运动理论与大学生体质健康指导实践相结合,以满足改善当代大学生后疫情时代体质健康现状的不足,以及科学指导运动的迫切需求。本书主要从运动、营养、卫生、心理等方面,运用健康科学的理念指导体质锻炼实践,介绍了一些符合高校实际、实践性较强的大学生体能测试的内容、办法和评价体系;运用生理与一般运动训练理论释析身体机能成长原理及规律,并通过数据化、表格化体现各项机能提高的运动方法和手段,具有易操作、好实现、居家锻炼指导适用性强等特点。同时,本书介绍了科学制订训练计划和运动处方的生理监控指标及训练学理论知识,倡导个体化、人性化体育锻炼认知指导,以期为大学生自主锻炼、科学运动提供理论指导和建议。

本书可作为普通高校大学体育与健康等专业的教学及社会体育指导与健身等领域的参考用书,也可供体育院校相关专业研究人员及运动健身从业人员参考借鉴。

图书在版编目(CIP)数据

民办高校大学生体质健康管理实践/冯卫卫,李贵
著.—哈尔滨:哈尔滨工程大学出版社,2023.6
ISBN 978-7-5661-4001-2

Ⅰ.①民… Ⅱ.①冯… ②李… Ⅲ.①民办高校-大
学生-身体素质-健康教育-研究 Ⅳ.①G807.4

中国国家版本馆 CIP 数据核字(2023)第 112102 号

民办高校大学生体质健康管理实践
MINBAN GAOXIAO DAXUESHENG TIZHI JIANKANG GUANLI SHIJIAN

选题策划 包国印
责任编辑 张 彦 秦 悦
封面设计 李海波

出版发行 哈尔滨工程大学出版社
社　　址 哈尔滨市南岗区南通大街 145 号
邮政编码 150001
发行电话 0451-82519328
传　　真 0451-82519699
经　　销 新华书店
印　　刷 哈尔滨市石桥印务有限公司
开　　本 787 mm×1 092 mm　1/16
印　　张 12.25
字　　数 301 千字
版　　次 2023 年 6 月第 1 版
印　　次 2023 年 6 月第 1 次印刷
定　　价 59.80 元
http://www.hrbeupress.com
E-mail:heupress@hrbeu.edu.cn

前　言

　　"健康中国"战略的发展推进,对全体国民的体质健康水平提出了新的要求。国家把健康教育作为所有教育阶段素质教育的重要内容,学生的体质健康备受社会关注。习近平总书记在全国教育大会上也做出"要树立健康第一的教育理念,开齐开足体育课,帮助学生在体育锻炼中享受乐趣、增强体质、健全人格、锤炼意志"的指示,为高校体育事业发展指明了方向。在后疫情时代,把增进大学生的身心健康作为学校体育工作的出发点和落脚点,促进大学生全面发展,已成为高校体育教学改革的重要内容。民办高校作为蓬勃发展的新兴教育阵地,同样肩负着时代责任与历史使命,更应把握前沿脉搏,灵敏应变,做好大学生的体质健康管理工作。

　　鉴于当前民办高校体质健康管理工作存在诸多不足,本书抓住时代契机,以"健康第一"为指导思想,提出了构建以体育教学部门为核心、体质健康测试为中心、校医院等共同参与的民办高校体育健康管理体系;倡导学校、家庭和社区等多方联动,营造一个良好的社会环境;设计了大学生自我健康管理方案。依据 PDCA 循环理论构建体系的管理模式,提出加强组织保障、宣传教育、师资培训、评价机制等补充性管理建议,为促进大学生体质健康发展提供参考。另外,本书被列为广州华商学院 2021HSQX58 校级青年学术(社科)课题"后疫情时代民办高校学生体质健康促进长效机制"成果之一,以推动对民办高校学生体质健康的进一步持续研究。

　　每个人都是自己健康的第一责任人。大学正是人的生命力最旺盛的美好阶段,个体独立、逐渐成熟的大学生充分具备自我运动和自我运动监督管理的能力。本书融合专业运动理论,依据科学健身理念和方法,总结多年来民办高校体育教学的实践经验,遵循大学生体质、年龄和心理等特点,策划设计适合不同体能水平大学生的健身素材和训练计划;指导民办高校大学生从身体成分、身体机能、身体素质等方面进行自我评估和科学检测;全面指导大学生终身运动习惯的培养,依据自身健康状况、运动能力和兴趣爱好选择体育项目、设定锻炼强度等,制订精准的体育锻炼计划,做好自我健康管理,养成良好的运动习惯,得以形成终身健康生活方式,提升生命质量。

　　本书为大学生开具自我运动处方,提供了有关增强心肺耐力、肌肉力量与耐力水平,以及增强身体柔韧性、改善姿态、身体成分,防范超重、肥胖,科学自主锻炼和健康管理等方方面面的细致指导,以期为广大高校学生体质健康运动保驾护航。

　　在本书的撰写过程中,我们借鉴了许多学者和业内人士关于体质健康与体能测评训练等方面的论著,在此向相关作者致以深深的谢意! 由于自身学识浅陋,不足之处在所难免,敬请读者批评指正!

著　者

2023 年 3 月

目　　录

专题一　重谈民办大学生体质健康

多年来的数据表明,民办高校男女生身体形态与全国同龄学生接近,没有显著性差异。而对于反映身体机能的肺活量指标而言,民办高校男生高于全国同龄男生,女生则低于全国同龄女生。民办高校男女生身体素质水平明显低于全国同龄学生的平均水平。这与民办高校的规模扩张、师生比不达标、场地器材缺乏、重专业项目建设而轻基础教育理念等因素有关。

体质是大学生基本素质的重要内容,是大学生劳动与活动能力的基础。其一,在校期间,可以使学生保持充沛的精力以完成学业;其二,走上工作岗位后,可以使学生承受不同工作形式的强度,提高抗压能力,更好地发挥所学知识技能,积极健康地服务于社会主义建设事业。体质健康能反映学生们的运动能力、生理机能及身体发育的变化趋势和基本状况,也直接关系到高校的教学计划和教育质量。国民体质健康既是国家综合实力的关键标志,也是我国参与国际竞争的重要抓手。在关于促进民办高校大学生体质健康水平不断提升的问题上,应当引起高度重视。

第一节　解读体质健康

一、理想体质构成

(一)体质及其构成

体育学界长期认为,体质是指人体的质量,是在遗传性和获得性基础上表现出来的人体形态结构、身体素质和心理因素的综合的、相对稳定的特征。在实践中,主要对应于前两个方面,即身高、体重等身体形态指标,以及心肺耐力、柔韧性、力量等体能指标。

研究表明,体质强弱取决于五个不可分割的要素,见表1-1。

表1-1　体质构成要素

序号	要素名称	要素内容
1	身体形态发育水平	体格、体型、体姿、身体成分、营养状况
2	生理机能水平	机体的新陈代谢状况和各器官系统的功能效能等
3	身体素质和运动能力	速度、力量、耐力、灵敏性、协调性、柔韧性及走、跑、跳、投、攀爬等基本活动能力

表1-1(续)

序号	要素名称	要素内容
4	心理发育水平	智力、情感、行为、感知觉、个性、性格、意志等
5	适应环境能力	对自然环境、社会环境、各种生活紧张事件的适应能力,对疾病和其他有碍健康的不良应激源的抵抗能力和抗病能力

由表1-1可知,五方面要素相辅相成,缺一不可。要素之间不同的构成比例,也形成了不同人体质水平的相互区别。要精准地评价一个人体质具备什么样的水平,需要参考上述的构成要素,全方位、多角度、综合地进行施测和评价。一般情况下,业内通常从体格、体能和适应能力,即"体适能"三方面来衡量一个人的体质。

(二)体质好坏与影响因素

体质形成、发展和消亡过程的阶段划分很明显,可分为一般功能状态、良好功能状态、严重疾病状态、功能障碍状态等,不同体质水平状态特征是显而易见的。理想的体质,既有遗传因素,又有经过勤奋努力的结果,是人体形态、生理机能、身体素质和运动能力、心理和环境适应能力的全面发展与优秀的状态,见表1-2。

表1-2 理想体质参照表

序号	参照指标
1	身体健康,主要脏器无疾病
2	身体形态发育良好,体格健壮,体型匀称
3	呼吸系统、心血管系统和运动系统具有良好的生理功能
4	有较强的运动能力和劳动工作能力
5	心理发育健全,情绪乐观,意志坚强,有较强的抗干扰、抗刺激能力
6	对自然和社会环境有较强的适应能力

研究认为,遗传因素是体质素养发展变化的先天条件,影响健康和寿命比重占15%,为人的体质提供了一定的影响。人在出生以后,体质强弱更多地与周边环境提供的营养好坏、是否热爱体育锻炼,以及有无卫生保健条件等有关,主动参加体育锻炼才是增强体质的优良方法。自然环境、社会环境都会对人类体质健康造成重大的影响。另外,卫生服务条件在人类的体质和寿命质量中占比8%。世界卫生组织把卫生服务分为初级、二级和三级。初级卫生服务就是预防疾病。社会大力提倡治未病,防患于未然。

个人的生活方式占了体质和寿命质量的60%。大量流行病学研究表明,大多数严重危害人们生命与健康的慢性病,如高血压、冠心病、糖尿病,都与不良生活方式密切相关。运动即良医的理念逐渐深入人心,健康中国建设提出的重要内容如体医结合、体医融合,也为人民群众所接受,人们慢慢改变了以往包括抽烟、酗酒、熬夜、饮食不规律、心理焦虑、运动不足等多个方面不良的生活方式和生活行为习惯。

在健康中国的视角下,营养和运动受到了最为广泛的重视。膳食结构合理,饮食习惯科学,需要从摄入充足的必需营养和适当增加补充营养两个方面入手。另外,网络媒体大力宣传的"合理饮食能改善体质,增强机体免疫力"已是家喻户晓。

二、健康新理念

在日常生活中,有不少人这样说:"我既不发烧又不头疼,身体不痛不痒,我当然健康。"仅仅这样原始地、表面地理解健康,是对健康实质内容的一知半解。只有正确理解了什么是健康,才能进一步去保持健康,提升生命质量。

古往今来,中华民族汲取中国古代文明的《黄帝内经》《易经》以及道家、儒家倡导的天人合一、形神合一的精华,使健康观念逐步完善和升华。四维健康观认为,健康不仅是没有疾病,还包括躯体健康、心理健康、社会适应良好和道德健康。进入 21 世纪,伴随高科技的突飞猛进和社会的高速发展,生物-心理-社会医学模式促使人们重新审视了健康的内涵与外延,深刻地体会生命的意义,从而树立了更加科学的健康观念——五维健康观,健康除四维健康之外,还应囊括生态健康。

人们对健康的评价也应具有与社会发展相适应的动态性,逐渐形成了公认的健康十标准,见表 1-3。这 10 条标准充分体现了健康所包含的躯体、心理、道德和社会适应能力四方面的内容。

表1-3 健康十标准参照表

序号	标准内容
1	精力充沛,对工作不感到过分的疲劳与紧张
2	乐观积极,乐于承担责任
3	善于休息,睡眠好
4	应变能力与适应环境能力强
5	有一定的抵抗力,能抵抗一般性疾病
6	体重适当,身体匀称
7	眼睛明亮,反应敏锐
8	头发光泽,无头皮屑
9	牙齿清洁、无龋齿、不疼痛,牙龈颜色正常,无出血现象
10	肌肉丰满,皮肤富有弹性

在关注自身健康的同时,还要努力保持良好的心理状态,并与他人友好相处,才会精力充沛、乐观、开朗,才能健康地学习和生活。因人的年龄、性别、民族和地域的差异,健康的标准也不尽相同,具体还要因人、因时、因地制宜地拟定适宜的标准。

事实证明,如何解决人类健康的问题是严峻而急迫的,虽然几千年来一部分危害人类健康的主要传染病已被消灭或控制,但是一些慢性非传染性疾病,如心脑血管病(高血压、脑卒中、冠心病)、恶性肿瘤、糖尿病等已成为威胁人们生命与健康的常见病和多发病。这些疾病的发生与个人不健康的生活方式密切相关,又称为"生活方式病"。

预防这些疾病的根本办法是提倡自我保健,改变不良行为习惯,建立科学、文明、健康的生活方式。世界卫生组织提出了健康四大基石的概念,即合理膳食、适量运动、戒烟限酒、心理平衡,具体内容见表1-4。

表1-4　健康四大基石示意表

序号	基本理念	具体内容
1	合理膳食	保持膳食平衡,即保持摄入和排出的平衡,使体重处于正常水平,既不肥胖也不消瘦,方法是按每天的实际消耗确定进食量
		每天膳食的"一二三四五": (1)500克牛奶:牛奶的钙及氨基酸易被人体吸收。 (2)300~400克主食:具体食用量因个人的劳动量、体重、性别、年龄而定。 (3)3~4份高蛋白:1份高蛋白相当于50克瘦肉,或100克豆腐,或1个鸡蛋,或25克黄豆,或100克鱼虾。 (4)记住四句话:有粗有细(营养全面),不甜不咸,三四五顿(少食多餐),七八分饱。 (5)500克蔬菜及水果:补充每日所需维生素和膳食纤维
		每天餐桌上的"红黄绿白黑": (1)红指西红柿、红葡萄酒。每天一个西红柿能使前列腺癌的得病率降低45%,番茄红素具有抗氧化、抗衰老的功能;少量红葡萄酒有助健康。 (2)黄指橄榄油、蜂蜜、黄色蔬菜。橄榄油对心血管有好处;蜂蜜能增强人体抵抗力;黄色蔬菜含有胡萝卜素,胡萝卜素可以改善视力。 (3)绿指绿茶及绿叶蔬菜。茶多酚防癌,产茶区的肿瘤发生率低;绿叶蔬菜中的维生素K具有保护血管和骨骼。 (4)白指燕麦粉、燕麦片等。它们有恒定、良好的降低血脂的作用。 (5)黑指黑木耳。每日吃5~15克黑木耳,具有明显的抗血小板聚集(相当于小剂量的阿司匹林)、抗凝、降胆固醇作用
2	适量运动	科学运动的核心是适量,适量的关键在于"度",其精髓是进行步行、太极拳等有氧运动
		运动的"三五七原则": (1)三指每天步行3千米,时间在30分钟以上,最好一次走完。 (2)五指每周运动5次以上,只有规律性运动才能有效,不能三天打鱼两天晒网。 (3)七指运动后心率加年龄约为170,身体差的人年龄加心率约为150
3	戒烟限酒	戒烟越早越好:与不吸烟的人相比,烟民看上去衰老5岁以上,患癌症风险高15倍,患肺气肿风险高16倍,患支气管炎风险高10倍,患心脏病风险高2倍……
		控制饮酒量:适量饮酒有助于血管扩张,减少血小板聚集,可预防心脑血管疾病,红葡萄酒还含有少量抗氧化剂,有抗衰老的作用,还可帮助消化,防止便秘
4	心理平衡	心理平衡是心理健康的重要组成部分,是人体健康的基础和重要保证。人类65%~90%的疾病与心理上的压抑感有关。紧张、愤怒和敌意等不良情绪不仅有损人体健康,还会导致早衰和死亡。应该正确对待自己,正确对待他人,正确对待社会,心中常有爱心,常怀感激之情

健康生活方式虽然很简单,但效果非常明显,整体上可使危害人类健康最严重的慢性非传染性疾病减少一半以上,大大提高生活质量。

三、体质与健康

体质与健康两者密切相关,不可分割,且不能相互替代。两者从不同侧面反映人类在生物、心理、社会和道德等层面上的基本特征。体质是健康的物质基础,健康是体质的外在表现。健康是一种动态平衡,维持这种动态平衡的能力就是体质。

一个人的体质水平在维护健康、预防慢性病中具有重要作用,优秀的体质水平是通向完美健康的重要保障。在"体质健康"名称中,体质作为健康的定语是为了避免与三维的健康概念混淆,强调的是与体育活动密切相关的身体健康。通过表1-5和表1-6,可对健康状况进行自我评价。

表1-5　健康状况自我认知量表

目的:自我评价健康状况时,请在符合自己的描述上打√,并把所得分值填入"得分"栏中。分别计算出表中各个维度的得分

序号	描述	完全同意	同意	不同意	完全不同意	得分
情绪健康得分						
1	大多数情况下我心情愉悦	4	3	2	1	
2	有良好的社会价值感	4	3	2	1	
3	我不会经常感到有压力	4	3	2	1	
智力健康得分						
4	对于当前发生的事情我很清楚	4	3	2	1	
5	我很乐于表达自己的观点	4	3	2	1	
6	我对自己的事业发展充满兴趣	4	3	2	1	
身体健康得分						
7	我身体健康	4	3	2	1	
8	我能完成工作中所需的体力活动	4	3	2	1	
9	我能完成业余生活中的体力活动	4	3	2	1	
社会功能健康得分						
10	我有很多朋友并积极参加社会活动	4	3	2	1	
11	我与家人联系密切	4	3	2	1	
12	我对自己的社会地位充满自信	4	3	2	1	
精神健康得分						
13	我精力充沛	4	3	2	1	
14	我感到自己与周围世界密切联系	4	3	2	1	
15	我具有使命感	4	3	2	1	

表 1-5(续)

总分	

得分说明:健康状况自我认知量表共 5 个维度,每个维度包括 3 个条目,各维度得分等于组成这个维度条目得分的总和,即总分等于全部 15 个条目得分的总和。最后,根据各维度得分和总分对自己的健康状况等级进行评价

表 1-6　健康状况分级表

健康等级	健康状况分级	总分
优	10~12	50~60
良	8~9	40~49
及格	6~7	30~39
不及格	<6	<30

第二节　民办高校大学生体质健康现状

广州某民办高校依据 2014 年我国颁布的《国家学生体质健康标准(修订版)》,对全体大学生进行了体质测试工作,从身体形态、身体机能和身体素质等多个方面综合评定学生的体质健康水平。本书以该校 2019 年 10 月至 2021 年 5 月近三年监测数据分析为例,将 2019 年设为常规测试数据,2020 年和 2021 年为后疫情时期测试数据,阐述近年来的高校大学生体质健康现状,见表 1-7 和表 1-8。

表 1-7　近三年大学生基础数据等级分布对比分析表

年份	样本数	优秀	百分比	良	百分比	及格	百分比	不及格	百分比
2019 年	22 884	47	0.20%	1 698	7.42%	19 462	85.05%	1 677	7.33%
2020 年	23 486	49	0.21%	1357	5.78%	16 573	70.56%	5 507	23.45%
2021 年	24 583	50	0.20%	1 062	4.32%	16 918	68.82%	6 553	26.66%

表 1-8　近三年各项目体测数据及格率对比状况

项目	2019 年	2020 年	2021 年
体重指数(BMI)	20.03	21.25	21.43
肺活量/毫升	2 994.20	2 904.70	2 872.60
立定跳远/厘米	186.69	177.32	180.20
50 米/秒	8.70	9.10	9.00

表 1-8(续)

项目	2019 年	2020 年	2021 年
800 米	4 分 2 秒	4 分 33 秒	4 分 45 秒
1 000 米	4 分 22 秒	4 分 43 秒	4 分 56 秒
引体向上/个	11.10	6.70	7.40
坐位体前屈/厘米	13.00	17.20	17.18
1 分钟仰卧起坐/个	39.30	37.10	36.50

由表数据结果分析,各项目体测成绩良好、及格人数百分比逐年下降,而不及格人数百分比自 2019 年后出现大幅上升,由原来的 7.33%上升至 20%。这说明疫情时期,大学生体质健康状况呈普遍下降趋势,尤其不及格人数比增幅变化较大,这可能与疫情期间防控措施导致户外运动减少有关。

进一步对比分析男女身高、体重项目体测数据,结果见表 1-9。女生体重正常比例略高于男生,而在超重及肥胖比例和营养不良比例方面差异较大,测试成绩存在性别差异性。

表 1-9 大学生身高、体重分析表

性别	平均身高	平均体重	体重正常比例	超重及肥胖比例	营养不良比例
男生	173.1 厘米	64.3 千克	38.9%	15.4%	4.1%
女生	160.5 厘米	54.1 千克	41.3%	5.9%	10.5%

进一步分析原因发现:男生饮食习惯不佳,较多存在暴饮暴食、缺乏锻炼的情况;女生则对"美"有较强烈的追求,部分女生会刻意控制自己的饮食,但因此导致营养不良的情况相对严重。总体来看,该项测试结果女生优于男生,可以进一步发掘动机策略对锻炼行为的影响。

影响大学生定期锻炼的主要原因见表 1-10。

表 1-10 影响大学生定期锻炼的主要原因(多选项)

项目	学业负担重	手机网络占用时间	社交活动占用时间	体育设施限制	不喜欢运动	缺少运动伙伴,没人陪玩	氛围不足,没人带动	其他原因
人数占比	10.24%	28.12%	25.41%	38.31%	18.56%	13.32%	17.34%	4.17%

"不喜欢运动"原因选择人数比除外,其他拟定为潜在动机运动人员,前面四个选项为客观影响因素,后面三个选项为主观影响因素。综合人数占比排序,体育设施限制占据第一,其次手机网络和社交活动占用时间分别排名第二和第三。这体现出目前该校体育设施不足,影响学生运动参与现状,而手机网络和社交活动时间占用也逐渐成为影响大学生定期锻炼的另外两个重要原因。

主观影响因素调查中,"氛围不足,没人带动"选项主要体现被动参与运动人群,选择人数占比高于其他两个选项,其中包括"缺少运动伙伴,没人陪玩"体现主动意识参与人群的选项,进一步证实该校体育活动开展的传播力和影响力需要进一步提高。

大学生对体质健康的认知态度程度见表1-11。一方面,大学生能够认识到体质健康的重要价值;另一方面,部分大学生较少主动参与体育运动而沉迷网络、以瘦为美、熬夜晚起等错误理念与行为,对其健康造成了严重威胁。

表1-11　大学生对体质健康的认知态度程度

项目	非常重要	一般重要	不确定	无所谓
人数占比	89.46%	8.24%	2.12%	0.18%

后疫情时代,被迫应对应激情境中的学习和生活状态,对处于生长发育高峰期和心理善变期的青年大学生群体的身心发展,产生了深远的影响。高校体育教学改革是改变大学生体质健康状况的重要手段,只有深度分析大学生体质健康状况,才能更好地探究破局之策。

调查研究发现,民办高校大学生的体质健康水平依然处于偏低层次,这主要是受大学生的生活习惯、高校体育课程设置以及体育考评方式的影响。高校体育教学改革是实现体育教育发展的关键。

民办高校的基础设施建设明显落后于其学校规模的扩张和大学生人数的增长。很多民办高校在场地设施建设方面无法满足基本教学需求,大学生在课外参与体育锻炼的需求更无法得到保障。民办高校应采取有效手段加快体育教学改革进程,建议从教学理念革新、教育体系完善和考评机制优化等方面入手,持续推动民办高校体育教学改革,进而实现民办高校大学生体质健康水平的不断发展提高。

第三节　体质健康与心理健康

对于青年大学生群体而言,无论是从个体、家庭抑或社会与民族需求方面,理应对其"健康"提出更高的要求,即"躯体和心理层面不得病"是最基本的"底线",其体能与心理健康水平应该进一步改善,以能够充分满足学习、生活、工作等方面需要,适应各种竞争激烈的环境。

大学生体质与心理健康之间有着紧密联系,诸多学者就体质健康与心理健康之间的关系开展了大量研究。从介于"心理疾病"和"心理健康"之间的一种心理状态——"心理亚健康"的视角来评估心理健康程度,不失为一种更为可靠和有效的手段。

一、身体形态与心理健康

(一)身高发展与心理健康

体格包含身高、体重、腰围等在内的诸多指标,但因身高具有的代表性,在众多反映体格的指标中被学者重点关注。国外学者 Mathisentf 和 Sundgotb 在 2019 年的研究认为,身高影响个体的行为、人格、心理健康程度等,同时也密切影响着个体对他人的认知。Amayo 与 Tierneyg 等多名学者在此基础上开展进一步深入的探讨,认为身高较高的个体被认为更具说服力和较强的吸引力,更容易成为领导者。Oskikaw 和 Montgomerysm 以青少年为特定研究对象进行了大量的实证研究,认为常处于情绪低落状态的大于 18 岁的青少年,其身体发育水平较低。学者 Rizzwan、Qix 和 Nazi 在 2017 年的研究认为,处于群体平均身高的大学生有着较高的自尊,身高处于两端(最低或最高)的大学生自尊水平相对较低,身高和自尊呈曲线相关。

国外学者 Ctsm、Orrim 和 Brendgenm 开展了更为复杂的研究,控制了一系列的诸如社会、经济、环境等影响因素。他们认为,身高较高的青少年相比身高较低的同伴具有更强的自尊,更为适应社会需求和学校环境。但是,美国学者 Reesdi、Sabijj 和 Argysl 进行了一项研究,他们认为高个子男生心理幸福感相对更好,而 17~19 岁女生的心理健康程度对其身高发育并不具有显著影响。

(二)营养状况与心理健康

当前,青少年超重与肥胖已经成为世界范围内重点关注的公共卫生问题。Wardle 等研究表明,心理健康水平不佳的青少年超重肥胖比例较高,而且超重与肥胖也会影响青少年心理健康程度,是一种互相影响的关系。Anderson 等的纵向研究表明,心理健康问题会使青少年出现超重和肥胖的概率增加,超重与肥胖会使青少年出现焦虑、抑郁等症状的概率增加,心理健康与营养状况相互影响。在另外一项纵向研究中,Anderson 等发现,女生的焦虑、自信心与肥胖相关,随着年龄的增长,这种关系呈现上升趋势。

国内关于青少年心理健康程度和肥胖之间的关系研究也逐步深入,洪忻、李解权、梁亚琼等在 2008 年《中国心理卫生杂志》上发表了《南京市中学生超重、肥胖与抑郁症状调查》,研究认为,体质量指数越高,青少年罹患抑郁症的风险越大,而抑郁也可以预测其肥胖的发生。杨怡等研究超重、肥胖儿童的心理表现,这一类人群大多存在行为障碍和社会适应障碍问题,自信较低,而这些心理障碍问题也可能影响儿童的正常生长发育。

但是,并非所有研究都支持以上结果。Sawye 等针对澳大利亚 4~12 岁和 13~15 岁两个年龄段青少年进行的研究显示,只有 13~15 岁青少年的心理健康水平与肥胖具有相关性。Curtin 等研究显示,青少年的心理健康程度与家庭背景、教育背景、父母受教育程度等因素相关,而对超重、肥胖不产生影响。

另外,国外学者 Akparibor、Harris 和 Blank 等的研究显示,营养不良导致的消瘦和生长迟滞,会抑制青少年大脑发展和身体发育,导致免疫力降低,增加疾病感染风险,同时对心理造成负面影响。国内学者王筱桂、刘铮、曹若湘等通过研究北京市儿童肥胖与抑郁症关系,认为消瘦不一定与心理健康呈负相关,在女性青少年层面,消瘦者表现出比体重正常者更为积极的认知态度,该研究结果发表在 2007 年的《中国食品卫生杂志》上。

二、体能与心理健康

(一)心肺耐力与心理健康

国内学者吴慧攀等对 20 米往返跑心肺耐力测试数据采样,发现相比于心肺耐力水平较低的青少年,心肺耐力水平较高者心理亚健康状态检出率更低。2017年,学者尹小俭的《心肺耐力是儿童青少年体质健康的重要维度》发表在《中国学校卫生》上,他认为心肺耐力客观反映了个体摄取、转运和利用氧的能力,是体质健康各组成部分的核心要素。

国外众多学者通过长期跟踪青少年成长健康情况发现,如果个体在儿童期和青春期经历不幸的事件或持续的压力和长期的情绪不稳定,将会对心肺功能造成较大的负面影响,其进入成年期后患心血管疾病的风险会增加。Haug等学者采取"学校压力自测报告"的方式对挪威青少年进行了实证研究,结果显示学业、家庭与交友压力较大的学生,在所有健康指标的比较中,心肺耐力水平差距最为明显。Shomaker等通过跟踪抑郁倾向青少年的数据,发现他们的心肺耐力相对同龄人也是比较低的。Williams等采用路径分析方法证明了高水平心肺耐力与低等级的抑郁水平高度相关。

(二)肌肉力量、柔韧性与心理健康

Fox等国外学者进行的研究,成功地验证了肌肉增重训练能够提升青少年自尊的假设。与有氧训练对比发现,肌肉练习对提升青少年自尊和自信的效果非常显著。Velez等在对西班牙裔青少年进行了12周的抗阻训练后,发现他们的自我概念更为积极。此外,一些同类研究也证实了青少年自尊、社会适应能力与肌肉健康之间存在相关性。业内专家学者一致认为,肌肉力量是用来预测死亡率的一项重要指标,是判断心肺功能甚至是评断癌症发病率的重要因子之一。

柔韧性与心理健康之间的关系体现在特定训练项目,如瑜伽运动中,可以使人情绪平静,主动乐观,更适应生活。柔韧性的改善能帮助患者改善心理状态,使生活质量得到一定程度的提升。

需要特别指出的是,诸多学者就体质健康与心理健康之间是否存在联系,开展了大量的研究,大部分研究结果支持心理健康与体质的相关性。如有研究表明,青少年体质健康水平与心血管疾病、代谢疾病、心理健康和骨骼健康等密切相关,对儿童及青少年的身体健康具有直接影响。

关于心理发展的生理学机制表明,心理问题对个体神经系统、神经调节机制等具有一定影响,这些影响会导致一系列身体反应,从而影响个体的体能水平和身体形态。

有研究显示,相比心理健康的青少年,有心理疾病的青少年体格发展更为不均衡,超重、肥胖者比例较高。在体能方面,诸多研究认为心理健康能促进个体体能发展,心理不健康的青少年体能水平较低,心理健康群体则体能水平较高。

也有相关研究发出不同的声音:心理健康的青少年与患有心理疾病的青少年之间的心肺耐力水平差异有统计学意义,与心理疲劳群体之间的心肺耐力水平差异无统计学意义。

学者徐明欣对320名男生进行了卡特尔的《十六种个性因素量表》测试,发现体质健康水平与个人性格有关。郑州大学的尹文婷、马蕊在《大学生体育课学习满意度、体育锻炼行为及心理健康的关系研究》中得出结论:大学生体育课学习满意度、体育锻炼行为、心理健康之间存在相互影响的三角关系,具有"马太效应";高校体育课中的教师教学能力、教学氛围与内容、同学关系、场地器材、成绩评定等因素,以及学生对体育课的总体满意度,都可以直接或间接影响学生心理健康水平,并可以负向预测学生的心理健康水平;体育锻炼行为在学生体育课学习满意度及其各维度，与学生心理健康之间具有不同程度的中介效应，即学生体育课学习满意度及其各维度可直接影响学生心理健康水平，又可通过影响学生体育锻炼行为影响其心理健康水平。

近年来，在常态化疫情防控背景下，青少年户外活动和体力活动被动地大幅减少，心理处于一种应激状态，身心发展受到了极大的冲击。但是，具体情况具体分析，青少年体力活动的减少以及静态行为的增加，或许将成为一种必然趋势。

民办高校大学生体质健康与心理健康均具有非常明显的"本土化"特征，在心理层面上体现得更为明显。我们应树立"健康第一"的理念，从改善体质和心理的层面着手，提升大学生健康水平。

第四节　民办高校健康预警机制构建

在我国，无论教育部还是国家卫生健康委员会，都相应出台了一些规范或者约束性文件，指导各地制定确保学生体质健康的文件和指标。广泛促进健康、健全心理、铸造精神、弘扬文化，有效解决学生体质健康问题，学习和掌握科学运动的基本知识，提升健康水平，是实现健康中国建设的有效途径，更是推动高校体育教育水平提高、实现学生健康成长的必由之路。

一、建立多方协作的学生体质健康管理平台

大学生体质健康一直是我国学校体育教育重点关注的问题，未来也必将被持续关注。提升大学生体质健康和健康体能水平是学校体育教育最重要的目标和任务，积极对照《"健康中国 2030"规划纲要》关于体质健康管理工作的具体要求，做好大学生体质健康管理核心模块策划，重点建设"体育训练""身体健康管理""心理健康管理"模块，统筹学校各方优势力量，完善专业支持体系。

首先，整体规划高校体育教学、心理健康中心、校医院等主要部门，厘清责任和工作内容，积极配合，同时加快学生体质健康管理的信息化建设，实现信息交流、数据共享。例如，校医院在对学生进行身体健康检查时，通过数据分析学生在体质健康方面普遍存在的问题，将数据分析的结果共享给体育部和心理健康管理中心，由体育部针对学生的体质健康情况，有针对性地开展课程设计和体育训练；针对一些存在心理和情绪问题的个案，也应当及时与心理健康中心进行协同处理，给出完善的干预措施，及时发现和解决学生已经出现和潜在的体质健康问题。

其次，深入完善体育教育体系，应从体育精神与体育内涵的理解和把握入手，体育教师与大学生应该清醒认识到，知识学习与技能培养只是高校体育教学的一小部分，体育精神的塑造和健康习惯的培养对大学生成长而言更加重要。学校方面应该主动引导体育教师完善教学体系，将体育理论、体育技能、健康知识、生活常识等内容整合，构建更加完善的高校体育课堂，推动高校体育教学改革。

最后，成立专门的学生体质健康管理中心，跟踪体质健康管理的推进结果。开展家校

医社合作,请校外专家对高校学生体质健康管理工作进行指导,对大学生的体质健康数据展开细致的科学分析,促进学校、家庭、社会协同联动,采取"定向指导""委托管理""俱乐部培训"等举措,进一步提高课余体育锻炼质量和效果,减少不及格学生数量,提升高校学生体质健康管理的专业化和规范化。

二、完善高校学生体质健康管理的软硬件建设

民办高校体育教学改革要以习近平总书记对教育和体育的重要论述作为指引,改革主要内容要以立德树人为根本,深挖体育课程思政元素,聚焦"教会、勤练、常赛",树立终身体育思想,强化科学有效健身指导,全面改善办学条件,提升体育教学保障水平。《"健康中国2030"规划纲要》明确提出,要在2030年实现学校体育场地建设和器材配置的100%达标。要建立、健全高校学生体质健康管理体系,就需要从硬件建设和软件建设两方面入手。

一方面,加快学校公共体育设施的建设,补充公共体育设施的种类,并对一些老旧和不能使用的设施进行及时维修和更换,加大完善设施与场地力度,采用试点先行、分类推进的方法和加强顶层设计"高位推动"的手段,加强对大学生健康体能课程的关注和支持,加大经费投入购买大学生健康体能训练所需的设施与器材,让大学生由徒手训练转变为借助现代化器材训练,从而提升大学生健康体能训练的质量和效果。针对一些个性化的体育运动,学校可以通过建设"共享体育馆"的形式,由学校提供体育运动场地,学生可以自备器材或使用学校有偿提供的运动器材开展体育训练,通过这样的方式,提升高校学生体育运动形式的多样化和个性化。

另一方面,从我国高校体育教学课程设置情况来看,大部分高校在大一、大二学年每周进行2课时体育教学。其教学内容与中学阶段的差异并不明显,较少课时和浅显内容导致大学生难以在体育课堂上有效参与体育锻炼,很多大学生抱有应付考试的心态,课后较少巩固加强体育知识,热爱运动的大学生也无法在体育课堂上获得自己需要的内容。高校体育教学对大学生体质健康状况改善发挥着重要作用,针对软件建设方面,需要加大体育课程开发的投入,丰富体育课程教学的形式和内容,开展个性化教学。例如,引进街舞、瑜伽、普拉提等当下高校学生比较感兴趣的运动形式,组织成立相关的体育运动社团活动、兴趣小组等,增强学生参与体育运动的积极性,保证学生参与体育运动的频率和效率。

三、提高大学生体质健康管理的信息化水平

学校拥有全面丰富的体育教学资源,对大学生群体的健康认知及行为都能够产生深远的影响。随着信息技术的快速发展,"互联网+"的教育形式已经成为当前教育改革发展的大趋势。高校通过手机APP、微信平台、学校网站或社群等先进的信息技术和大数据技术,可实现对大学生发布健康管理相关知识及进行体质健康监测,将全新体育教育教学元素引入其中;积极引导大学生热情主动地参与形式多样的体育活动,让大学生充分享受体育运动带来的快乐的同时传播正能量;提高学生对体质健康问题的重视程度,帮助学生掌握一些基本的增强体质的方法。

体育教师在大学健康体能课程中应积极推广健康体能运动处方,积极普及课余体育训练,设计健全完善的训练方案,制定科学合理的训练计划,实现健康体能运动处方在大学生

体质健康测试和课余体育锻炼的普及与应用。学生在日常体育锻炼中应按照设计的健康体能运动处方进行科学锻炼，并积极推广和宣传健康体能运动处方的益处，扩大健康体能运动处方在大学生中的应用，促进大学生体质健康水平的提升。

四、改革完善体育教学的考评方式

完善高校体育教学体系，优化教学考评机制，需要学校、教师、大学生的有效参与，考评方式不仅能够衡量高校体育教学效果，更能有效引导大学生行为。长期以来，高校体育教学考核重点关注大学生出勤率、技能水平、测试成绩等内容。机械的数据无法有效反映大学生的真实运动情况，反而可能对大学生参与体育运动的积极性产生不利影响，进而导致大学生不愿意参与体育运动，无法通过体育教学活动获得更好的学习效果。

传统体育教学结果是衡量教学过程的唯一标准，这就导致大学生在学习过程中将关注重点集中于成绩方面，忽略了体育学习的重点与本质。因此，高校体育教学改革必须对教学考评机制进行全面优化，充分关注教学过程，有效完善和优化教学内容。例如，可组织大学生收看展示体育精神的电影、观看足球比赛，以及引导大学生参与班级之间的体育竞赛等，更好地培养大学生的运动习惯和健康意识，使体育锻炼及相关活动参与成为大学生的主动需求，更好地达到提升大学生体质健康的目标。这都有助于大学生健康成长意识的树立，为高校体育教学改革奠定基础。

专题二　体质健康测试及运动处方

制定提升民办高校大学生健康水平的方案是体育科学研究的重要方面,特别是在民办高校大学生群体中,体质健康测试侧重于大学生身体的质量检测,为体能做定量分析,作用更多地体现在疾病预防和身体机能改善等方面。那些体质不达标或者体能相对薄弱的学生,通过健康体能指标特征的评估,可以为其设计精准的运动处方,具有显著的价值和实践意义。

第一节　体质健康测试

一、国民体质健康评价

多年来,国内外体质健康指标一致认同,将身体成分、心肺功能、肌肉力量和耐力、身体柔韧性等方面的评价指标应用于国民体质健康的评价中。

健康相关体质指标的内涵、作用及测试方法见表2-1。

表2-1　健康相关体质指标的内涵、作用及测试方法

序号	指标	内涵	作用	测试方法
1	身体成分	反映身体肥胖程度的重要指标	肥胖是影响健康的重要危险因素	BMI、腰围、腰臀比、皮褶厚度、体脂率
2	心肺功能	反映人体循环或呼吸系统在持续工作/运动时的供氧及利用氧的能力	低心肺耐力水平是全因死亡率和心血管相关死亡率的独立风险因素,被称为"第五大生命体征"	肺活量、最大摄氧量
3	肌肉力量和耐力	肌肉长时间进行重复或持续运动的能力	低肌肉力量是全因死亡率的独立风险因素	握力、背力、俯卧撑、仰卧起坐、引体向上、跳远、跳高、短跑、中长跑等
4	身体柔韧性	各个关节的活动幅度及关节结缔组织的弹性伸展能力	防止在活动中损伤	坐位体前屈等

与技能相关的体质指标包括速度、平衡性、协调性、爆发力、反应时、灵敏性等,具体见表2-2,其强调提高身体素质和提高运动表现或成绩。

表 2-2　与技能相关的体质指标

序号	指标	内涵	运动项目示例
1	速度	在短时间内进行运动的能力	短跑、速滑、足球
2	平衡性	在静止或运动状态下维持平衡的能力	滑冰、平衡木
3	协调性	利用人体的感觉器官顺利、准确地完成某种运动的能力	高尔夫球、棒球
4	爆发力	用最快的速度将能量转换为力量的能力	铁饼、标枪
5	反应时	从刺激出现到反应开始的时间	乒乓球、短跑
6	灵敏性	在一定的空间中运动时,快速、准确完全改变身体的能力	滑雪、摔跤

　　无论是与健康相关的体质,还是与技能相关的体质,都与个人的性格、目标、需要完成的任务有关,个人体质水平的发展依赖于每个个体的差异。每个人都应根据个体的需求努力达到或保持体质的最佳水平,对总体健康有益或者在特殊的体育运动中有突出表现。

　　一些简单的测试可以由自己完成。例如平衡测试、柔韧性测试或者俯卧撑测试,在家就可以完成。通过肺活量、长跑的成绩可以大致了解自己的心肺耐力情况;通过仰卧起坐、引体向上、立定跳远可以了解自己身体肌肉力量和爆发力的情况;通过坐位体前屈可以了解自己的身体柔韧度情况。根据测试结果,可以很清楚地知道自己的身体弱项,再根据弱项制订能够提高身体素质的计划,选择恰当的运动来执行。

二、大学生健康体能评估

　　高校每年组织《国家学生体质健康标准》测试,分别对大学生的身高、体重、肺活量、坐位体前屈、立定跳远、50 米跑、引体向上(男)、1 分钟仰卧起坐、800 米跑(女)、1 000 米跑(男)进行测试。在体质测试的基础上,更详细和全面地了解大学生的健康体能状况。通常大学生体质测试不合格的特征主要划分为:耐力薄弱型、力量薄弱型、速度薄弱型和整体薄弱型。

　　对于大学生而言,体能测试项目通常情况下针对心肺健康、身体成分、身体柔韧性、肌肉力量和耐力、平衡、速度与灵敏性等方面,见表 2-3。

表 2-3　测试指标项目表

测试指标	测试项目
心肺健康	(1)肺活量; (2)800 米/1 000 米跑; (3)库珀的 12 分钟跑测试; (4)6 分钟步行测试、1.5 千米步行测试、8 千米跑测试; (5)二次台阶测试、简易心功能测试

表 2-3(续)

测试指标	测试项目
身体成分	(1)《国家学生体质健康标准》中的 BMI; (2)腰臀比、腰围、皮褶厚度; (3)生物电阻抗(BIA)体成分测量、水下称重、空气置换测试; (4)骨密度测量
身体柔韧性	(1)坐位体前屈; (2)肩关节柔韧性测试、髋关节柔韧性测试; (3)踝关节柔韧性测试、上背部柔韧性测试
肌肉力量 和耐力	(1)立定跳远、引体向上(男)、仰卧起坐(女); (2)标准俯卧撑(男)、跪姿俯卧撑(女); (3)握力测试、曲臂悬垂测试; (4)卷腹、纵跳
平衡	(1)闭眼单足站立测试、闭眼软垫站立测试; (2)Romberg 静态平衡能力测试; (3)闭目原地踏步、平衡木行走测试
速度与灵敏性	(1)50 米跑; (2)选择反应时测试、手反应时测试; (3)十字跳测试

三、体质健康测试注意事项

(一)牢记体质健康测试禁忌证

由于有些人不适合做体质健康测试,大学生进行体质健康测试之初,一定要了解和熟悉测试环境,还要牢记绝对禁忌证和相对禁忌证,以免出现意外,保障生命安全。体质健康测试的禁忌证见表 2-4。

表 2-4 体质健康测试的禁忌证示意表

禁忌类别	具体表现
绝对禁忌证	(1)近期安静状态下,心电图显示有严重心肌缺血; (2)近期心肌梗死两天内或其他急性心脏病事件; (3)可引起症状或血流动力学改变的未控制的心率失常; (4)严重的有症状的主动脉狭窄; (5)未控制有症状的心力衰竭; (6)急性肺栓塞或肺梗死; (7)急性心肌炎或心包炎; (8)可疑或确诊的动脉瘤破裂; (9)急性全身感染,伴有发烧、全身疼痛或淋巴结肿大

表 2-4(续)

禁忌类别	具体表现
相对禁忌证	(1)冠状动脉左支狭窄; (2)中度狭窄性心瓣膜病; (3)电解质紊乱(低钾血症、低镁血症); (4)心动过速或心动过缓; (5)肥厚性心肌病或其他形式的流出道狭窄; (6)中度房室传导阻滞; (7)室壁瘤; (8)运动中加重的神经肌肉、肌肉骨骼疾病和风湿性疾病; (9)未控制的代谢性疾病,如糖尿病、甲状腺功能亢进或黏液性水肿; (10)慢性感染性疾病; (11)精神或躯体障碍导致的运动能力显著下降

上表所示的系列相对禁忌证中,当运动益处大于风险且被测试者在无症状的时候进行测试,一定要有医生等专业人员在场监督,有效控制运动的强度。

(二)体质健康测试前准备事项

大学生在体质健康测试过程中,一定要密切注意细节,了解并记住测试前的所有指示,熟悉测试过程的环境,明确多种测试顺序,熟知测试中的注意事项并互相提醒,见表 2-5。

表 2-5 体质健康测试前准备事项明细表

序号	具体注意事项
1	着装要宽松舒适
2	在测试前 3 小时内避免进食、摄入酒精和咖啡因
3	在测试前 24 小时内避免喝大量的液体
4	避免测试当天剧烈运动
5	测试前晚要充分休息,保证 6~8 小时睡眠
6	通用测试环境: (1)测试室温度最好控制在 20~22 ℃,湿度低于 60%; (2)测试室应该安静且通风良好
7	通用测试顺序: (1)测试前准备好所有文件并确定好测试形式; (2)组织和校准所有设备
8	测试过程不匆忙进行。 (1)安静类测试项目测试时要放松,不要受到刺激,不需要消耗大量体能; (2)运动类测试项目测试时要尽最大努力完成

表 2-5(续)

序号	具体注意事项说明
9	将测试项目和程序讲解清楚
10	先对静态指标进行测试,然后做肌肉健康测试,再进行心肺耐力测试

具体的测试和度量分为安静类测试项目和运动类测试项目两组,见表 2-6。

表 2-6 测试项目表

序号	项目	具体内容	注意事项
1	安静类测试项目	(1)身高; (2)体重; (3)肺活量; (4)视力	先进行测试,测试时放松,不要受到刺激
2	运动类测试项目	(1)坐位体前屈; (2)立定跳远; (3)引体向上; (4)仰卧起坐; (5)长跑、50 米跑	后进行测试,尽最大努力完成测试

第二节　体质健康测试项目

一、身体成分测试

身体成分是指人体脂肪、骨骼和肌肉相对比例的指标。人体主要由脂肪和不含脂肪的物质(肌肉、骨骼、器官和血液)组成。正常人体内的脂肪含量保持在 30% 以内,65% 以上是水,还有蛋白质和无机盐等矿物质。如果身体成分出现不均衡,会导致肥胖、营养不良和骨质疏松。

(一)脂肪

人体脂肪分为必需脂肪(男性占体重的 5%,女性占体重的 12%)和非必需脂肪。在不进行刻意锻炼的情况下,脂肪量一般是从 20 岁开始每 10 年增加 1%~3%,到 60 岁的时候则逐渐减少。即使两个人有相同的身高和体重,身体组成也会完全不同。要确定身体的组成,必须先找到身体脂肪的百分比,脂肪百分比可以作为比较的起点。

脂肪量对于正常的激素生产、神经系统的功能、器官的保护是必不可少的,如果体内脂肪含量低于男性所需的 5% 和女性所需的 12%,正常的身体功能就会被打乱,由此可能会导致严重的健康隐患。体内脂肪含量超标或肥胖(尤其是腹部)会引起 2 型糖尿病、高血压、高血脂、心血管疾病、癌症、关节疼痛等。

测量脂肪量的方法有直接测量法和间接测量法。直接测量法通过评价人体的体重指数、胸腰比和皮褶厚度,描述人体的身体成分;间接测量法是通过仪器测量身体成分,获得人体的体脂百分比(即脂肪组织在人体中的比例)、脂肪分布、瘦体重(即所有非脂肪组织的质量,如骨骼、肌肉和水)等指标。

(二)体重指数

1. 身高和体重

身高和体重的测试可以用来评定大学生身体的匀称度,评价学生身体发育水平及营养状况。通过体重指数评价身体肥胖程度,是体质健康测试中的身体形态评价指标。测试器材一般使用智能型身高体重测试仪。

测试时要求两脚自然站立在体重计的中央,躯干自然挺直,头部正直,两眼平视前方。耳屏上缘与眼眶下缘最低点呈水平位。上肢自然下垂,两腿伸直,两足跟并拢,分开约60°。足跟、骶骨部及两肩胛间与立柱相接触,成三点一线站立姿势。

2. 体重指数

体重指数是国际上常用的衡量人体肥胖程度和是否健康的重要标准,适合18~65岁的人使用,儿童、发育中的青少年、孕妇、乳母、老人及肌肉发达者除外。体重指数根据身体的质量和身高来计算。计算公式为:

$$BMI(千克/米^2) = 体重(千克)/身高的平方(米^2)$$

例如,一人身高1.73米,体重76千克,则他的BMI为:$76/(1.73 \times 1.73) = 25.39(千克/米^2)$

衡量一个人是否过瘦或过胖,普通中国人参照我国自行制定的BMI参考标准,见表2-7。中国大学生BMI单项评分表见表2-8。

表2-7　中国大众BMI参考标准

BMI分类	世界卫生组织标准	亚洲标准	中国参考标准	危险性
偏瘦	<18.5	<18.5	<18.5	低(其他疾病危险性增加)
正常	18.5~24.9	18.5~22.9	18.5~23.9	平均水平
超重	≥25.0	≥23.0	≥24.0	增加
偏胖	25.0~29.9	23.0~24.9	24.0~26.9	增加
肥胖	30.0~34.9	25.0~29.9	27.0~29.9	中度增加
重度肥胖	35.0~39.9	≥30.0	≥30.0	严重增加

表2-8　中国大学生BMI单项评分表

等级	单项得分	大学女生	大学男生
正常	100	17.2~23.9	17.9~23.9
低体重	80	≤17.1	≤17.8
超重		24.0~27.9	24.0~27.9
肥胖	60	≥28.0	≥28.0

BMI 在久坐不动人群和临床应用中有一定的实用价值,可以用来评估 2 型糖尿病、高血压和心血管疾病的风险。美中不足的是,BMI 无法测量出人体脂肪百分比,不能说明人体的重量分布,在测量肌肉质量高于平均水平的人时,可能会导致分类不准确。

如果肌肉很发达的人具有显著高于一般人的体重,就会被 BMI 错判为不健康的肥胖。在抗阻训练的人群中,BMI 并不是衡量身体成分的有效工具,具有一定的局限性。因此,在体测中,发现自己的 BMI 大于标准值时,要分清是因为肌肉发达还是因为脂肪太多。如果在体测中 BMI 在正常值范围内,也并不代表脂肪含量正常,有可能内脏脂肪超标。

3. 腰围与腰臀比

腰臀比(waist-to-hip ratio,WHR)等于腰围与臀围的比值。腰臀比是判断身体脂肪分布的简易方法,可判定是否为中心性肥胖,这也是评价健康的一个指标。人体脂肪分布可分为两种类型:向心性肥胖型(苹果形)与离心性肥胖型(梨形)。向心性肥胖是以脂肪堆积在身体躯干部位为特点(腹部肥胖),与离心性肥胖(脂肪分布在臀部和大腿)个体相比,其因患高血压、2 型糖尿病、血脂异常、冠心病等可导致早期死亡的疾病的风险会增加。因此,人体脂肪分布类型被认为是预测肥胖风险的一个重要指标。

我国成人腰臀比值的标准为:男性 WHR<0.85,女性 WHR<0.80。当男性 WHR>0.9 或女性 WHR>0.8 时,可诊断为中心性肥胖,但其分界值随年龄、性别、人种不同而异。

临床研究证实,过多脂肪积聚于腰间,与心脏病、糖尿病等慢性疾病息息相关,故腰围可作为一种健康风险指标单独使用。表 2-9 是一种基于腰围的成人危险分层的新方案,可单独或结合 BMI 评价慢性病风险。

表 2-9　成人腰围标准

危险分层	腰围/厘米	
	女性	男性
很低	<70	<80
低	70~89	80~99
高	90~109	100~120
非常高	>109	>120

围度测量中,用带有橡皮绳的布带尺测量,能减少对皮肤的压迫,从而提高测量的准确性。每一部位测量两次,并用轮流测量代替连续测量,如果两次测量值相差不到 5 毫米,可取其平均值。经常参加体育锻炼的人,肌肉比较发达,身体各部位围度也较一般人大(腰围除外)。如果受试者具备最初有效人群的特征且测量尺比较准确的话,围度测量的准确度是在实际身体成分的 2.5%~4%。

围度测量是指测量身体特定的部位,包括胸部、腰部、臀部、大腿、上臂等。在开始一项运动计划时,定期进行测量是很重要的,见表 2-10。

表 2-10 身体围度常用测量点示意表

测试部位	测量位点	注意事项
胸围	男:测量经乳头水平线周长	(1)让同一个人进行评估以确保一致性; (2)测量时温度保持一致; (3)测量时穿紧身的衣服; (4)测量身体的右侧; (5)每一次测量都有标志; (6)胶带应与身体接触,不得压迫皮肤; (7)用一面镜子确保胶带是水平的
	女:测量上胸围(胸部以上)	
腰围	测量腰部最细部分的周长,大约在肚脐上2.5厘米的地方	
臀围	测量臀大肌最宽部分的周长	
大腿围	测量髋部与膝盖之间的周长	
上臂围	测量肩膀和肘部之间的周长	

运动健身减脂过程中,身体维度在最初 6~8 周的运动中,会出现缓慢变化或持平,甚至略有增加,因为身体内脂肪组织消耗较慢,肌肉组织随力量练习肌纤维增粗,原本脂肪的占用空间变化不大情况下,肌肉组织维度增加,导致身体维度变大。运动 6~8 周后,脂肪消耗体积逐渐减少,肌肉维度增加缓慢,最终使得身体维度逐渐减小。大多数人身体脂肪储存在腰腹部和大臂下方,所以通过运动全身脂肪的消耗,腰部的围度减小就意味着身体变瘦了,手臂维度变小,更加健美(更多的肌肉)。但对于脂肪含量不高的健身运动者,体重有可能并未减少,甚至会增加一些,这并不意味着减肥失败,而是因为体内肌肉含量增加(俗称增肌训练)。

(三)骨密度测试

骨密度全称骨骼矿物质密度,是骨骼强度的一个重要指标。骨密度以克/立方厘米表示,是一个绝对值。可使用超声波测定法或双能 X 线吸收测量法(DEA)测试人体的骨密度,见表 2-11。骨密度反映骨质疏松程度,是预测骨折危险性的重要依据。在生理状态下,骨密度随性别、年龄不同而异,同一性别随年龄增长骨密度也发生相应的变化,35~40 岁以后骨密度出现逐渐下降趋势,女性尤为显著。

表 2-11 骨密度测试方法

名称	使用仪器	操作方法	优点
超声波测定法	超声骨密度仪	利用声波传导速度和振幅衰减能反映骨矿物质含量和骨结构及骨强度的情况	无辐射,诊断骨折较敏感,与双能 X 射线吸收测量稳相关性良好。该法操作简便,安全无害,价格便宜
双能 X 射线吸收测量法	X 射线管球	X 射线管球经过一定的装置可获得两种能量,即低能和高能光子峰。此种光子峰穿透身体后,扫描系统将所接收到的信号送至计算机进行数据处理,得出骨矿物质含量	可测量全身任何部位的骨矿物质含量,精确度高,对人体危害较小

骨密度的常规检测主要是通过对人体骨矿含比进行测定,直接获得骨矿物质(主要是钙)的精确含量,这对判断和研究骨骼生理、病理和衰老程度以及诊断全身各种疾病,均有重要作用。

在临床使用骨密度值时,由于不同的骨密度检测仪的绝对值不同,通常使用 T 值判断骨密度是否正常。

(1)T 值

实际临床工作中,通常用 T 值来判断骨密度是否正常,将受试者的骨密度与 30~35 岁健康年轻人的骨密度做比较,以得出高出(+)或低于(-)年轻人的标准差数。骨密度 T 值划分为三个阶段,各自代表不同的情况,见表 2-12。

表 2-12　骨密度判断标准

序号	T 值域	结论
1	-1≤T 值<1	骨密度值正常
2	-2.5<T 值<-1	骨矿物质含量低、骨质流失
3	T 值≤-2.5	骨质疏松症

(2)Z 值

Z 值也是一个相对的数值,其根据同年龄、同性别和同种族进行分组,将相应受试者的骨密度值与参考值做比较。当出现低于参考值的 Z 值时,应引起病人和临床医生的注意。Z 值划分为两个阶段,各自代表不同的情况:Z 值>-2,表示骨密度值在正常同龄人范围内;Z 值≤-2,表示骨密度值低于正常同龄人。

Z 值正常并不能表明完全没有问题,例如老年人 Z 值正常,不能代表其发生骨质疏松性骨折的可能性就小。因为同一年龄段的老年人随着骨量丢失,骨密度值呈降低态势,其骨骼的脆性也进一步增加,此时更需要参照 T 值来准确判断骨密度情况。

二、心肺机能测试

心肺机能测试包括呼吸机能测试和心血管机能测试。

(一)呼吸机能测试

最大肺活量测试。肺活量可以用来测试肺通气功能,反映人体肺的容积和扩张能力。

肺活量是指一次尽力吸气后,再尽力呼出的气体总量。肺活量能够显示一个人的心肺功能,肺活量大的人,肺通气能力强,供氧能力也较强。肺是气体交换的中转站,机体运转每时每刻都需要消耗氧气,只有在供氧充足的情况下,各个器官才能正常工作。同时,身体代谢产生的二氧化碳也要通过肺排出体外。肺活量大,吸入氧气和排出废气的能力就更强。

大学生在长时间学习或体育运动时需要消耗大量的氧气,此时,肺活量大的人很少出现注意力不集中、头晕、胸闷等现象。在高原等缺氧状态下,肺活量大的人能够让更多的新鲜空气到达肺泡,从而在低氧的环境下获得更多的空气交换。肺功能强的人,呼气、吐气能力强,控制声音的能力也更强,讲话中气十足,心胸豁达。肺功能强,可以让人神清气爽,大脑更灵活,身体更健康。

肺活量因性别和年龄而异,男性的肺活量明显高于女性。在 20 岁前,肺活量随着年龄增长而逐渐增大,20 岁后增长幅度变得不明显。成年男子的肺活量在 3 500~4 000 毫升,成年女子的肺活量在 2 500~3 000 毫升。肺活量的大小主要取决于胸腔壁的扩张与收缩的宽舒程度。20 岁以后,肺活量随年龄的增长而下降,每 10 年下降 9%～27%。长期坚持体育锻炼的人,其肺活量仍能保持较高机能状态。

【测试要领】

自然站立,正常呼吸一次,吐出全部气体后,持续慢吸气逐渐挺胸、扩胸、抬头,屏住呼吸,迅速压紧吹嘴,以平稳的力量中速吹气,低头前屈收腹,加力吹出所有气体。

【易犯错误】

测试前没有做最大吸气;自己的口型未对准吹嘴,出现漏气;吹气中途二次吸气。

大学生肺活量单项评价表和国民体测标准(20~29 岁)分别见表 2-13 和表 2-14。

表 2-13　大学生肺活量单项评价表　　　　　　　　　　单位:毫升

等级	大一大二组(男)	大三大四组(男)	大一大二组(女)	大三大四组(女)
优秀	4 800 及以上	4 900 及以上	3 300 及以上	3 350 及以上
良好	4 300~4 500	4 400~4 650	3 000~3 150	3 050~3 150
及格	3 100~4 180	3 200~4 280	2 000~2 900	2 050~2 950
不及格	2 940 及以下	3 030 及以下	1 960 及以下	2 010 及以下

表 2-14　国民体测标准(20~29 岁)　　　　　　　　　　单位:毫升

年龄	性别	1分(差)	2分(下)	3分(中)	4分(良)	5分(优)
20~24 岁	男	2 369~2 847	2 848~3 464	3 465~3 984	3 985~4 634	>4 634
	女	1 423~1 873	1 874~2 354	2 355~2 779	2 780~3 259	>3 259
24~29 岁	男	2 326~2 849	2 850~3 459	3 460~3 969	3 970~4 624	>4 624
	女	1 396~1 834	1 835~2 364	2 365~2 769	2 770~3 244	>3 244

(二)时间肺活量

时间肺活量是指在最大吸气后一定时间内,尽快呼出的气量。测量仪器使用改良式肺活量计或肺功量计,其他与前面肺活量测试要求相同。常用前 3 秒所呼出的气体量占肺活量的百分比来计算。一般在前 3 秒尽力呼出的气体量已占肺活量的 97%～99%,因此时间肺活量是一项测定呼吸机能的有效动态指标。

【测量方法】

受试学生取站立位,口含与肺功量计相通的橡皮口嘴,夹上鼻夹。打开记纹鼓,鼓速为100毫米/分钟,做平静呼吸数次。然后令受试学生做最大吸气后屏住气,加快鼓速至1 500毫米/分钟,令受试学生以最快速度呼气。根据标记在记录纸上的时间肺活量曲线,即可计算出第1秒、第2秒、第3秒呼出的气量。

(三)最大通气量

最大通气量是指15秒内以尽可能快的频率做深呼吸时所能呼出的气体总量,将所得值乘以4,为1分钟的最大通气量。测量仪器使用肺功量计和鼻夹。

【测量方法】

先让受试学生以较快且较深的呼吸稍作练习,受试者自己认为已经适应了呼吸频率和呼吸深度后,再正式测定。测试中根据曲线高度,计算15秒内呼出气体的总量乘以4,为每分钟的肺最大通气量。最大通气量越大,说明一个人的呼吸系统潜在的功能越强。

(四)心肺耐力

心肺耐力是一个人整体身体健康的标志。心肺耐力测试可监测心脏、肺和肌肉在中到高强度运动中的表现。当一个人吸气时,肺部会充满空气,其中一些氧气进入血液,富含氧气的血液随后进入心脏,心脏将血液循环到身体的各个组织和器官。在高强度或长时间的运动中,肌肉需要充足的氧气和其他营养物质才能正常工作。如果肌肉得不到足够的营养,就会导致疲劳。

1. 最大摄氧量

最大摄氧量(VO_{2max})是心肺耐力的核心评价指标。最大摄氧量是当人体运动至个人极限,接近筋疲力竭时,测定每分钟摄入了多少氧气。一般用最大摄氧量的相对值,即按每千克体重计算的最大摄氧量,以毫升/(千克·分钟)为单位,值越大代表耐力越好。从防卫体力看,无论男女,当VO_{2max}>42毫升/(千克·分钟)时,患慢性病概率很低。从死亡激增临界点看,女子为31.5毫升/(千克·分钟),男子为35毫升/(千克·分钟)。

普通人的最大摄氧量通常为40~50毫升/(千克·分钟)。经过较多耐力训练的人,其最大摄氧量会更高,如耐力运动员在60毫升/(千克·分钟)或70毫升/(千克·分钟)以上。2012年挪威的自行车选手Oskar Svendsen创造了97.5毫升/(千克·分钟)的最大摄氧量纪录,可谓相当惊人。

表2-15是不同年龄男性VO_{2max}分级标准,表2-16是不同年龄女性VO_{2max}分级标准,可以对照查看。根据后面的测试方案,选择其中一种进行测试,然后计算自己的VO_{2max},再参照该标准,就可以了解自己当前的心肺耐力水平了。

表 2-15 不同年龄男性 VO$_{2max}$ 分级标准 单位:毫升/(千克·分钟)

百分位数	等级	20~29 岁	30~39 岁	40~49 岁	50~59 岁	60~69 岁
95	出色	66.3	59.8	55.6	50.7	43.0
90	优秀	61.8	56.5	52.1	45.6	40.3
85		59.3	54.2	49.3	43.2	38.2
80		57.1	51.6	46.7	41.2	36.1
75	良好	55.2	49.2	45.0	39.7	34.5
70		33.7	48.0	43.9	38.2	32.9
65		52.1	46.6	42.1	36.3	31.6
60		50.2	45.2	40.3	35.1	30.5
55	一般	49.0	43.8	38.9	33.8	29.1
50		48.0	42.4	37.8	32.6	28.2
45		46.5	41.3	36.7	31.6	27.2
40		44.9	39.6	35.7	30.7	26.6
35	差	43.5	38.5	34.6	29.5	25.7
30		41.9	37.4	33.3	28.4	24.6
25		40.1	35.9	31.9	27.1	23.7
20		38.1	34.1	30.5	26.1	22.4
15	较差	35.4	32.7	29.0	24.4	21.2
10		32.1	30.2	26.8	22.8	19.8
5		29.0	27.2	24.2	20.9	17.4

表 2-16 不同年龄女性 VO$_{2max}$ 分级标准 单位:毫升/(千克·分钟)

百分位数	等级	20~29 岁	30~39 岁	40~49 岁	50~59 岁	60~69 岁
95	出色	56.0	45.8	41.7	35.9	29.4
90	优秀	51.3	41.4	38.4	32.0	27.0
85		48.3	39.3	36.0	30.2	25.6
80		46.5	37.5	34.0	28.6	24.6
75	良好	44.7	36.1	32.4	27.6	23.8
70		43.2	34.6	31.1	26.8	23.1
65		41.6	33.5	30.0	26.0	22.0
60		40.6	32.2	28.7	25.2	21.2
55	一般	38.9	31.2	27.7	24.4	20.5
50		37.6	30.2	26.7	23.4	20.0
45		35.9	29.3	25.9	22.7	19.6
40		34.6	28.2	24.9	21.8	18.9

表2-16(续)

百分位数	等级	20~29岁	30~39岁	40~49岁	50~59岁	60~69岁
35	差	33.6	27.4	24.1	21.2	18.4
30		32.0	26.4	23.3	20.6	17.9
25		30.5	25.3	22.1	19.9	17.2
20		28.6	24.1	21.3	19.1	16.5
15	极差	26.2	22.5	20.0	18.3	15.6
10		23.9	20.9	18.8	17.3	14.6
5		21.7	19.0	17.0	16.0	13.4

最大摄氧量与耐力运动的能力具有相关性。耐力运动的高手,最大摄氧量也会比较高;而最大摄氧量比较高的人,也具有比较好的耐力运动潜力,但这并不等于一定会在耐力运动中有最好的表现。因为人体运动是一个复杂的过程,摄氧能力只是其中的一个因素,其他如身体结构、力量、神经系统、技术动作、动作的经济性、训练年限等,都对摄氧能力有重要的影响。

2. 最大摄氧量测试

做最大摄氧量测试能准确地评估心肺耐力水平,常用的测试方法是场地测试,或者通过简易心肺功能试验、台阶试验来评价心肺功能,但后者存在一定的误差。

场地测试是让被测试者在给定的时间内行走或跑动最大的距离,或给定距离测试所用的最短时间,然后根据公式来推算最大摄氧量。其优点是测试设备简单,可用于多人同时进行。但对于某些体能水平低下或患有疾病的个体而言,测试中会出现血压或心率反应较大的情况,存在一定的风险。对于这部分人群,在测试时应该在专业人员的监督下进行。因此,场地测试不适用于静坐少动、心血管疾病或骨骼肌肉并发症风险增加的人群。

【库珀12分钟跑测试】

该测试适用于有一定有氧能力基础的人群,对于静坐少动或刚开始健身的人群,需要通过慢跑等手段逐步提升体能水平后再进行该项测试。

被测试者在田径场或水平地面上连续跑12分钟,记录所完成的最大距离,可以评价心肺耐力水平。在标准田径场进行的时候,将400米跑道8等份,每段距离为50米;或者选择100米长度的平坦地面进行往返跑。发令起跑后,记录跑过的圈数,当收到"停止"信号后,即标记受试者所在的点。

测验成绩(米)=圈数×400+最后一圈的段数×50+最后一段所跑米数

例如,12分钟跑了5圈3段,最后一段跑了10米,则该受试者12分钟跑的总距离为:$5×400+3×50+10=2\ 160$(米)。

另一种方法是利用公式计算所得的最大摄氧量来评价心肺耐力水平,评价标准见表2-15和表2-16。

$$VO_{2max}=35.97×距离(米)/1\ 609-11.28$$

或

$$VO_{2max} = 平均跑速(米/分钟) \times 0.2 + 3.5$$

例如,某健身者在田径场上连续跑12分钟,所得的最大距离(跑得最快时得到的距离为2 400米,其速度=2 400/12=200(米/分钟),代入上述公式计算:$VO_{2max}=200 \times 0.2+3.5=$ 43.5毫升/(千克·分钟)。

【6分钟步行实验】

该测试适用于评价体能水平较低人群,老年人和某些病人(如充血性心力衰竭或肺部疾病病人)的心肺耐力水平,其测试结果可独立预测发病率和死亡率。对于那些体能水平低或疾病人群来说,这可能是接近他们最大强度的运动。

如果6分钟内完成的距离小于300米,与超过这一水平的个体相比,其短期存活率较低。根据6分钟步行实验的结果,可以通过下列多元方程推算最大摄氧量,再查表2-15和表2-16进行评价。

$$VO_{2max} = 0.02 \times 距离(米) - 0.191 \times 年龄(岁) - 0.07 \times 体重(千克) + 0.09 \times 身高(厘米) +$$
$$0.26 \times RPP \times 10^{-3} + 2.45$$

式中,RPP为心率与血压的乘积。

在国内,大学生体质健康测试中的心肺耐力测试包括400米跑(50米×8往返跑)、1 000米跑(男)和800米跑(女)。在国家体育锻炼标准测试中,采用300米跑、400米、1 000米跑(男)、800米跑(女)和3 000米快走测试方法,详见《国家体育锻炼标准》。

【二次台阶试验】

国内常用的二次台阶试验范围是4~40厘米,需要考虑不同人群选择适宜的台阶高度。如老年人选择15厘米,普通健康人选择20厘米。让受试学生先后以20次/分钟、30次/分钟(限制在12~30次/分钟,每"上、上、下、下"4步为一次)两种登台阶的方式,分别上下台阶。

要求上台阶后膝关节要伸直,两次负荷之间可休息3~5分钟,分别测试3分钟末运动结束时的即时心率。心率测试方法可以先测10~15秒的数值,再乘以6或4,换算成1分钟的心率。记录为HR_1和HR_2,列公式计算在每一频率登台阶时的VO_{2max},分别记录为$VO_{2max}1$和$VO_{2max}2$。

$$VO_{2max} = 3.5 + 0.2 \times 登阶频率 + 1.33 \times [1.8 \times 台阶高度(米) \times 登阶频率]$$

式中,登阶频率是指每分钟登台阶的次数,单位是次/分钟。将所获得的数据代入下述公式,即可推算出最大摄氧量。

$$VO_{2max} = [(VO_{2max}2 - VO_{2max}1)/(HR_2 - HR_1)] \times (HR_{max} - HR_1) + VO_{2max}$$

式中,HR_{max}为年预测最大心率,计算方法为:220-年龄值。

(五)简易心脏功能测试

1.30秒30次下蹲

该测试方法是由瑞典体育联合会研究出的一种测定运动员心脏功能的简易方法,采用定量负荷测试,主要观察在定量负荷情况下心脏的反应,广泛应用于心血管机能指标测试之中。

【具体方法】

首先静坐 5 分钟,测 15 秒脉搏数,乘以 4 得 1 分钟脉搏数(P_1),然后以 1 秒 1 个的频率在 30 秒内完成 30 次下蹲,下蹲动作要求大腿蹲至与地面平行。最后一次站起后测 15 秒即刻脉搏,乘以 4 得 1 分钟脉搏数(P_2)。休息 1 分钟后,再测 15 秒脉搏数,乘以 4 得运动后 1 分钟脉搏数(P_3)。通过公式计算:

$$心功能指数 = \frac{P_1 + P_2 + P_3 - 200}{10}$$

根据计算出的评价,训练水平高者由于经常从事体育锻炼,心肌机能水平提高,表现为安静时脉搏数减少,运动后较快恢复。运动员心脏功能指数评价标准见表 2-17,评价一般人的心脏功能则需要另一套要求相对较低的标准。

表 2-17　运动员心脏功能指数评价标准

指数值	心脏功能	说明
≤0	最好	
0~5	较好	
6~10	中等	指数越小,说明心脏功能越好
11~15	较差	
16	最差	

2. 哈佛(Harvard)台阶指数

成年男子测试台阶高度为 50 厘米,成年女子测试台阶高度为 42 厘米,测试时使用秒表和节拍器。

【测量方法】

受试学生按节拍器完成每分钟上下台阶 30 次的负荷,持续 5 分钟。测量受试学生恢复期第 2 分钟、3 分钟、5 分钟前 30 秒的脉搏次数(f_1、f_2、f_3),用下列公式计算台阶指数:

$$哈佛台阶指数(简易) = \frac{负荷持续时间 \times 100}{5.5 \times f_1}$$

$$哈佛台阶指数 = \frac{负荷持续时间 \times 100}{(f_1 + f_2 + f_3) \times 2}$$

$$哈佛台阶指数(修正) = \frac{负荷持续时间 \times 100}{5.5 \times f_1} + 0.22 \times (300 - 负荷持续时间)$$

【测试的注意事项】

受试大学生每次上下台阶时,腿及躯干要伸直,如因疲劳不能完成 5 分钟的工作,可中途停止,测试人员记录实际负荷的时间。

【简化的哈佛台阶指数评价方法】

50 以下为差,50~80 为中,80 以上为良好。如果受试者没能完成 5 分钟的负荷,可按修正公式计算。哈佛台阶指数评价标准见表 2-18。

表 2-18　哈佛台阶指数评价标准

哈佛台阶指数	评价等级
<55	差
55~64	下
65~79	中
80~89	良
≥90	优

三、肌肉力量与耐力测试

(一)上半身肌肉力量与耐力测试

上半身肌肉的力量和耐力,特别是胸部、肩膀、肱三头肌和核心肌群是评价身体健康与否的重要指标。上半身的力量和耐力对任何进行日常活动的人来说都是很重要的,比如能轻松完成提重物、拿书包或提洗衣篮等活动,而且没有受伤的风险。大多数的终身运动和竞技运动也依赖于强壮的上半身肌肉力量和耐力来帮助支撑脊柱并保持平衡。在一项运动、活动或工作中,肌肉的过度使用会导致肌肉不平衡,比如使身体前部的肌肉比背部的肌肉更强健,或使身体左侧的肌肉比右侧的肌肉更强健。

1. 俯卧撑测试

俯卧撑测试是一种常见的力量测试,用来评估上半身的力量和耐力。一般在室内外的平地或垫子上进行。受试学生双手和双脚尖撑地,双手与肩同宽,五指分开手指向前,肘关节指向后方,两臂伸直,身体保持脊柱的平直,双臂弯曲,身体下落到胸部接近地面,肘部呈90°,整个动作过程中身体始终保持脊柱的平直,再将双臂伸直还原成俯撑姿势,算完成一次。一般以20~30次/分钟的舒适速度进行,直至做到力竭,记录正确完成动作的次数。

【注意事项】

下落和上推时不得弓背或塌腰。对于大学男生和女生的俯卧撑测试和重测试之间的相关性分别为 0.95 和 0.91 。国内标准大多采用《国民体质测定标准》,20~39 岁男性俯卧撑评分标准见表 2-19。

表 2-19　20~39 岁男性俯卧撑评分标准　　　　　　　　　　　单位:次

年龄/岁	得分				
	5 分(优秀)	4 分(良好)	3 分(合格)	2 分(较差)	1 分(差)
20~24	>40	28~40	20~27	13~19	7~12
25~29	>35	25~35	18~24	11~17	5~10
30~34	>30	23~30	16~22	11~15	4~10
35~39	>27	20~27	12~19	7~11	3~6

2. 握力测试

握力主要反映前臂及手部屈肌群的静力力量,是上肢力量的常用指标之一。测试仪器使用电子握力计或弹簧式握力计。

受试者两脚分开,以自然姿势站立,一手持握力计(指针向外),手心向内,两臂自然下垂,以最大力量紧握握力计1次,测2~3次,记录最大值。测试前,受试者应将握力计的握柄距离调至便于发力的位置,并将指针拨回零位。用力时不准屈臂、挥臂、弯腰或用持握力计的手接触身体其他部位。一般男子的握力相当于自身体重的47%~48%。

研究表明,一个人的握力与其全身力量呈高度相关,能间接反映一个人的健康状况。握力增长或维持在较高水平时,健康状况就好;握力下降时,健康状况就不好。握力的大小与体重相关,一般来讲,一名身材魁梧的学生与体形瘦小的学生相比,握力会相差很大。为减少误差,可以采用握力体重指数进行评分。

握力体重指数=握力(千克)/体重(千克)×100

握力体重指数评价标准分为大学生标准(表2-20)和成人标准(表2-21)。

表2-20 大学生握力体重指数评价等级参照表

等级	握力体重指数	
	男生	女生
优秀	86及以上	67及以上
良好	72~84	55~66
及格	54~70	40~53
不及格	53及以下	39及以下

表2-21 20~39岁成人握力体重指数评价标准

年龄/岁	性别	1分	2分	3分	4分	5分
20~24	男	29.6~36.9	37.0~43.5	43.6~49.2	49.3~56.3	>56.3
	女	18.6~21.1	21.2~25.7	25.8~29.8	29.9~35.0	>35.0
25~29	男	32.6~38.3	38.4~44.8	44.9~50.4	50.5~57.6	>57.6
	女	19.2~21.7	21.8~26.1	26.2~30.1	30.2~35.3	>35.3
30~34	男	32.2~38.0	38.1~44.9	45.0~50.6	50.7~57.6	>57.6
	女	19.8~22.3	22.4~26.9	27.0~30.9	31.0~36.1	>36.1
35~39	男	31.3~37.2	37.3~44.4	44.5~50.2	50.3~57.7	>57.7
	女	19.6~22.3	22.4~27.0	27.1~31.2	31.3~36.4	>36.4

3. 屈臂悬垂测试

通过测试屈臂悬垂的持续时间,可以反映上肢屈肌群的静力性耐力。测试器材有单杠和秒表。

受试者站在凳子上,用双手正握(或反握)单杠屈臂,使下颌位于横杠之上。当受试者双足离开凳面时开表计时,当头顶低于横杠上缘时停表,以秒为单位记录持续时间,不计小数。若受试者的身体前后摆动,助手可帮助稳定受试者身体,但不得助力。不同握杠法对成绩有明显影响,所以对此应做统一规定。大学生屈臂悬垂评价标准见表2-22。

表 2-22　大学生屈臂悬垂评价标准 单位:秒

年龄/岁	性别	得分				
		5	4	3	2	1
18	男	≥77	64~76	46~63	34~45	≤33
	女	≥34	21~33	9~20	4~8	≤3
19	男	≥79	65~78	48~64	36~47	≤35
	女	≥38	23~37	9~22	5~8	≤4
20	男	≥79	65~78	48~64	35~47	≤34
	女	≥38	24~37	10~23	5~9	≤4
21	男	≥80	66~79	48~65	35~47	≤34
	女	≥41	25~40	11~24	6~10	≤5
22	男	≥80	66~79	48~65	35~47	≤34
	女	≥41	25~40	11~24	5~10	≤4
23	男	≥78	66~77	48~65	35~47	≤34
	女	≥41	25~40	11~24	5~10	≤4
24	男	≥78	65~77	46~64	34~45	≤33
	女	≥41	25~40	10~24	5~9	≤4
25	男	≥78	64~77	46~63	35~45	≤34
	女	≥43	26~42	10~25	5~9	≤4

(二)核心力量与耐力测试

1. 仰卧起坐测试

仰卧起坐测试是应用最为广泛的评价腹肌耐力的测试方法。在仰卧起坐过程中,主要是腹肌在起作用,然而腿部肌肉(如髋部屈肌)也参与了工作,因此这种测试既测试了腹肌的耐力,也测试了髋部肌肉的耐力。

学生仰卧于垫子上,双脚必须放于垫上,两腿稍分开,屈膝呈90°左右,两手指交叉贴于脑后。另一同伴压住其踝关节,以固定下肢。坐起时两肘触及或超过双膝为完成一次,仰卧时两肩胛必须触垫。记录1分钟内完成的次数。

【注意事项】

借用肘部撑垫或手臂摆动、臀部上挺后下压的力量起坐时,该次不计数。双手未抱头、双肘未触及或未超过双膝,还原仰卧姿势时肩背部未触及垫子,该次不计数。女大学生1分钟仰卧起坐单项评价标准见表2-23。

表2-23 女大学生1分钟仰卧起坐单项评价标准   单位:次

等级	单项(得分)	大一、大二	大三、大四
优秀	100	56	57
	95	54	55
	90	52	53
良好	85	49	50
	80	46	47
及格	78	44	45
	76	42	43
	74	40	41
	72	38	39
	70	36	37
	68	34	35
	66	32	33
	64	30	31
	62	28	29
	60	26	27
不及格	50	24	25
	40	22	23
	30	20	21
	20	18	19
	10	16	17

2. 卷腹测试

卷腹测试可测量腹部力量和耐力。卷腹测试比仰卧起坐更安全可靠,因为它不涉及强有力的髋部屈肌。强壮的腹部不仅有助于支撑脊柱和帮助培养良好的姿势,而且还有助于平衡和功能运动。任何来自手臂或腿的运动,要么起源于核心,要么穿过核心。

【测试方法】

将两根相隔9厘米的胶带贴在地板上,或者使用垫子的边缘。平躺,指尖触碰到第一根胶带,肩膀放松,弯曲膝盖,不让任何人按着你的脚。身体卷起,直到指尖接触到第二根胶带或者垫子的一端,然后放下,当肩膀接触到地板,手与地板保持接触,尽可能延长动作的时间。卷腹测试成人评价标准见表2-24。

表 2-24　卷腹测试成人评价标准　　　　　　　　　　　　　　单位:个

等级	20~29 岁		30~39 岁		40~49 岁		50~59 岁		60~69 岁	
	男	女	男	女	男	女	男	女	男	女
90	75	70	75	55	75	50	74	48	53	50
80	56	45	69	43	75	42	60	30	33	30
70	41	37	46	34	67	33	45	23	26	24
60	31	32	36	28	51	28	35	16	19	19
50	27	27	31	21	39	25	27	9	16	9
40	23	21	26	15	31	20	23	2	9	3
30	20	17	19	12	26	14	19	0	6	0
20	13	12	13	0	21	5	13	0	0	0
10	4	5	0	0	13	0	0	0	0	0

(三)下肢肌肉力量与爆发力测试

1. 立定跳远测试

立定跳远主要测试下肢爆发力及身体协调能力发展水平,反映的是人体横向位移能力,一般在沙坑或在塑胶跑道上进行。起跳地面要平坦,不得有坑洼。立定跳远动作技术要领见表 2-25。

表 2-25　立定跳远动作技术要领

动作	要领	注意事项
预摆	两脚左右开立,与肩同宽,两臂前后摆动,前摆时,两腿伸直,后摆时,屈膝降低重心,上体稍前倾,手尽量往后摆	发现犯规,如踩线、没有双脚起跳、没有原地起跳等,此次成绩无效。不得穿皮鞋、凉鞋等不适合运动的鞋子参加测试
起跳腾空	两脚快速用力蹬地,同时两臂稍曲由后往前上方摆动,向前上方跳起腾空,并充分展体	
落地缓冲	收腹举腿,小腿往前伸,同时双臂用力往后摆动,并屈膝落地缓冲	

【测试方法】

两脚自然分开站立,站在起跳线后,脚尖不得踩线,两脚原地同时起跳,不得有垫步或连跳动作,丈量起跳线后缘至最近着地点后的垂直距离。测试两次,测试人员记录最好成绩。以厘米为单位,不保留小数。大学生立定跳远单项评分标准见表 2-26。

表 2-26　大学生立定跳远单项评分标准　　　　　单位:厘米

单项得分	大一大二男	大三大四男	大一大二女	大三大四女
100	273	275	207	208
95	268	270	201	202
90	263	265	195	196
85	256	258	188	189
80	248	250	181	182
78	244	246	178	179
76	240	242	175	176
74	236	238	172	173
72	232	234	169	170
70	228	230	166	167
68	224	226	163	164
66	220	222	160	161
64	216	218	157	158
62	212	214	154	155
60	208	210	151	152
50	203	205	146	147
40	198	200	141	142
30	193	195	136	137
20	188	190	131	132
10	183	185	126	127

2. 纵跳测试

纵跳测试是使用电子纵跳计来测定下肢爆发力。

【测量方法】

测试人员打开电源开关,按"按键"后,显示屏上出现闪烁信号,蜂鸣器发出声响,表明纵跳计进入工作状态。受试者踏上纵跳板,双足自然分开,呈直立姿势,准备测试。当看到显示屏上显示出"0.0"时,开始测试。受试者屈膝半蹲,双臂尽力后摆,然后向前上方快速摆臂,双腿同时发力,尽力垂直向上跳起。当受试者落回纵跳板后,显示屏显示出测试数值。测试两次,测试人员记录最大值。以厘米为单位,精确到小数点后一位。

注意起跳时双脚不可移动、垫步,起跳后身体挺直,不可屈膝、屈髋。评价标准遵循《国民体质测定标准》,20~29 岁成人纵跳评分标准见表 2-27。

表 2-27　20~29 岁成人纵跳评分标准　　　　　单位:厘米

年龄/岁	性别	1 分	2 分	3 分	4 分	5 分
20~24	男	19.9~24.8	24.9~32.3	32.4~38.4	38.5~45.8	>45.8
	女	12.7~15.8	15.9~20.5	20.6~24.7	24.8~30.3	>30.3
25~29	男	19.6~23.9	24~31.3	31.4~36.8	36.9~43.6	>43.6
	女	12.4~15.0	15.1~19.7	19.8~23.4	23.5~28.5	>28.5

四、柔韧测试

柔韧性是指身体活动时,各个关节的活动幅度以及跨过关节的韧带、肌腱、肌肉、皮肤等组织的弹性、伸展能力。柔韧性的测量具有局部性的特点,其测量的方法和手段均涉及身体有关部位的关节,例如肩关节、腰关节、髋关节、膝关节等。柔韧性的国民体测与学生体质健康测试指标为坐位体前屈。

(一)坐位体前屈测试

坐位体前屈可测量学生在静止状态下的躯干、腰、髋等关节可能达到的活动幅度,主要反映这些部位的关节、韧带和肌肉的伸展性和弹性,是《国家学生体质健康标准》测试中评价学生柔韧素质的指标。一般使用的测试仪器是智能型坐位体前屈测试仪。测试仪由主机和外设测试板、游标组成。主机上有液晶显示触摸屏、数字按键区、刷卡区。游标上有一个显示器,可以显示坐位体前屈的数值。

【测试方法】

学生脱鞋,坐上测试板,两腿伸直,两脚平蹬测试纵板,两脚分开 10~15 厘米,脚尖分开约 60°。上体前屈,两臂伸直向前,用两手中指指尖同时逐渐向前推动游标,直到不能前推为止。

【注意事项】

测试中腿有弯曲;双手前推用力过猛,手指尖离开游标,游标通过惯性加速向前;通过一侧手指向前推进游标。出现以上任意一种情况,该次成绩无效,应重新按规范测试。

【仪器操作方法】

打开主机和游标开关,点击"进入测试"选项,学生刷卡识别信息后,测试员点击"进入测试"选项,将游标拉回最近端,显示"-20厘米",待学生做好准备后,点击"开始测试"选项,语音提示后,学生双手将游标缓慢前推,停在最远端1~2秒,语音提示测试成绩,以厘米为单位,保留一位小数。坐位体前屈测试评价标准分为大学生标准(表2-28)和成人标准(表2-29)。

表 2-28　大学生坐位体前屈单项评分表　　　　　　　　　单位:厘米

等级	单项得分	大一大二男	大三大四男	大一大二女	大三大四女
优秀	100	24.9	25.1	25.8	26.3
	95	23.1	23.3	24.0	24.4
	90	21.3	21.5	22.2	22.4
良好	85	19.5	19.9	20.6	21.0
	80	17.7	18.2	19.0	19.5
及格	78	16.3	16.8	17.7	18.2
	76	14.9	15.4	16.4	16.9
	74	13.5	14.0	15.1	15.6
	72	12.1	12.6	13.8	14.3
	70	10.7	11.2	12.5	13.0
	68	9.3	9.8	11.2	11.7
	66	7.9	8.4	9.9	10.4
	64	6.5	7.0	8.6	9.1
	62	5.1	5.6	7.3	7.8
	60	3.7	4.2	6.0	6.5
不及格	50	2.7	3.2	5.2	5.7
	40	1.7	2.2	4.4	4.9
	30	0.7	1.2	3.6	4.1
	20	−0.3	0.2	2.8	3.3
	10	−1.3	−0.8	2.0	2.5

表 2-29　20~29 岁成人坐位体前屈评分表

年龄/岁	性别	得分				
		5分(优秀)	4分(良好)	3分(合格)	2分(较差)	1分(差)
20~24	男	>20	14~20	9~13	2~8	−4~1
	女	>20	14~20	8~13	1~7	−6~0
25~29	男	>20	14~20	9~13	3~8	−2~2
	女	>20	14~20	8~13	2~7	−3~1

(二)柔韧性测量的其他方法

1.俯卧躯干上抬(上背部)

该测试测量背部和躯干肌肉的灵活性以及背部肌肉的适应性。

【测试方法】

俯卧,双手放在大腿两侧。慢慢地抬起身体的上半部分,使下颌、胸部和肩膀离开地板,尽可能地把躯干抬高,保持这个姿势3秒,同时测量下颌离地面有多远,同伴应在距受试者下颌2.5厘米处用尺子测量。俯卧躯干上抬评价标准见表2-30。

表2-30　俯卧躯干上抬评价标准

等级	距离/厘米
优秀	28~30
良好	23~25
中等	18~20
差	<15

2. 身体柔韧性综合评估

综合评估由6个部位的柔韧性测试组成,具体动作要领见表2-31。做完一个普通的热身运动之后,根据动作描述和方法,完成该项动作并重复2~3次。

表2-31　柔韧性测试动作标准说明表

动作步骤	具体要求	评分标准
动作1 手臂抬起	面朝下躺下,握紧拳头,掌心朝下,把手臂和棍子举得越高越好。前额着地,手臂和手腕伸直,保持这个姿势	用尺子测量离地面的距离,25厘米以上为符合标准,记录1分
动作2 肩部柔韧性	伸出左臂,从上往下沿着脊椎放于上背部,保持这个姿势,同时将右手臂和手放在背后,沿着脊柱向上,试着触摸或者重叠左手的手指。换另一侧手臂重复这个动作	满足的标准:两手手指触摸或重叠。记录每一测得分
动作3 躯干旋转	两脚开立站在指定的线上。左肩与墙保持一臂距离,侧平举使左手直接放在墙上目标点的同一条线上。然后下左臂在肩膀的高度伸展右臂到身体的一侧,手掌向下握拳。双脚固定,尽可能向右旋转躯干。试着用手掌向下的拳头触摸目标点或更远的地方	测试评估肩膀、手臂和胸部的灵活性。同伴检查时保持姿势。向左旋转,记录每一边的一点。满足的标准:接触中心目标点或以上
动作4 环绕	抬起右臂,伸到头后面,试着触摸左嘴角。可以把头和脖子向左转,保持姿势。用左臂重复这个动作	记录每一边的一点。满足的标准:触摸嘴角
动作5 膝对胸	仰卧,伸展右腿。双手放在左大腿后侧,向前拉,使膝盖靠近胸部。不要把手放在膝盖上。保持右腿伸直,如果可能的话,放在地板上。保持下背部平放在地板上,保持位置,用另一条腿重复这个动作	同伴检查左侧大腿上部和膝盖是否贴着胸部,右腿是否伸直且在地板上。记录每一边的一点。满足的标准:大腿和膝盖贴胸部,小腿在地板上

表 2-31(续)

动作步骤	具体要求	评分标准
动作 6 脚踝灵活性	直立坐在地板上,双腿伸直并拢。如有需要,可以轻轻向后仰靠双手。从脚底垂直于地面 90° 开始,弯曲脚踝,把脚趾尽可能地拉向小腿。保持这个姿势	同伴检查每只脚的脚底与地面的角度是否为 75°。 满足标准:脚底与地面的角度为 75° 或更大

符合上述动作标准就可以得到 1 分,然后计算所有得分之和,身体柔韧性综合评估标准见表 2-32。

表 2-32 身体柔韧性综合评估标准

等级	得分
优秀	8~11
中等	5~7
良好	0~4

五、平衡测试

平衡也叫本体感觉,来自脚底信号和内耳与重力的关系,可以促使身体激活或关闭肌肉以保持个体比较喜欢的姿势。平衡能准确反映身体理解和利用身体空间位置信息的能力,通常凭感觉就能控制人体四肢。增加平衡能力可以大幅改善协调性和身体姿态以及运动技能,增加稳定性并减少伤害。评定平衡功能的常用方法有观测法、量表法和平衡测试仪评定法等。

(一) 闭眼单脚站立测试

闭眼单脚站立主要反映人体静态平衡能力,在平整的地面即可操作,使用电子秒表或闭眼单脚站立测试仪,测试流程见表 2-33。要充分考虑安全问题,测试时需要站在受试者后方保护,避免受试者失去平衡而摔倒受伤。

表 2-33 闭眼单脚站立测试流程表

步骤	要求
1	受试者光脚,双手叉腰或置于身体两侧
2	将非支撑腿抬离地面,确保非支撑腿不能靠在支撑腿上
3	当非支撑腿离开地面时,开始计时
4	如出现以下情况,应立即停止计时:手离开腰部;支撑腿摇晃或者倒向任何方向;非支撑腿接触到支撑腿
5	三次测试中取最好成绩,时间保持越长,平衡能力越好

男生与女生的闭眼单脚站立评分标准有区别,遵循《国民体质测定标准》,见表 2-34 和表 2-35。

表 2-34 男生闭眼单脚站立评分表 单位:秒

年龄/岁	得分				
	5分(优秀)	4分(良好)	3分(合格)	2分(较差)	1分(差)
20~24	>98	42~98	18~41	6~17	3~5
25~29	>85	36~85	15~35	6~14	3~5
30~34	>74	30~74	13~29	5~12	3~4
35~39	>69	28~69	12~27	4~11	3
40~44	>54	22~54	10~21	4~9	3
45~49	>48	20~48	9~19	4~8	3
50~54	>39	17~39	8~16	4~7	3
55~59	>33	14~33	7~13	3~6	2

表 2-35 女生闭眼单脚站立评分表 单位:秒

年龄/岁	得分				
	5分(优秀)	4分(良好)	3分(合格)	2分(较差)	1分(差)
20~24	>90	37~90	16~36	6~15	3~5
25~29	>84	33~84	15~32	6~14	3~5
30~34	>72	29~72	13~28	5~12	3~4
35~39	>62	24~62	10~23	4~9	3
40~44	>45	19~45	8~18	4~7	3
45~49	>39	16~39	7~15	3~6	2
50~54	>33	14~33	6~13	3~5	2
55~59	>26	11~26	6~10	3~5	2

(二) 闭眼软垫站立测评

使用秒表在软榻上测试感觉统合能力,测试流程见下表 2-36。实施测试的时候,需站在受试者后方保护,以防失去平衡摔倒。

表 2-36 闭眼软垫站立测试流程表

步骤	要求
1	双手叉腰或抱胸,光脚,分开站立在软榻上
2	闭眼后开始计时
3	如出现双手打开、双腿移动、睁眼,应立即停止计时
4	测三次,取最好成绩,时间保持越长,平衡能力越好

(三) Romberg 静态平衡能力测试

使用秒表测试感觉统合能力,测试流程见表 2-37。实施测试的时候,充分考虑受试者的人身安全,需要站在受试者后方保护,以防失去平衡摔倒。

表 2-37　Romberg 静态平衡能力测试流程表

步骤	要求
1	双脚前后站立,采用足尖接足跟的直立方式
2	双臂交叉放在胸上部
3	站立好,闭眼后开始计时
4	两脚有移动或身体出现失稳时停止计时
5	测三次,取最好成绩,时间保持越长,平衡能力越好

(四) 闭目原地踏步测试

在平地上使用秒表测试动态平衡能力,测试流程见表 2-38。

表 2-38　闭目原地踏步测试流程表

步骤	要求
1	闭目站立在以 40 厘米为直径的圆圈中心
2	听到开始的口令后立即以每秒两步的频率踏步,直到脚出圈或触碰圈线
3	记录受试者持续踏步的时间,连续测三次,取最大值
4	时间保持越长,平衡能力越好

(五) 平衡木行走测试

在平地上使用秒表测试动态平衡能力,测试流程见表 2-39。

表 2-39　平衡木行走测试流程表

步骤	要求
1	受试者站立在一个宽 10 厘米、长 3 米、高 2 厘米的简易平衡木的一端
2	听到开始的口令后立即快速行走,记录在平衡木上往返一次的时间
3	记录以秒为单位,保留一位小数,第二位小数四舍五入。连续测三次,取最大值
4	根据在平衡木上往返一次的时间长短,评定受试者平衡能力的强弱

六、速度与灵敏性评价

在体育运动中,速度一般被认定为在特定情况下最快地完成反应和动作的时间,通过认知过程、强烈的意愿和最大限度的神经肌肉功能来完成,包括反应速度、移动速度、动作速度等。其中,反应速度是指对各种刺激快速反应的能力;移动速度是指快速通过某一段距离如百米的能力;动作速度是指快速完成动作的能力。

反应则体现了机体的神经与肌肉系统的协调性和快速应答能力,业内把反应时作为评价应答能力的指标。反应时是指从看到或听到一个刺激后到肢体启动的间隔。我国目前使用的国民体测的指标中,选择的就是反应时对反应能力进行的评估测试。

(一)选择反应时测试

测试者通常使用电子反应时测试仪。测试台上有显示屏、一个启动键和五个信号键。打开电源后,显示屏上出现"FYS"字样,测试仪进入正常的工作状态。

开始测试时,注意事项如下:

(1)不要用力拍击"信号"键;

(2)按住"启动"键直至"信号"键发出信号才能松手;

(3)按"启动"键开始下一次测试。

之后,要求受试大学生五指并拢伸直,中指远节用力,按住"启动"键。当任意一个信号键同时发出声光信号时,受试大学生用按住"启动"键的手,以最快速度去按该信号键,然后再次按住"启动"键,等待下一个信号的发出。每次测试要求必须完成 5 个信号的应答。当所有信号键都同时发出声光信号时,测试结束,显示屏上显示测试值。测试两次,记录最小值,以秒为单位,保留小数点后两位。成人选择反应时评价标准见表 2-40。

表 2-40　成人选择反应时评价标准　　　　　　　　　　单位:秒

年龄/岁	性别	5分	4分	3分	2分	1分
20~24	男	<0.39	0.39~0.43	0.44~0.49	0.50~0.60	0.61~0.69
	女	<0.40	0.40~0.45	0.46~0.52	0.53~0.65	0.66~0.79
25~29	男	<0.39	0.39~0.44	0.45~0.51	0.52~0.62	0.63~0.73
	女	<0.42	0.42~0.47	0.48~0.55	0.56~0.69	0.70~0.82

(二)简单应时测试:手反应时

受试大学生将注意力集中在尺子上,让同伴用拇指和食指握住直尺的顶端,然后手臂自然弯曲,同伴不发出任何预警的情况下放下尺子时,受试大学生用拇指和食指尽可能快地抓住它。测试三次,每次的得分是接尺子的地方的数字,记录分数。手反应时评价标准见表 2-41。

表 2-41　手反应时评价标准　　　　　　　　　　单位:厘米

等级	距离
优秀	≥56
良好	48~53
中	36~46
差	≤33

(三) 灵敏性测评:十字跳测试

十字跳测试适用于 7 岁以上男女生,本书主要用其测量大学生变换方向跳和灵活控制身体的能力。场地要求在平坦地面上画两条交叉的线,地面形成四等份,标明 1、2、3、4 四个区,同时备好计时用的秒表。在开展测试前,先让受试学生试做两次,以便让学生记住规定的顺序,进一步熟悉方法和要求。

受试学生听到口令后,由起点以双腿跳跳入 1 区,并连续跳至 2、3、4 区,最后再跳回 1 区,以此顺序连续跳 10 秒。记录 10 秒内跳的次数,每次计 1 分,每跳错 1 次(例如错格、踩线、双脚不同时起跳或落地)扣 0.5 分。受试者因意外中断动作或特殊原因影响成绩时,允许重测 1 次。十字跳测验成绩评价标准见表 2-42。

表 2-42　十字跳测验成绩评价标准　　　　　单位:次

等级	男大学生	女大学生
优秀	≥31	≥33
良好	25~30	27~32
中等	13~24	14~26
中下	7~12	8~13
差	0~6	0~7

(四) 50 米速度测试

该项测试需要在平坦的若干条 50 米直线跑道上进行,被用来评估大学生运动的速度、灵敏性、协调能力,以及神经系统灵活性的发展水平,使用器材有发令旗和秒表。

受试学生不得穿钉鞋、皮鞋、塑料凉鞋等,两人及以上为一组开展测试。站立起跑,听到口令后开始起跑,发现有抢跑者,应立即召回重跑;发令员在发出口令的同时,要摆动发令旗。计时员视旗动按表计时,受试学生的躯干部抵达终点线垂直平面后沿停表。以秒为单位记录测试成绩,精确到小数点后一位,小数点后第二位按非 0 则进 1,如 10.11 秒按照 10.2 秒计录。

【动作要领】

采用站立式起跑,跑出后迅速加快速度,并努力以最快的速度冲过终点线。

【站立式起跑】

听到"各就各位"时,受试学生站在起跑线后,两脚前后自然开立,相距约半步,有力的一脚在前,靠近起跑线,全脚掌着地。后脚用前脚掌着地,身体稍前倾,身体重心落在前脚上。听到"预备"时,两腿弯曲,上体前倾,重心下降、前移,前腿的异侧臂自然屈肘放于体前,另一臂在后,两脚都用前脚掌着地。听到"跑"的信号时,两脚用力后蹬,同时身体迅速向前抬起,两臂用力前后摆动,迅速向前跑出。

【途中跑】

后蹬要用力,并把髋部向前送出,当蹬地腿蹬离地面后,大腿积极向前上方高抬,小腿顺惯性自然折叠,两臂摆动以肩为轴,放松有力地向前摆动。

【终点冲刺】

快要到达终点时,应全力以赴,保持最高速度冲过终点线。当距离终点大约 1.5 米时,用力后蹬,上体迅速前倾,用胸部或肩部撞线。跑过终点后,应逐渐减慢速度,不能突然停止。大学生 50 米跑单项评分标准见表 2-43。

表 2-43　大学生 50 米跑单项评分表　　　　　　　单位:秒

等级	单项得分	大一大二男	大三大四男	大一大二女	大三大四女
优秀	100	6.7	6.6	7.5	7.2
	95	6.8	6.7	7.4	7.4
	90	6.9	6.8	7.6	7.6
良好	85	7.0	6.9	7.5	7.9
	80	7.1	7.0	7.7	8.2
及格	78	7.3	7.2	7.6	8.4
	76	7.5	7.4	8.0	8.6
	74	7.7	7.6	8.8	8.8
	72	7.9	7.8	8.3	9.0
	70	8.1	8.0	8.5	9.2
	68	8.3	8.2	8.7	9.4
	66	8.5	8.4	8.9	9.6
	64	8.7	8.6	9.1	9.8
	62	8.9	8.8	9.3	10.0
	60	9.1	9.0	9.5	10.2
不及格	50	9.3	9.2	10.5	10.4
	40	9.5	9.4	10.7	10.6
	30	9.7	9.6	10.9	10.8
	20	9.9	9.8	11.1	11.0
	10	10.1	10.0	11.3	11.2

第三节　测试不合格人群运动处方

基于大学生自身的健康状况和当前的运动能力,针对特定健身目标而制定的安全、有效的健身方案,就是运动处方。近年来,运动处方是运动促进健康领域的研究热点,国内外涌现出许多优秀的研究成果。运动处方主要包含运动形式、运动强度、运动时间、运动频次及运动中注意事项等内容。

一、运动处方制定的原则

为有针对性提高大学生体质测试不合格人群的健康体能,实施运动处方训练要遵循五大基本原则:健康体能促进原则、全面发展原则、区别对待原则、循序渐进原则和安全监控原则。

健康体能促进原则是指,身体机能改善和提升要以促进健康体能发展为目标,遵循体能增长规律,训练过程要把握好"度",使身体产生良性适应。从根本上来讲,是指身体为接受设定的锻炼负荷强度而产生的各种适应性的机体能力提升。例如,肌肉组织为了克服更大的阻力,会积极调动中枢神经系统、心血管系统和供能系统,通过中枢神经专注力提升,传递兴奋,刺激动员更多肌纤维参与收缩做功,从而提高肌力。同时也通过提高氧气输送效率、加快能量物质分解利用以及加快废物排泄输出等措施,实现短时间适应供能,抵抗负荷压力。而长期身体锻炼适应会使骨骼肌系统出现良性变化,如肌纤维增粗横截面积变大、肌糖原储备增多、肌肉细胞线粒体活性增强、呼吸肌力增强、毛细血管扩张、骨骼韧带关节连接点更加牢固、肌腱强韧、骨密质排列更加紧密等,使身体能够适应更大的负荷压力。但如果训练安排过度,机体疲劳得不到充分休息调整,则会产生身体损伤甚至劣变畸形。

全面发展原则是指,虽然运动处方针对的是特定人群的特定锻炼需求,但身体素质锻炼提高是一个系统整体,相互制约,不能单独提高某一个素质能力而忽略其他能力的提高,其中身体素质能力包括力量、速度、耐力、柔韧性、灵敏性等,力量与速度素质发展的关系曲线图,平稳期前是 J 形,爆发力越大速度越快;力量与耐力素质也是直接相关,红肌纤维越多耐力越强;速度与灵敏素质同样如此,灵敏素质越强反应速度越快;而柔韧素质可以提高关节灵活度与动作幅度,提升动作速度、步幅的同时,可以防止肌肉拉伤并减少拮抗肌相互阻力,使动作更加协调。

区别对待原则是指,运动处方的制定要因人而异、因时而异,不能是万能配方,每个人的身体成分、基础运动能力、当前体能状态都存在一定差异。因此,运动处方的制定实施需要区别对待,根据处方对象预先掌握体测体检、机体指标、病史等基础数据,充分了解个人信息,再对症制定目标,选择锻炼方式、方法,组织实施强度、负荷、频率等训练手段。

循序渐进原则和安全监控原则是指在运动处方制定、实施过程中,要遵循体能发展的一般规律,刺激与恢复有张有弛,运动负荷和量的实施要循序渐进,使身体锻炼既能达到持续刺激效果,又能得到充分适应提高。同时,锻炼过程中要不断监测身体感觉和生理、心理等变化指标。一是排除运动过程中存在的潜在风险;二是若身体出现不适变化,要及时调整训练计划并继续检测,以达到促进健康体能发展的目的。

二、健康体能运动处方设计的要素

健康体能运动处方设计的要素包括运动目标、运动频率、运动强度、运动方式、运动时间、运动总量、运动进度。

运动目标的制定,首先要摸清锻炼前身体基础运动能力状态和锻炼后要达到什么样的能力水平,包括短期的阶段实施目标和长远最终目标;其次围绕要实现的目标设计、制定训练阶段任务,即运动进度;接下来再根据具体要实现的目标要求和个人喜好、现实运动环境条件选择不同的运动方式,例如是以提高速度力量为主还是以提高耐力柔韧性为主,是喜欢团体运动还是单项运动。不同运动方式喜好,采用不同运动强度、时间、频率和总量等锻炼手段施加控制,从而产生机体生理上的适应提高。但无论采用何种训练手段,保持监管和及时调整适应,才能实现锻炼的最终目标。

三、不合格人群运动处方

根据大学生体质测试和健康体能评估不合格人群特征分类,并针对不同群体特性制定处方大致分为以下四类:耐力薄弱运动处方、力量薄弱运动处方、速度薄弱运动处方和整体薄弱运动处方,见表2-44~表2-47。但这些运动处方主要是针对高校大课堂教学模式下体测指标数据不达标或处于优秀以下的学生群体,只能作为一类人群的基础提高和专项改善,不针对个人制定。

表2-44 耐力薄弱运动处方

类型分析	耐力薄弱型				
体测水平	肺活量	不及格□ 及格□ 良好□			
	800/1 000 米	不及格□ 及格□ 良好□			
健康筛查	身高____厘米、体重____千克、年龄____岁、性别____、疾病史____				
目标设计	改善基础体质健康状况,提升耐力身体素质水平				
进度安排	基础练习____~____周,提高练习____~____周,目标练习____~____周				
锻炼方式	健身走、快走、耐久跑、中长跑、胸廓柔韧扩展、腹式呼吸等				
锻炼方法	有氧训练□ 无氧训练□ 有氧无氧混合训练□				
锻炼周期	12~16 周				
内容设置	项目	强度 HR_{max}/%	时间/分钟	组数/组	频率/(次/周)	总量/周
锻炼内容	4 000 米健身走	30~50	30~60	1	2~3	1~2
	有氧 3 000 米	40~50	20~40	1	2~3	1~2
	有氧 5 000 米	40~50	30~60	1	2~3	1
	1 500 米	40~50	10~20	2	2~3	2~3
	25 米×8 折返跑	70~80	1~2	3	2~3	1~2
	400 米	70~80	2~3	3	2~3	1~2
	跳绳	60~70	15~20	2~3	2~3	2~3
	2 000 米变速跑	60~70	30~50	1~2	2~3	1~2
	800/1 000 米	60~70	4~6	2	1~2	1~2
	胸廓扩展拉伸	30~40	10~15	3~4	3~4	2
	腹式呼吸	30~40	3~5	3~4	3~4	2
监测调整注意事项	(1)注意观察锻炼过程中身体不适状况,及时调整强度及休息间隔。 (2)做好锻炼后积极性放松,促进疲劳恢复。 (3)随时与指导老师(运动处方)保持沟通和监测指导				

表 2-45　力量薄弱运动处方

类型分析	力量薄弱型					
体测水平	立定跳远	不及格□　及格□　良好□				
	引体向上(男)	不及格□　及格□　良好□				
	仰卧起坐(女)	不及格□　及格□　良好□				
健康筛查	身高＿＿厘米、体重＿＿千克、年龄＿＿岁、性别＿＿、疾病史＿＿					
目标设计	锻炼抗阻训练身体适应能力,提高肌肉基础力量、爆发力和耐力					
进度安排	基础练习＿＿~＿＿周,提高练习＿＿~＿＿周,目标练习＿＿~＿＿周					
锻炼方式	阻力带抗阻训练、克服自重训练、简易器械训练					
锻炼方法	下肢力量训练□　　上肢力量训练□　　核心力量训练□					
锻炼周期	12~16 周					
内容设置	项目	强度/难度	时间/秒、次	组数/(组/项)	频率/(次/周)	间隔休息/秒
下肢肌肉	深蹲、弓步蹲	自重	60 秒	3	2~3	60
	跳深、纵跳、负重跳、挺身跳	自重加速	15 次	3	2~3	60
	抗阻深蹲	自重+阻力带	20 次	3	2~3	60
	蛙跳	自重	8 次	3	2~3	60
上肢肌肉	挂杠	自重	10 秒	3	2~3	60
	曲臂抗阻	3~5 千克哑铃	12 次	3	2~3	60
	斜拉杠	自重	10 次	3	2~3	60
	弹力带辅助拉杠	弹力带减力	12 次	2~3	2~3	60
核心力量	跪卧、侧卧平板支撑、平板支撑	自重	15 秒	2~3	2~3	60
	仰卧手撑地屈腿	自重	5~10 次	2~3	1~2	60
	仰卧起坐	自重	15~30 次	2~3	3~4	60
	两头起	自重	12~25 次	3~4	3~4	60
监测调整注意事项	(1)练前热身、练后拉伸,防止肌肉拉伤和过度疲劳。 (2)注意动作的正确和质量,根据自身力量情况调整负荷强度(循序渐进)。 (3)随时与指导老师(运动处方)保持沟通和监测指导					

表2-46　速度薄弱运动处方

类型分析	速度薄弱型				
体测水平	50米体测	不及格□　及格□　良好□			
健康筛查	身高____厘米、体重____千克、年龄____岁、性别男/女、疾病史____				
目标设计	反应速度、爆发力提升;步幅、步频位移速度加快;提升奔跑速度				
进度安排	基础练习____~____周,提高练习____~____周,目标练习____~____周				
锻炼方式	力量速度、反应速度、动作速度、位移速度				
锻炼方法	肌肉力量速度□　灵敏、柔韧能力□　短跑技术□				
锻炼周期	12~16周				
内容设置	项目	强度/难度	次数/次	组数/组	频率/(次/周)	间隔休息/秒
力量速度	跳深、纵跳	自身体重	8~12	3	2~3	60
	负重跳	负重5~10千克	8~12	3	2~3	60
	杠铃深蹲	体重50%~80%	5~15	3	2~3	60
	加速、加阻跑	50米7~15秒	2~3	2	2~3	60
灵敏柔韧	腿部肌肉拉伸	10~30秒	1~2	2	2~3	5~10
	坐位体前屈	10~20秒	1~2	2	2~3	5~10
	发令、听信号起跑	HR_{max} 70%~80%	2	3	2~3	30
	游戏球类反应练习	HR_{max} 70%~80%	2	3	2~3	30
短跑技术	快频率摆臂+原地小步跑	7~15秒	1~2	2	1~2	30
	转髋摆腿	7~15秒	1~2	3	1~2	30
	高抬腿、车轮跑、后蹬跑、跨步跑	7~15秒	1~2	3	1~2	30
	起跑、途中跑技术	HR_{max} 60%~70%	1~2	3	1~2	20
监测调整注意事项	(1)做好充分热身动作,保证良好睡眠及休息。 (2)注意观察疲劳恢复状况,及时调整负荷强度。 (3)随时与指导老师(运动处方)保持沟通和监测指导				

表 2-47 整体薄弱运动处方

类型分析	整体薄弱型				
体测水平	体测总成绩	不及格□　及格□			
健康筛查	身高____厘米、体重____千克、年龄____岁、性别____、疾病史____				
目标设计	提升基础身体素质水平,促进体适能健康状况改善				
进度安排	基础练习____~____周,提高练习____~____周,目标练习____~____周				
锻炼方式	力量、速度、耐力、柔韧				
锻炼方法	力量训练□　　速度训练□　　耐力训练□　　柔韧训练□				
锻炼周期	12~16 周				
内容设置	项目	强度 HR_{max}/%	时间 /(秒、次/组)	组数 /组	频率 /(次/周)	总量 /周
力量	深蹲、纵跳、跳深、负重跳	70~80	60~180 秒	3	2~3	1~2
	卷腹运动	60~70	10~30 秒	3	2~3	1~2
	曲臂挂杠	60~70	10~30 秒	3	2~3	1~2
速度	加速跑	70~80	8~15 秒	2	1~2	2~3
	50 米途中跑	80~90	8~15 秒	1~2	1~2	1~2
	100 米冲刺跑	70~80	15~30 秒	1~2	1~2	1~2
耐力	800/1 000 米	60~70	1~2 次	2	2~3	2~3
	2 000 米变速跑	60~70	1 次	1~2	2~3	1~2
	25 米折返跑	70~80	3~5 次	3	2~3	1~2
柔韧	上肢拉伸	50~60	30 秒	2~3	2~3	1~2
	下肢拉伸	50~60	30 秒	2~3	2~3	1~2
	坐位体前屈	50~60	20 秒	2~3	2~3	1~2
监测调整注意事项	(1)注意观察锻炼过程中身体不适状况,及时调整强度及休息间隔。 (2)完成锻炼后积极放松,促进疲劳恢复。 (3)随时与指导老师(运动处方)保持沟通和监测指导				

四、检验结果

本书以本校参加 2019~2021 年综合体测不合格学生为样本进行抽样实验研究,经过 12 周运动处方应用实验,该群体体质测试成绩显著提高,体重和体脂率显著下降。耐力薄弱组的耐久跑成绩显著提升;力量薄弱组的立定跳远成绩显著提升,引体向上成绩有所提升,但是不具备显著意义;速度薄弱组的 50 米成绩显著提升;整体薄弱组的体质测试总分显著提升。这表明本研究设计的健康体能运动处方具有提升大学生体质水平的功效,不同针对性的健康体能处方对于体质达标项目对应的运动素质也具有一定的功效。

第四节　民办高校体育课程运动处方教学模式

一、运动处方教学模式改革促进大学生体质健康教育的意义

我国体育教育理念正在发生翻天覆地的变化,传统单一的教学模式已经无法适应国家对全面发展型人才的需求。为了全面贯彻党的教育方针,促进学生的健康发展,教育部根据《中共中央国务院关于深化教育改革全面推进素质教育的决定》和国务院批准发布实行的《学校体育工作条例》,制定了《全国普通高等学校体育课程教学指导纲要》。同时,第三次全国教育工作会议也提出了"深化教育改革,全面推进素质教育"的要求,明确指出学校体育应以"健康第一"为主导思想。目前,许多高校依然存在体育课时少、传统教学模式单一、学生兴趣不足、健康教育内容不充分等弊端,无法实现新教育目标。

许多学者通过实验和研究证明,运动处方教学模式较传统体育课教学模式在促进学生身体健康、增强体质方面,具有更强的实效性和科学性,是实现学校体育向健康教育转轨的一种可行且有效的途径。运动处方教学模式是既能有效锻炼学生身体、培养学生终身锻炼能力,又符合高等教育改革和适应高校体育课的新型体育教学模式。

教育部学部委员林笑峰教授指出,研究、学习和普及健身运动处方锻炼的理论和方法,是我国学校体育科学化和现代化的必由之路。田继宗、石雷的《运动处方教学模式研究》和张新安、彭洪涛、高彩云的《健身运动处方教学模式与传统体育教学模式教学效果的比较研究》中通过实验证明,运动处方教学模式具有较强的科学性、针对性和实效性,是培养体育教师科学、有效地开展工作的一种新型体育教学模式,具有较强的使用价值;马铮、张春燕的《北京高校体育课实行运动处方教学的实验研究》和刘昕、胡红梅的《普通高等学校体育课教学模式的探索》中通过实验证明,将健身运动处方引入高校体育教学中具有可行性。还有众多学者的研究成果有效地充实了运动处方教学模式的内容,促进了运动处方教学模式的发展。这对指导体育教学实践的应用和促进体育教学改革以及全面提高体育教学质量,具有一定的现实意义。

二、运动处方教学模式的概述

运动处方教学模式是建立在学校体育健身功能之上,以系统的自我身体状况监控、运动技术筛选、运动负荷调控等知识为主要学习内容,促进学生建立自我身体状况认知意识,学会自主制定科学有效且符合自身特点的运动处方方案为主要教学目的的体育教学模式。运动处方教学模式具有健康教育主导性、体育与保健知识系统性、学生个性化与主体性、教学内容与过程科学性等主要属性及特点。

运动处方教学模式提倡学生应具备制定一套符合自身特点的运动处方方案的体育保健知识体系,强调学生学习运动技术与保健知识的融合性与系统性。避免以运动技术教学为主,仅传授碎片式的健身知识现象。在教学方式上以探究式教学为主,引导学生制定具有个人特点的运动处方并付诸锻炼实践,达到学以致用的目的。

三、运动处方教学模式的教学内容体系

运动处方教学模式要求学生既掌握健身所需要的保健知识体系,又能熟练应用专项运动技术为健身服务。因此,运动处方教学模式的主要教学内容包括:自我身体状态认知、自我身体状况监控、运动处方设计、运动处方实施。

学生在设计符合自身特点的运动处方时,首先应该充分了解自身的身体状态,这一点可通过入校身体检查、学校体质健康测试成绩、体育课中运动体验、课外体育锻炼体验等多种途径进行汇总。

在运动处方教学中应使学生了解并掌握监控生理状态和运动负荷两方面知识。体育锻炼中的生理状态监控可帮助运动参与者明确躯体的兴奋程度、适应水平、功能,从而有针对性地选择调整运动处方方案。生理状态监控手段包括自我感觉与基础指标检查。

运动处方的设计包括明确运动目的、功能动作筛选、运动负荷选择、设置运动频率与运动时间段、考虑运动注意事项等方面内容。运动目的明确课程任务目标,功能动作筛选教学引导学生综合考虑运动技术的结构、频率、幅度等要素与自身身体特征、运动兴趣、锻炼目的的适应性;在运动处方的设计中要求学生结合自身实际与运动环境,分析处方实施过程中应注意的动作、负荷与自身的匹配程度,以及运动中可能出现的风险。运动频度与运动时间段是指制定每周锻炼的次数以及每日锻炼的时间段,这不仅有利于学生运动习惯的养成,还有益于身体疲劳的有效恢复,进而避免造成疲劳积累及损伤。

对照民办高校开展的大众体育项目特点,结合运动训练学项群理论分类,技术教学功能筛选及训练时间、频率、周期、风险等内容,见表2-48~表2-50。

表2-48　技战能主导类同场对抗竞技项目体育课程教学锻炼功能

项目	篮球、足球、橄榄球、曲棍球、冰球等(运动周期:18周;频率1~2次/周)			
锻炼功能	(以篮球为例)技术部分	强度 HR_{max}/%	时间/(分钟/组)	组数/组
力量	防守滑步、跳步、急停等脚步移动;卡位、抢篮板等身体对抗技术;跳投、上篮、盖帽、空接等空中技术动作	70~80	2~3	2~3
速度	快攻、抢断、切入、快速完成套路动作球性练习、发球战术跑位等	70~80	1~2	2~3
耐力	全场紧逼、半场紧逼、1V1对抗等压迫性防守;3V3、5V5篮球赛	80~90	5~10	1~2
柔韧	蹬跨步、转髋步、抢篮板、大幅度运拉球	70~80	2~3	2~3
运动风险	(1)对抗激烈运动环境瞬息变化,注意合理动作的运用和遵守运动规则。(2)被动运动注意自我强度监测及调整			

表 2-49 隔网对抗竞技类项目课程教学锻炼功能

项目	排球、乒乓球、羽毛球、网球、毽球等(运动周期:18 周;频率 1~2 次/周)			
锻炼功能	(以羽毛球为例)技术部分	强度 HR$_{max}$/%	时间 /(分钟/组)	组数 /组
力量	杀球、发球、抽球等大力挥拍技术,网前步伐、中场步伐、后场步伐等脚步移动,跳杀、点杀等腾空技术	70~80	2~3	2~3
速度	防杀球、救球、扑球等快速移动技术,杀球、抽球等快速挥拍技术	70~80	1~2	2~3
耐力	羽毛球赛,步伐练习	80~90	5~10	1~2
柔韧	大跨步正手反手击球	70~80	2~3	2~3
运动风险	(1)反应速度、启动制动要求高,跟腱及膝关节容易损伤。(2)注意充分热身和专门力量练习,增强肌肉和韧带韧度,可以使用护具保护			

表 2-50 技巧类健美型项目课程教学锻炼功能

项目	武术、健美操、搏击操、瑜伽、舞蹈等(运动周期:18 周;频率 1~2 次/周)			
锻炼功能	(以健美操为例)技术部分	强度 HR$_{max}$/%	时间 /(分钟/组)	组数 /组
力量	跳跃腾空、托举等空中技术动作,扎马步、支撑、倒立等地面技术动作	70~80	2~3	2~3
速度	奔跑、完成技术动作速度	70~80	1~2	2~3
耐力	健身操有氧耐力	60~70	15~30	1~2
柔韧	踢腿、压腿、下桥、肩部等拉伸;	60~70	2~3	2~3
运动风险	动作幅度较大,关节灵活度高,防止韧带撕裂和脱臼			

四、运动处方教学模式的实施与评价

运动处方的实施是将体育健身与保健知识真正应用于锻炼实践中。通过课堂讨论及教师指导对学生制定的运动处方进行信息反馈,不断修正和完善运动处方,使学生真正掌握编制运动处方的知识体系,并具备根据自身和环境调整运动处方,使学生逐步感受到体育锻炼的效果,从而培养参与体育锻炼的习惯。

因此,实施过程要围绕运动技术与保健知识学习、编制自身运动处方、实施运动处方、实现运动效果反馈及运动处方调整,形成运动处方自主编制、执行、调整的能力。由于运动处方教学模式需要将大量系统的体育保健理论知识传授给学生,在"互联网+"时代,许多大学正在实施线上、线下混合式教学方式,这更加适合运动处方教学模式。互联网线上、线下混合式教学,可以有效拓展课堂教学时空,联通课内与课外,提高保健知识与运动实践的结合效率。

对于学生成绩的评价,不同于传统体育专项课成绩评价以技术评测、身体素质测试、平时表现分构成的评分模式,运动处方教学要对学生保健知识掌握、运动处方设计、运动处方实施、体育兴趣培养等多方面、多层次内容进行评价,这就需要多种评价手段相互结合,以增强成绩评价的精准性,从而发挥成绩评价对学生学习的激励作用,促进学生形成自主规划与设计锻炼方案的能力,并通过课外运动处方执行要求,逐步培养学生的日常锻炼习惯。

专题三　心肺耐力的有效提升

耐力通常被认为是机体维持长时间工作或运动而不疲劳的能力。心肺耐力与呼吸、体温、脉搏、血压一起被列为人体五大生命体征,一般是指机体内通过心脏泵血和肺呼吸,推动血液循环,向机体输送营养物质和氧气的能力,帮助满足各种人体生命活动和能量代谢的需要。

高校体育课程是培养大学生养成终身体育习惯的重要途径,因此利用课堂教学开展耐力素质训练是十分必要的。增强大学生的心肺功能,可以促进大学生身体素质的提升。民办高校体育教师要充分考虑青年大学生的运动特点和需求,充分激发其运动兴趣,多组织形式多样的户外及田径运动;举办精彩、气氛活跃的校园竞赛;引导各单项协会有序开展各种团体活动、班级活动等,调动学生的运动积极性。通过开展适宜耐久跑等运动形式,循序渐进地提高大学生耐力素质水平。

第一节　心肺功能适应能力

心肺系统的机能是身体健康素质中最重要的组成要素,直接影响到大学生的学习效率和生活质量。心肺耐力能够反映人的心肺功能水平,与心血管疾病正相关。心率是监测心血管功能的指标之一,是心脏能够承受负荷大小的量化,常用来监测心血管生理指标。良好的心肺耐力有利于提高身体的各方面效应,预防慢性疾病,促进身体健康及进入人体内氧的利用,进而提高能量代谢,延长运动时间。心肺功能与健康息息相关,高水平的心肺功能能能帮助机体远离罹患疾病的风险,甚至降低死亡发生率。

一、有氧运动

心肺运动时常被称为有氧运动,运动中身体的大块肌肉活跃,促使心率增加,在此特征下至少持续10分钟或更长时间的任意一项运动,称为心肺运动。有氧运动包括手臂和腿的稳定和重复的运动,能使心脏和肺更强壮。人体既需要有氧工作能力,又需要有较好的无氧工作能力。不同距离跑步的供能见表3-1。

表3-1　不同距离跑步的供能示意表

距离/米	能量系统功能百分比/%		
	磷酸原系统	糖酵解系统	有氧代谢系统
100	39	56	5
200	30	55	15

表 3-1（续）

距离/米	能量系统功能百分比/%		
	磷酸原系统	糖酵解系统	有氧代谢系统
400	17	48	35
800	9	33	58
1 500	4	20	76
5 000	1	6	93
10 000	1	3	96
42 195	0	1	99

研究表明,人们坚持有规律的恒久的有氧运动,能大大提升自身心肺系统的功能,能有效控制体重,降低患心血管疾病的风险,有效抵御"现代文明病"的侵袭。要想拥有健康,提高生活质量,体育运动是必不可少的。

二、心肺功能的适应能力

心肺功能的适应能力是观察人体健康的生理指标之一。不同的人对有氧运动的适应能力是不同的,全面结合个人能力并适当地进行持久的有氧运动,对健康和体能都有积极的影响。有氧运动可引起机体的循环系统、呼吸系统、骨骼肌和供能系统等多方面的适应。有氧运动增强心肺系统功能的表现见表 3-2。

表 3-2　有氧运动增强心肺系统功能的表现

功能	具体生理指标
提高肺循环和体循环的机能水平	提高血液中的含氧量
产生更高效的呼吸,使呼吸肌更强壮(如膈肌),提高氧传输能力	提高肺通气量
强化心肌功能,使心脏更强壮、更高效,提高心脏泵血的能力,降低患心血管疾病的风险	增加心排血量
提高运动后心脏的恢复机能水平,降低在各种身体活动强度下的心率	降低静息心率,降低高血压、高血脂
全方位调整身体	脂肪燃烧
提高自我心理调整能力和平衡心态,提高自我放松和睡眠的能力,提高抗压能力	减少抑郁和焦虑的倾向
改善和平衡身体形态	提高基础代谢率,提高身体柔韧性
增强肌体的防损伤能力	强化肌肉

第二节 大学生心肺耐力训练

高校体育教学中,应该充分综合本校大学生的体质健康特征,尤其是在后疫情时代,需全面考虑教学内容、方法手段,具体评价分析适合本校的心肺耐力测试项目体系,从而高效完成学生体质健康测试,完善评价标准。

一、心肺耐力测试项目

通过查阅知网、维普、万方等三大知名数据库的相关文献发现,关于高校大学生目前心肺耐力测试的内容、评价及方法,因其涉及不同的国家或地区、不同的时期、不同的研究对象及不同的研究者等因素,测试项目也千差万别,演绎出多样、不同的评价标准。

众多研究者趋同的地方是,心肺耐力测试主要包括台阶试验法、男子 1 000 米跑、女子 800 米跑、12 分钟跑、功率自行车和跑台实验法等项目。究竟这些项目中哪一类更能反映大学生的心肺耐力水平,目前仍然未有统一的标准。

国内的众多专家学者认为,我国于 2014 年修订颁布的《国家学生体质健康标准》以及《学生体质健康标准(试行方案)》中,男子 1 000 米跑和女子 800 米跑是有氧与无氧相结合的运动,把它们的测定作为评定高校大学生心肺耐力的重要项目是切实可行的。12 分钟往返跑和库珀 12 分钟跑是一种长时间、低负荷的有氧运动,能够满足最大摄氧量测试的基本要求,也可以作为有氧代谢能力的重要测试项目。

另外,蔡秋等从最大摄氧量绝对值的相关性中发现,12 分钟跑测试方法要优于 1 000 米跑测试方法,且 12 分钟往返跑或库珀 12 分钟跑的有氧消耗比 1 000 米跑的要大。杨炯和陈飞渡的实证研究认为,经常参加 12 分钟跑能够提高机体的代谢水平,对提高心肺机能和增强体质具有重要意义。

当然,中国地大物博,幅员辽阔,高校体育教学要充分考虑各地教育发展水平和不同地区的体育基础,要更加注重不同地区、不同民族学生的个体差异性,在校本评价过程中,不断地加以优化完善,真实准确地反映我国大学生的体质健康水平。

二、心肺耐力测试的理论支撑

(一)心肺运动的频率和时间

1. 频率

心肺运动频率即大学生每周开展体育运动的次数,它根据运动强度的变化而变化。大多数人每周进行 3 次较大强度的有氧运动或 5 次中等强度的有氧运动,或者交替进行 3~5 次不等的较大强度的有氧运动,是可行的。当有氧运动次数少于 3 次时,心肺能力随运动频率的减少而下降;当有氧运动次数多于 5 次时,提高心肺耐力将遭遇艰难的瓶颈期。

2. 时间

最新的公众健康指南给出了一般有氧活动建议。大量的实证研究表明,某些人如果时间有限,每周应至少进行 3 次中到大强度的有氧运动,可将其细分为 2~3 次每天 10~15 分钟的锻炼。累计起来,这种锻炼可产生与同时进行有氧运动相同的效果,具体见表 3-3。表中,VO_{2R}(储备摄氧量)= VO_{2max}(最大摄氧量)- VO_{2rest}(安静摄氧量)。

表 3-3　一般有氧活动建议

强度	频率	时间
中等:40%~59%的 VO_{2R} 或 55%~70%的 HR_{max}	至少每周 5 天	每周 150 分钟
较大:约 60%的 VO_{2R} 或大于 70%的 HR_{max}	至少每周 3 天	每周 75 分钟
中等和较大强度组合	每周 3~5 天	每周 75~150 分钟

(二) 监测心肺运动强度

特定活动对人体生理刺激的程度大小不等,所测出的运动强度数值是不一样的。监测心肺运动强度的指标包括心率、最大摄氧量、运动中呼吸变化和运动中自我感觉等方面。如果大学生进行低于最小强度或阈值的运动活动,就不能有效地提高其心肺耐力。因此,最小阈值强度能够影响到一个人的心肺能力水平,甚至影响其健康状况。对心肺运动强度的测试有许多方法,下面列举几种常见的方法。

1. 谈话测试

谈话测试是对初学者进行有氧运动强度测定的简单方法。例如,如果在运动的时候可以唱歌,那足以说明强度是不足的;达到中等强度时,受试者能够说一个句子,但不能一边运动一边舒服地进行对话;强度再大时,只能讲简短句子甚至说不出话。在有氧运动中,说话的能力能够用来确保运动水平是否安全,具体数值见表 3-4。

表 3-4　谈话测试预测强度参考表

运动中说话能力	预测心率	预测强度
可以唱歌	100 次/分钟以下	小强度运动
可以正常语言交流	100~120 次/分钟	中小强度运动
只能讲短句子	130~140 次/分钟	中等强度运动
不能用语言交谈	超过 140 次/分钟	大强度运动

2. RPE 表

瑞典科学家 Borg 提出的 RPE 表可以通过运动者的主观体力感觉来精确监测其运动强度。多年来,经过专家学者大量、多种类的实验证实,这个量表非常科学简捷、方便实用。

参与运动的大学生主观体力感觉等级与心率密切相关,运动过程中的主观体力感觉等级数乘以 10,相当于运动中的心率(次/分钟)。例如,运动主观体力感觉等级数为 12,运动中的心率则为 120 次/分钟。人体运动过程中的主观体力感觉可分为 6~20 个等级,具体见表 3-5。

表 3-5　RPE 与运动强度

RPE 等级	主观感觉	运动强度分级
6~7	毫不费力	低
8~9	极其轻松	低
10~11	很轻松或轻松	较低
12~13	有点吃力	中等
14~16	吃力	较大
17~18	很吃力	大
19	非常吃力	次大
20	力竭状态	最大

3. 最大心率百分比法

最大心率是指人体运动过程中所能达到的最快心跳频率,用次/分钟表示。人体的最大心率与年龄有关。测定最大心率的方法有直接测定法和间接推测法。直接测定要在专门的测试机构采用递增负荷运动测试。目前,业内有一种更精确的计算目标心率的方法,即 Tanaka 公式法:

$$最大心率(次/分钟)=208-0.7×年龄(岁)$$

体育活动时,根据最大心率百分比来推算大学生的运动强度,见表 3-6。

表 3-6　大学生的运动强度推算表

最大心率	运动强度
85% 或以上	大强度运动
60%~85%	中等强度运动
50%~60%	小强度运动

4. 靶心率法

靶心率法也叫目标心率法,进行体育运动时,循环系统机能处于最佳状态,而且不因心跳加快而感到不适,这时的心率称为靶心率。有了靶心率范围,在整个运动过程中,可通过戴在手腕或胸部的心率监测器,或手动进行 10 秒的脉搏检查来定时监测运动强度。进行脉搏检查时,从 0 开始数每分钟的节拍数,然后乘以 6,就得到了每分钟的节拍数。以下是使用靶心率范围计算强度水平的四个步骤。

第一步,通过 Tanaka 公式算出最大心率:

$$最大心率=208-0.7×年龄(岁)$$

第二步,减去静息心率(脉搏)。

第三步,乘以选择的强度等级范围(初级、中级、高级)。

第四步,加上静息心率(脉搏)。

最后得出:

靶心率=（最大心率-静息心率）×（70%～85%）+静息心率

例如,某运动者20岁,测安静心率为55次/分钟,他的最大心率和运动靶心率为多少?

根据上述公式,最大心率=208-0.7×20=194（次/分钟）。

靶心率范围:（194-55）×（70%～85%）+55=152～173（次/分钟）。

这里特别强调,初学者的强度等级范围是40%～60%。

（三）心肺耐力运动类型

有氧运动有三个条件:第一,有节奏的;第二,使用大肌肉群;第三,本质上是连续的运动。在运动时,由于肌肉收缩而需要大量养分和氧气,心脏的收缩次数便增加,而且每次送出的血液量也较平常多。同时,氧气的需求量亦增加,呼吸次数比正常多,肺部的收张程度也较大。所以,当运动持续,肌肉长时间收缩,心肺就必须努力地将氧气供应给肌肉,并运走肌肉中的废物。而这种持续性的需求,可提高心肺耐力。当心肺耐力增加了,身体就可以从事更长时间或更高强度的运动,而且较不易疲劳。表3-7列举了不同类型的有氧运动。

表3-7　有氧活动分类表

运动	推荐人群	活动
较低的有氧活动	所有成人	步行、慢舞、自行车等
剧烈的有氧活动	规律运动和体能水平高于平均水平者	慢跑、划船、椭圆机训练、快节奏舞蹈、游泳、越野跑、滑雪等
娱乐性活动	体能水平良好者	足球、篮球、球拍运动等

1. 基于设备的有氧运动

跑步机、步进器、椭圆机和弧形训练器都是有氧运动器械,所有这些有氧运动器械都能锻炼身体的大块肌肉,对健身水平的人都有效。很多有氧运动器材还配备心率监测器和监测程序,范围覆盖步行训练到精英赛跑训练,可以监测运动强度,还可以选择不同的跑步方案。

有些机器除了腿部运动,还有可选的手臂运动。对于初学者或有健康问题的人（肥胖或关节问题）,建议每隔一天使用这些类型的机器,以便使关节（脚踝、膝盖和臀部）充分休息,也可以选择自行车等器械,坐着进行运动,避免过大体重对关节的压力。

2. 团体有氧课程

团体有氧课程的一个特点是运动时常伴有音乐,用音乐来带动节奏,让运动令人更加享受,如有氧舞蹈、健美操、运动训练课程Crossfit、动感单车等。一般组织和健身中心均可提供多样的有氧运动课程。

健美操课一般从轻度的有氧热身开始,然后进行中等强度到高强度的运动,包含多种类型的步伐和各个方向的移动。运动训练课程Crossfit则模仿特定的运动训练,使用绳索、药球、波速球、绳梯等健身工具,使运动更具趣味性,也更有效。

团体项目的运动强度与动作的编排、音乐的节奏等有关,分为初级、中级、高级等不同的等级,根据个人体能,可选择适合自己的团体项目进行训练。目前,较多的团体课程均配备团体心率监控设备,实时监测自己的运动心率。

3.其他休闲娱乐项目

球拍运动、篮球和足球也是很好的有氧运动。这些活动大多数需要特定的技能以及专门的设备、场地和队友。其他娱乐活动,如游泳和户外自行车运动适合任何健身水平,而且可以独自完成,但需要特定的场地和设备。步行和跑步对于任何健康水平的人都是理想的运动,可以单独完成,也可以在任何地方与其他参与者一起完成。

第三节 心肺耐力的运动量

运动量是由运动频率、运动强度和运动时间共同决定的。早在 2016 年,中国营养学会推荐大众每天活动的步数是 6 000 步。为达到每天 6 000 步的目标,可以采用下述方法来估算运动量:每分钟 100~120 步的步行速度,相当于进行了中等强度的运动。每天以中等强度步行 30 分钟,相当于每天步行 3 000~4 000 步,每天走 1 千米相当于行走 1 200~1 300 步。

为了维持正常的体重,男性运动者需要每天步行 11 000~12 000 千步,女性运动者则少些,但也需要每天步行 8 000~12 000 步。将步速与目前推荐的运动时间结合起来使用,如每天以每分钟 100 步的速度进行活动,步行半个小时,或者以此速度每周步行合计 2.5 小时亦可。

体成分也是体质健康的重要因素,与人体的健康状况密切相关,可以用来评价身体健康状况和体力水平,还可以用来评价锻炼效果,其与心肺耐力水平具有相关性。可见,提高心肺耐力、控制体成分对增强人们的运动能力和降低疾病发生率具有显著意义。提高心肺耐力的运动方式有跑步、游泳、登山、骑行……每种运动形式都有各自的优点。其中,跑步运动可以实现心肺耐力的提升、体脂率和安静心率的降低等,又具有简单易行、约束少的特点,深受大学生的喜爱,是一种普适性很强的大众健身运动。

第四节 心肺耐力科学训练

心肺耐力的训练与运动负荷量和负荷强度的组织安排密切相关,关键在于总运动量的控制,而不是一味地追求强度提升。为了科学地进行心肺功能训练,首先需要安排热身活动,提高肌肉工作效率和克服内脏器官惰性,适应运动状态;其次根据自身阶段体能水平合理安排强度、负荷;结束后再安排放松活动,促进机体积极性恢复。心肺功能锻炼大多需要坚持 5~10 分钟的中低强度的热身活动;同理,5~10 分钟的放松活动,能有效提供从运动恢复到安静稳定状态的必要转换。

一、心肺耐力的训练方法

在日常训练中,改善大学生的心肺适能训练方法多样,常用的方法有持续训练法、乳酸阈强度训练法、间歇训练法和循环训练法等。

(一)持续训练法

持续训练法是指强度较低、持续时间较长且不间歇地进行训练的方法。持续训练可使大学生的运动机能在较长时间的负荷刺激下,产生稳定的适应,能提高大脑皮质神经过程的均衡性和机能稳定性,改善参与运动的有关神经中枢间的协调关系,使内脏器官产生适应性的变化。并能引起慢肌纤维出现选择性肥大,肌红蛋白有所增加,提高心肺功能及最大摄氧量。此种训练法更适合处于训练恢复阶段或处于初始锻炼阶段、机能水平较低的学生。低强度的匀速持续训练,能够促进心肺耐力机能稳步恢复和提升,身体运动生理指标变化不大,不易引起运动损伤和意外状况,便于控制强度和运动量。

(二)乳酸阈强度训练法

有氧能力提高的标志之一是个体乳酸阈提高。个体乳酸阈强度是发展有氧耐力训练的最佳强度,以此强度进行耐力训练,能显著提高有氧工作的能力。目前,在长跑、自行车、游泳及划船等训练中,已广泛采用个体乳酸阈强度训练法。

由于个体乳酸阈的可塑性较强,有氧耐力提高后,其训练强度应根据新的个体乳酸阈强度来确定。一般无训练者,常以其 50% VO_{2max} 的运动强度进行较长时间的运动,而血乳酸几乎不增加或略有上升;经过良好训练的运动员,个体乳酸阈强度可达到 60% ~ 70% VO_{2max} 强度;而优秀的耐力专项运动员如马拉松运动员和滑雪运动员,个体乳酸阈强度可以达到 85% VO_{2max} 强度。

这表明,运动员个体乳酸阈具有较高训练应用价值,并随训练水平的提高而提升,有氧能力的百分比利用率,即心肺有氧耐力也会得到提高。在具体应用乳酸阈来指导大学生开展体育训练的时候,为了便于从观察操作的角度出发,通常用个体乳酸阈强度心率来监测和控制运动强度。

(三)间歇训练法

在两次练习之间,一定要有适当的间歇,并在间歇时,进行强度较低的练习,不能完全休息。由于间歇训练对练习的距离、强度及每次练习的间歇时间有严格的规定,往往不等身体机能完全恢复就开始进行下一次的练习。因此,对身体机能状况要求较高,会引起机体结构、机能及生物学等方面发生深刻的变化。

(四)循环训练法

每次开展体育训练的时候,按顺序编排身体不同部位的训练动作。一般为 6~10 个动作,每个动作用时 20~40 秒,动作间歇 10~15 秒,组间间歇 2~3 分钟。编好之后按此进行训练,循环 2~3 组。例如,可选择深蹲、平板支撑、开合跳、仰卧起坐、高抬腿、立卧撑、俯卧登山等动作进行循环训练,大学生可参考自身的体质体能水平,自行决定增减运动的强度。循环训练场地使用比较自由,不需要专业跑道,可以是较小的地方或在室内完成即可。在运动中可以设计一些全身肌肉的运动,进行组合的循环训练,提高心肺耐力水平。

二、依据心肺耐力水平的侧重训练

根据大学生自身的体能状况,在严格确保安全状况下开展训练。从发展基础有氧能力到发展速度耐力,心肺训练大致有三个阶段。

第一阶段:一般耐力储备训练。

刚开始进行体育锻炼,要打好基础,先考虑发展自身基础的有氧能力,也就是所谓的一般耐力储备,防止因进行过度训练而产生衰竭危险。一般耐力的练习强调全身各器官都被动员唤醒,允许较低水平的运动强度,运动的时间更长些效果会更好。对于健康的成人来说比较安全的强度是最大心率的65%~75%,若从主观体力感觉强度来看,是12~13级。

训练应该慢慢地增加连续有氧运动的时间,从30分钟增加到60分钟。一般耐力储备期要做的是渐进地努力增加连续有氧运动的时间与强度,能保持65%~75%最大心率运动30分钟以上,每周持续2~3次,持续6周以上,可提高有氧代谢能力,之后可以尝试下一阶段中低强度的心肺训练。表3-8为一般耐力储备的运动建议;表3-9为提高一般耐力的方法。

表3-8 一般耐力储备的运动建议

运动强度	65%~75% HR_{max}
适宜人群	健康的心肺耐力初学者
运动方式	持续运动、间歇运动
每日运动量	30~60分钟
每周运动次数	3次以上
持续运动天数	无限制
运动目的	促进新陈代谢、发展一般心肺耐力的储备能力

表3-9 提高一般耐力的方法

方法	示例	强度要求
走跑交替	如直道跑弯道走,或者可以跑200米然后走200米,走跑交替的距离和跑步的速度可根据自己的能力逐渐提高	HR_{max} 的65%~75%,每周3~5次,每次30分钟以上
定时跑	中等速度完成规定的跑步时间,如10分钟、15分钟等。根据自身体力不断增加训练时间,或训练时间不变,提高跑步速度	
定距跑	中等速度完成规定的跑步距离,如匀速跑2 000米、3 000米等,逐渐增加跑的距离	
其他方法	如游泳、登山、骑自行车、跳健身操等,以有氧运动为主,也可发展一般耐力	

第二阶段:提高有氧代谢训练。

针对已经有中低强度心肺能力的大学生,本阶段训练重点是提升运动强度,如跑步的话可以提高难度、坡度训练等,也可采用间歇训练。训练的心率应该在最大心率的76%~85%,或是主观体力感觉强度的14~16级。

一般来说,间歇训练与休息的比例应该从1:3开始,或是主观体力感觉的强度训练紧接着不充分时间的休息恢复。一旦整体状况有进步时,比例可以调整为1:2,最后可以再改为1:1。此外,强度训练的时间可以渐进地增加。表3-10为提高有氧代谢的运动建议;表3-11为提高有氧耐力的方法。

表3-10　提高有氧代谢的运动建议

运动强度	76%~85% HR_{max}
适宜人群	健康青少年、运动员、健身爱好者、常活动健康人群
运动方式	渐增运动方式、变速运动方式、间歇运动
每日运动量	40~60分钟
每周运动次数	3~5次
持续运动天数	6周以上
运动目的	提高心肌、慢肌纤维及部分快肌纤维的有氧代谢能力

表3-11　提高有氧耐力的方法

方法	示例	备注
变速跑	快跑与慢跑交替,快跑时以中等速度完成,可进行等距离变速跑、不等距离变速跑,还可进行递增或递减的变速跑,如进行快跑200米、慢跑200米的等距离变速跑,或者快跑300米、慢跑100米的不等距离变速跑	强度为最大心率的76%~85%,或是主观体力感觉强度的14~16级
重复跑	以固定的距离、固定的时间、固定的配速进行次与组之间的反复跑,如进行3个400米跑,要求每个400米在规定时间内完成,每组间歇时间4分钟	
间歇跑	在一次或一组练习后,严格控制时间,在机体尚未完全恢复的情况下,进行下一次练习。组与组之间的间歇时间以心率恢复到第一阶段最大心率的65%~75%才可进行下一组训练,一般不少于4组训练。如4个200米的间歇跑,要求每个200米在一定时间内完成,心率恢复到22~24次/10秒时(个体差异,自己计算65%~75%最大心率),进行下一个200米练习	

第三阶段:高强度间歇训练。

针对已经有中高强度心肺耐力基础的大学生,重点进行速度耐力的训练。速度耐力是保持耐久跑过程中速度的能力,速度能力对于提高中长跑运动成绩是至关重要的。

其训练强度为85%~95%最大心率强度,或是以主观体力感觉强度的17~19级衡量。每组持续时间4~6分钟,练习3~8组,每日运动时间16~32分钟,组间间歇2~3分钟,每周 2~3 次,持续 3 周,提高速度耐力和有氧代谢能力。可采用高强度间歇训练,以短时间、高强度的训练(如冲刺),搭配低强度的休息恢复(如慢跑)。

最近的研究已经清楚地证明,适当的高强度间歇训练,对于有氧指标生理变化有帮助。高强度间歇训练后,疲劳是不可避免的,因此需要具备一定的体能状态,或具备第一阶段与第二阶段的基础。从前两个阶段转换到第三阶段所需的时间并不一定,也许需要 2~3 个月的时间甚至更长。表 3-12 为高强度间歇训练的运动建议,表 3-13 为提高无氧耐力的方法。

表 3-12 高强度间歇训练的运动建议

运动强度	86%~95% HR_{max}
适宜人群	健康青少年、专业运动员、耐力运动爱好者
运动方式	高强度间歇运动
每组持续时间和次数	(4~6)分钟(3~8)组
每日运动量	16~32 分钟
组间间歇时间	2~3 分钟
组间间歇运动强度	65%~75% HR_{max}
每周运动次数	3~5 次
持续运动天数	3 周
运动目的	提高有氧代谢能力,提高肌纤维毛细血管密度和线粒体数量,提高乳酸耐受能力,提高呼吸肌肌力

表 3-13 提高无氧耐力的方法

方法	示例	强度
高强度间歇训练	短时间+高强度的训练(如冲刺),搭配低强度的休息恢复。10 分钟左右热身,心率在 65%~75% HR_{max},2~3 分钟提升心率至 86%~95% HR_{max},维持强度训练至少 1 分钟,然后休息。待心率恢复到 65%~75% HR_{max} 时,再次循环训练	心率在 76%~85% HR_{max}(如慢跑)与 86%~95% HR_{max} 进行间歇训练

【注意事项】

没有很好的中低强度运动基础,不建议进行该强度训练。练习速度耐力对场地要求较高,应在专业的田径场进行,过多的大强度运动会引起心肌炎等。肌肉微损伤及神经疲劳的恢复需要 48 小时以上,一周 2~3 次的最大摄氧量强度,足以提高耐久跑能力。

此外,还应该适当发展下肢力量,跑步姿势保持沉肩、紧背、收腹、松膝,途中保持一些匀速跑,呼吸与跑步节奏配合有规律。相信坚持一段时间后,耐久跑成绩一定会提升。

三、一种基于跑步机的提升心肺耐力的运动处方

该处方设计了相应的控制算法,基于当前健康体征和当前实测的心肺耐力确定运动强度,实现以程序控制跑步机自动改变速度和坡度,引导健身对象进行个性化强度、安全有效的规则化跑步运动,并考察了心肺耐力锻炼对体成分的影响。

首先,获取健身对象基本信息(年龄、身高、安静心率等),对健身对象做慢性疾病问卷调查,测试健身对象体成分。

其次,采用基于跑步机的二级/三级负荷测试心肺耐力。

最后,根据健身对象最大预测心率,确定运动靶心率范围,根据心率和运动强度的线性关系,获得对应的运动强度范围,再转换成跑步机的速度和坡度序列,引导受试者进行跑步锻炼。

邀请 32 名青年大学生受试者进行为期 8 周的跟踪实验,对比分析实验结果,验证了运动处方的有效性。将 32 名受试者分为 4 组,分别为运动处方干预组、自主运动干预组和两类不干预对照组。

为期八周的跟踪实验数据对比显示:运动处方干预组和自主运动干预组体脂率呈显著性差异($p<0.01$);运动处方干预组心肺耐力水平呈显著性差异($p<0.01$);自主运动干预组心肺耐力水平呈显著性差异($p<0.05$);两组不干预组体脂率和心肺耐力水平无显著变化($p>0.05$)。这验证了本专题提出的心肺耐力运动处方对于提升心肺耐力水平和降低体脂率都有显著效果。本结论可为制定青年大学生或其他人群的提升心肺耐力运动处方、减脂运动处方提供参考。

专题四　大学生力量素质测评优化

力量素质测量与评价是大学生体质测评工作的重要组成部分,不同国家(地区)的力量素质测试指标具有较大分歧,同一指标存在多种规格,相同指标在不同体系中亦有不同的性别、年龄测试要求,现行的大学生力量素质测量与评价体系的健康关联度也不够完善。本专题旨在通过对当前国内外体质测试中的力量素质指标进行理论筛选、表面肌电测试优选及专家咨询优选,从中选取一定数量理论依据相对充实、可靠性及有效性较高、能较科学地反映民办大学生力量素质发育特征的指标,探索建立相应标准,优化大学生力量素质测量与评价体系,从而相对科学、客观、准确地反映青年大学生的力量素质特征、健康状况及其发展变化规律,实现对大学生群(个)体力量素质的测评和比较,开展高校健康促进活动及主动采取干预措施,为解决大学生当前的力量素质下滑等健康问题,提供一定科学依据。

第一节　肌力与耐力

大学生的年龄阶段及其在校集中住宿和学习的生活方式,是培养体育兴趣和提高运动能力的最佳时期。肌力和耐力素质是一切体育运动项目的基础。肌肉力量与耐力是体质健康的重要因素之一。肌肉力量和肌肉耐力是密切相关的,大负荷低重复的抗阻训练,可以发展快速收缩的肌肉纤维,从而增加肌肉的质量,提高力量;较轻的负荷和较高频次的重复动作,会发展慢肌纤维,能提高人体的肌肉耐力,很好地改善肌肉的张力。

需注意的是,在训练中一定要重视准备活动和结束阶段的放松活动,随时检测心率,不要过分疲劳,不能超负荷,预防运动损伤。合理选择训练方法,合理调整运动强度,避免过度训练。肌肉力量一般是指肌肉在一次收缩时所能产生的最大力量,是人体维持姿势和完成动作如身体移动,举起、推拉东西等所必需的力量。

肌肉耐力是指肌肉重复收缩时的耐疲劳能力,以及能持续用力的时间或反复次数。一般情况下,肌肉没有耐力的人就非常容易产生疲劳,不能持续某一姿势或活动。

一、人体肌肉群

神经系统是运动产生的控制中心,骨骼系统为身体提供结构框架。肌肉在神经系统的控制下产生内部紧张,操纵身体骨骼产生运动。肌肉是身体的动力和稳定器,生活中常说的力量训练其实是对身体中较大的肌肉进行强化训练。

分布在身体表面的肌肉如三角肌、背阔肌、股四头肌、臀大肌等,通常被称为浅层肌群,它们为身体进行技术动作提供满满的"原动力"。那些表面看不到的、分布于身体内部的如腹横肌、臀中肌、腰方肌、腰肌等深层肌群,在稳固关节的旋转轴、保持良好身姿方面发挥着不可替代的重要作用。在开展力量训练时,为了能更好地掌握正确动作,预防运动损伤,不仅要强化浅层肌群,还必须强化深层肌群。

骨骼肌的基本结构成分是肌纤维,也叫作肌细胞。肌纤维是又细又长的圆柱形细胞,含有数百个细胞核,其长度变化范围大约在几毫米到30厘米。肌纤维组成不同大小的肌群或肌束,含有多达150条肌纤维。各种肌纤维的数量组成比例(肌纤维组成)是由遗传因素所决定的。

肌肉的力量和耐力大小很大程度上取决于肌纤维的类型。肌纤维按照收缩的特征可分为慢肌纤维(Ⅰ型纤维)和快肌纤维(Ⅱ型纤维)两种类型。

慢肌纤维(Ⅰ型纤维)收缩速度慢但持久力较强。慢肌纤维有较多的血管,通常为红色,又称为红肌。快肌纤维如Ⅱb型纤维,收缩速度快但易疲劳,Ⅱa型纤维处于Ⅰ型纤维和Ⅱb型纤维之间,具有两种纤维的特征。快肌纤维血管较少,通常为白色,又称为白肌。

两种肌纤维在运动中扮演着不同的角色。如果肌肉含有的慢肌纤维较多,那么就具有较好的肌肉耐力,长距离跑的能力就相对较好。从事类似长跑等耐力型运动的运动员慢肌纤维较多;肌肉含有快肌纤维较多,肌肉力量就相对较大。田径比赛中,短跑选手一般快肌纤维较多,是瞬间冲刺能力强、爆发力好的选手。

包绕并分割肌纤维的结缔组织叫作肌内膜,包绕肌束周围的结缔组织的是肌束膜,包绕整个肌肉的结缔组织的是肌外膜。肌外膜和肌肉内部的结缔组织合并成肌腱。与肌肉不同的是,肌腱不具有收缩性质。

随着年龄的增加,快肌纤维将会逐渐衰退(萎缩),这也是老年人不能像以前那样身手敏捷的原因。力量训练能有效地防止快肌纤维萎缩。强度较低的运动主要使用慢肌纤维,而强度较大的运动则多使用快肌纤维。

二、影响肌力的因素

肌肉力量的大小受遗传、纤维类型、肌肉质量、神经肌肉协调关系等一系列生理乃至心理因素的影响。影响肌力的因素见表4-1。

表4-1 影响肌力的因素

因素	名称	作用
肌源性因素	肌肉横断面积	肌肉的生理横断面是决定肌肉力量的重要因素,其生理横断面愈大,肌肉收缩产生的力量愈大
	肌纤维类型	快肌纤维较慢肌纤维能产生更大的收缩力,所以当肌肉中快肌纤维所占的比例较高时,可发挥的肌力就会比较大
	肌肉初长度	等长收缩的状态下,人的肌力大小与肌肉收缩的初长度有关

表 4-1(续)

因素	名称	作用
神经源性因素	中枢激活、中枢神经系统的兴奋状态	运动中枢产生强而集中的兴奋,能动员更多的运动单位参与工作,使肌力增大。其他条件相同的情况下,动员的肌纤维数目成为肌力的主要因素。 研究表明,当肌肉克服最大肌力的 20%~80% 的阻力负荷时,肌力的增加主要靠不断动员更多的运动单位来完成;当阻力负荷超过 80% 时,肌力的增加主要靠提高神经中枢发放冲动的频率和有关中枢同步兴奋的程度来实现
	中枢神经对肌肉活动的协调和控制能力	在身体要进行动作时,大脑会通过运动神经元唤醒适当部位的肌肉进行收缩、放松,拉动相关骨骼进行相应的活动。 有足够的肌肉和大脑配合,才能完美地进行动作。不同肌肉群受不同的神经中枢支配,中枢之间良好的协调配合将减少因肌群间工作不协调所导致的力量抵消和能量消耗,有利于发挥更大的肌力
其他因素	年龄性别	肌力随年龄而自然增长,青春期后力量的性别差异加大,明显差异就是黄体酮和雌激素水平差异导致力量、肌肉量的差异。男子身型普遍大于女子,所以肌肉量不同,从而产生力量差异。 女子体脂含量高于男子,相对肌肉量比较小。20~30 岁时肌力达最大,以后逐渐下降。除了肌肉量减少,肌肉的质量也会随着年龄的增长而下降,产生力量的能力下降。 在衰老的过程中,肌肉力量不仅减小了,而且爆发力也降低了,这些变化影响了日常生活中的活动能力,这与老年人的摔倒有关
	激素作用	对肌肉力量影响较大的激素有生长激素(GH)和睾酮(T)。 生长激素的作用:促进肌肉蛋白质合成,增加萎缩肌肉的体积,改善肌肉功能。生长激素对肌肉的营养作用是通过激发胰岛素生长因子发挥生理效应。胰岛素生长因子可以加强骨骼肌细胞间氨基酸和葡萄糖的转运,增加骨骼肌血液供应,促进肌蛋白合成、抑制分解。 睾酮的作用:刺激肌肉摄取氨基酸,进而促进肌纤维的增长,增加肌肉的力量
	力量训练	力量训练可以提高肌肉力量,改善肌肉运动能力,目前认为这种效应主要是通过肌肉壮大、改善肌肉神经控制、肌纤维类型转变和肌肉代谢能力增强等多种机制实现的。 力量训练计划需要每 4~6 周改变一次,以不断挑战肌肉组织,使其以稍微不同的方式进行运动。这可能包括改变练习、套路、重复、设备、重量和训练方式

三、抗阻训练的益处

力量是人体一切活动之本,是人体其他活动能力的基础。有规律地进行抗阻训练能取得两种主要效果,即肌纤维尺寸与肌肉收缩力增大;次要效果包括连接肌肉与骨骼的肌腱与连接骨的韧带的抗拉强度增大、骨密度(BMD)增大。

平均而言,无抗阻训练的成人进行抗阻训练后,肌肉质量能增加1.4千克;静息代谢率(RMR)增大7%;连续进行10周抗阻训练后,体脂肪可减少1.8千克。

不进行抗阻训练的成人,体力会随着年龄增长而减退。50岁以前,每10年流失3%~8%肌肉质量;50岁以后,每10年流失多达10%的肌肉质量。要想维持体力水平与运动表现,必须将规律的抗阻运动纳入其积极的生活方式中。

实施抗阻训练可产生短期效应,表现在增强体质、提升爆发力和增加肌肉力量、肌肉功能性肥大等,这些效果称为"一般性效果"或"一次性效果"。长期有规律地进行抗阻训练,可以收到更加明显的有益效果,主要体现在生理、身体及运动表现方面。抗阻训练的益处见表4-2。

表4-2　抗阻训练的益处

生理方面	身体方面	运动表现方面
改善心血管有效率	改善组织(肌肉、肌腱、韧带)的抗拉强度	增加神经肌肉控制(协调)
有益内分泌(激素)和血脂(胆固醇)的适应	增加肌肉纤维的横截面积	提升耐力
减少体脂肪	减少体脂肪	增强力量
提高新陈代谢效率	—	增强爆发力

抗阻训练可以促进生成抵抗细胞衰老因子,减缓衰老,还能降低日常生活中各种体力活动的生理应激,提升身体机能,改善平衡和协调性,预防损伤。无论是高强度的肌肉锻炼项目,还是以一种循环运动来强健身体,功能性力量都会增强,日常活动将会变得更容易,从而提高生活质量。此外,强壮的肌肉有助于通过改善平衡和协调来防止摔倒,从而减少受伤。

抗阻训练能有效管理、缓解、预防慢性疾病。可以降血压、改善血脂水平、提升胰岛素敏感度和控制血糖水平,防治糖尿病、心脏病、中风、新陈代谢综合征等,预防和减轻心理抑郁、焦虑,增强活力和缓解疲劳。

抗阻训练能改善姿态、减脂,还能有效保持肌肉,增加的瘦体重会提升基础代谢、燃烧更多的能量。此外,500克肌肉比500克脂肪更紧凑,所占的空间更少。随着瘦肌肉的增加,体格会得到加强,肌肉会变得结实,脂肪层会变小,增加肌肉使保持健康的体重变得更容易。随着背部和肩膀变得更强壮,身体姿态会得到改善,坐着或站着时背部更挺直,也不会很快感到疲劳。

抗阻训练改善骨骼和关节的健康。重量训练增加了对骨组织的压力,提高了骨密度,增强了骨质,可以预防骨质疏松症。力量训练可以强化关节周围的肌肉,提升关节的稳定性,改善关节功能,预防下背部痛、关节病等。

第二节 肌力与耐力训练

运动的频率、强度、时间和类型决定着其目标是一般的肌肉健身、肌肉耐力、肌肉肥厚还是肌肉力量,这些方面也影响着力量发展的速度和水平。肌力与耐力训练的区别在于,肌力训练的特点是高强度、少重复,耐力训练的特点是小强度、多重复。这两项身体素质的强弱决定了学生运动能力的高低。

一、肌力训练的基本原则

(一)超负荷原则

超负荷运动时肌肉对抗大于平时已经适应的负荷,称为超负荷。肌肉或肌群超负荷时,对抗最大或接近最大阻力,能有效地发展肌肉力量。超负荷可使肌肉得到极大刺激,并产生一定生理适应,使肌肉力量增加。应当注意的是,超负荷并不是超过本人的最大负荷能力,而是指这种负荷应超过平时的一般负荷阻力,或超过自己过去已经适应的负荷。

(二)渐增阻力原则

超负荷训练使肌力增加,使原来的超负荷变成了已经适应的负荷,而不是超负荷了。这时如果不增加训练负荷量,使之达到新的超负荷,就不能使力量继续增加了。只有逐渐增加负荷量,使负荷重新成为超负荷,训练效果才能不断地产生。在进行力量训练时,如何确定负荷以及何时增加负荷,是人们经常关心的问题。

以 8RM 负荷为例,随着力量的增加,8RM 的负荷逐步变成可重复 8 次以上,直至受训者能使 8RM 负荷重复 12 次,即这一负荷变成 12RM 时,就要考虑增加训练的负荷,使新增加的负荷又成为 8RM。这就是所谓的"负荷到 8 训练到 12"。

当然,渐增负荷的标准也要区别对待,如在训练的开始阶段或是力量较弱者,可以采用"负荷到 10 训练到 15",或"负荷到 15 训练到 20"等。为了发展绝对肌肉力量,也可采用"负荷到 1 训练到 5"的训练原则。

(三)由大到小原则

在负重抗阻训练中,先进行主要由大肌肉群参与的练习,然后进行由小肌肉群的练习。由大到小原则的生理机制是:

(1)当一块肌肉受到训练而增加力量时,身体其他肌肉的力量也会在一定程度上有所增加。因此先练习大肌肉群,这种相互影响会更加明显。

(2)小肌肉群容易疲劳,一块肌肉的疲劳在一定程度上也可能对其他肌肉的工作能力有所影响。因此,先练习大肌肉群可推迟肌肉疲劳的出现。

(四)专门性原则

专门训练的生理学机制是:不同肌群甚至同一肌群的不同运动单位之间,应具有一定的神经肌肉协调性。在训练中,不仅肌肉本身会发生变化,神经系统也会发生变化。

力量训练的专门性原则包括：

(1)进行力量练习的身体部位的专门性。

(2)练习动作的专门性。即进行负重抗阻练习时,应包含直接用来完成动作的肌肉群,并尽可能地模拟其实际的动作结构及动作的节奏与速度。

身体部位的专门性和动作结构的专门性,有利于神经系统的协调调节能力,以及肌肉内一系列适应性生理、生化变化。

男子投掷铁饼成绩与各肌群的相关系数分别为：

肩带肌 $r=0.735$,躯干肌 $r=0.629$,腿肌 $r=0.680$

根据这一关系,对力量训练的部位比例安排应为肩带肌的力量练习占45%,下肢肌的力量练习占25%,躯干肌的力量练习占15%,全面力量的练习占15%。

运动技术的专门性有时显得更为重要。在一些情况下,两类运动中使用的肌群是相同的,但运动的形式却是不同的。专门训练的重要性,甚至在一些参与工作的肌群和动作结构基本一致的同类运动项目中也可以见到。例如,卓越的短跑运动员,往往不是优秀的马拉松运动员,反之亦然。短跑和长跑只是跑步的速度不同。显然,训练中动作的节奏和速度是非常重要的。因此,在进行专门训练时,练习对的动作节奏与速度也要和正式的运动相一致。

(五)合理的训练间隔原则

力量训练的时间间隔是多少,决定了能否使已获得的力量不消退,并使力量得以有效地提高。研究表明,对初次参加运动的训练者,隔天训练的效果比每天训练的效果好。每天进行力量训练的初训者,训练10次后,力量可以提高47%;而以同样的训练负荷进行隔天训练的受试者,经过10次训练后,力量提高了77.6%。

训练间隔时间的长短对力量消退速度的影响不同。让受试者每天进行力量训练,20周后力量提高100%,然后停止练习,30周后力量消退到原来水平;如果连续进行45周的力量训练,每周训练一次,力量的增加只能达到70%,但是力量的消退也较慢,70周后力量仍保持在较高的水平上。

另外也有研究证明,通过力量训练使肌肉力量增加后,如果每隔6周进行一次力量训练,可使力量的消退速度大大延缓,如果每两周进行一次力量训练,可使已获得的力量得到保持。

二、肌力与耐力训练原理

(一)力量训练要素

力量训练的效果取决于阻力负荷的大小、每组练习的次数与组数、组间间隔时间、完成每组练习的时间、训练频率等训练要素。

1.抗阻训练频率

抗阻训练的频率取决于训练计划的量(数量)和强度以及当前的训练状态。高容量和高强度的训练需要更多的时间来恢复肌肉,因为肌肉中有微小的撕裂(创伤),而较小的容量和较低的强度对肌肉组织产生较少的创伤,需要较少的时间来恢复肌肉。

对于未参加训练的初学者,建议每周进行全身主要大肌群(如胸部、肩部、背部、腰部、腹部、臀部及下肢)2~3 天的训练,同一肌群的训练至少间隔 48 小时。中级或高级水平,建议每周锻炼 3~7 天。维持去脂体重,每周至少进行 1 次抗阻训练。可参照表 4-3 适当安排自己的抗阻训练频率。

表 4-3　健康相关抗阻训练频率

训练状态	建议频率/(次/周)
初级——刚刚参与训练或运动技巧水平较低	2~3
中级——掌握基本运动技巧	3~4
高级——掌握高级运动技巧	4~7

采用整体法,即一次训练课对全身所有大肌群进行训练。首先进行第一个练习(全身练习),完成要求的重复次数;然后下一组改为胸部练习,完成要求的重复次数;在胸部练习之后,进行背部练习,依此顺序直到完成所有练习;再按循环训练的方式进行。每组练习都变换所训练的身体部位,非常有利于每个身体部位最大限度地恢复。同时,最大限度地减少花在休息上的时间。

抗阻训练部分包含先全身练习,再训练下肢、胸、背、肩、肱二头肌、肱三头肌和腿。将一组训练动作组合,按照一定的顺序进行练习,每次练习的休息时间尽量缩短。该训练低到中等强度的组数为 1~3 组,中到高等强度的重复组数为 8~12 组,间隔休息时间为 15~60 秒,可以改变任何一个变量调整训练量,对改变身体成分有积极作用。该种训练适用于时间有限的运动者。

或者进行分化训练,即每次对身体部分肌群进行训练。比如,一周训练 2 天可分化成上半身和下半身分别训练;一周训练 3 天可分化成胸部和背部、肩膀和腿、肱二头肌和肱三头肌训练;一周训练 4 天可分化成胸肌和肱三头肌、腿、后背和肱二头肌、肩膀分别训练;一周训练 5 天可分化成胸部、背部、腿、肩膀、肱二头肌、肱三头肌训练。表 4-4 为分化训练示例。

表 4-4　分化训练示例

程序	训练日	训练身体区域
2 天	星期一 星期四	胸、肩、肱三头肌 背、肱二头肌臀、腿
3 天	星期一 星期三 星期五	胸、肩、肱三头肌 背、肱二头肌 臀、腿
4 天	星期一和星期四 星期二和星期五	胸、肩、肱三头肌 背、肱二头肌、臀、腿

表4-4(续)

程序	训练日	训练身体区域
5天	星期一	胸
	星期二	背
	星期三	肩
	星期四	臂
	星期五	臀、腿
6天	星期一和星期五	胸、肩、肱三头肌
	星期二和星期六	背、肱二头肌
	星期三和星期日	臀、腿

2.抗阻训练量(期数和重复次数)

众所周知,肌肉力量的增长依赖于一定负荷的科学训练。运动负荷的合理程度直接影响着运动效果。影响负荷的主要因素见表4-5。

表4-5　影响负荷的主要因素

序号	因素	具体说明
1	强度	即负重抗阻的大小。一般来说,极限负荷85%以上的重量为大强度,60%~80%为中等强度,50%以下为小强度。通常以竭尽全力只能做1~3次的重量为大强度,6~12次为中强度,15次以上为小强度
2	组数	使用器械的回数。一般4组以下为少组数,4~8组为中组数,8组以上为多组数
3	次数	一组中动作重复的次数。通常以1~5次为少次数,6~12次为中次数,15次以上为多次数
4	密度	指每组之间休息时间的长短。间歇时间达2~3分钟为小密度,1~1.5分钟为中密度,每组间歇30秒以内为大密度
5	动作速度	指动作快慢。据研究,快速对发展爆发力有利,混合速度对增长力量有利,而慢速和中速则对发展肌肉有利。要根据锻炼的目标任务不同进行负荷因素调节,发展爆发力,增加肌肉体积,或增长肌肉耐力,削减脂肪,其练习中因素也不同

运动量的计算公式为:运动量=组数×重复次数×重量。

对于刚接触抗阻训练的大学生,宜采用低强度训练,强度过高会导致延迟性肌肉酸痛。一般性的肌肉健身,需要1~2组,至少8~15次重复,抗阻重量根据个人而定,差异较大。经过一般性肌肉训练后,可以进行进阶训练,如有需要可测试训练部位的1RM(一次收缩最大肌力),根据不同的训练目标,进行抗阻训练量的安排。

肌肉耐力的训练,需要2~3组,至少12次重复动作,60%~70% 1RM,效果显著;肌肉肥大(体积)的训练需要3~6组,6~12次重复动作,70%~80% 1RM,效果显著;肌肉力量训练需2~6组,不超过6次重复动作,80%~90% 1RM,效果显著;爆发力训练需要3~5组,每组1~2次重复动作,有这种训练目标的人通常是竞技运动员。表4-6列出了不同训练目标的抗阻训练量。

表 4-6 不同训练目标的抗阻训练量

训练目标		组数	重复次数	休息间隔	强度
一般肌肉力量训练		1~2	8~15	30~90 秒	差异较大
肌肉耐力		2~3	≥12	≤30 秒	60%~70% 1RM
肌肉肥大		3~6	6~12	30~90 秒	70%~80% 1RM
肌肉力量		2~6	≤6	2~5 分钟	80%~90% 1RM
爆发力	单次用力项目	3~5	1~2	2~5 分钟	>90% 1RM
	多次用力项目	3~5	3~5	2~5 分钟	

3. 抗阻运动的形式与训练顺序

抗阻练习应包含多关节或复合练习,能调动多个肌群参与运动,如卧推、肩部推举、下拉、臂屈伸、俯卧挺身、仰卧起坐/屈膝两头起、蹬腿和深蹲,还包括单关节练习,如肱二头肌向心训练、肱三头肌离心训练、股四头肌离心训练、小腿弯举、提踵,以及核心肌群练习,如平板支撑和桥式,多关节训练效果优于单关节训练。表 4-7 为抗阻运动形式及示例。

表 4-7 抗阻运动形式及示例

抗阻运动	示例
单关节	肱二头肌向心训练、肱三头肌离心训练、肱四头肌离心训练、小腿弯举、提踵
多关节(推荐)	卧推、肩部推举、下拉、臂屈伸、俯卧挺身、仰卧起坐/屈膝两头起、蹬腿和深蹲
核心训练	平板支撑和桥式

为了避免肌力失衡引起损伤,在进行抗阻练习时,应同时练习相对应的肌群(主动肌与拮抗肌)。例如,可以采用俯卧挺身和仰卧起坐分别锻炼腰部和腹部肌肉,用蹬腿和小腿弯举分别锻炼股四头肌和腘绳肌。抗阻运动计划制订中应包括同时发展主动肌和拮抗肌的多关节抗阻运动。

先进行 5~10 分钟的有氧热身,然后对将要锻炼的肌肉群进行温和、静态的运动前拉伸。开始正式的重量训练时,应从较大的肌肉群(如胸部、背部、腿部)开始,然后是较小的肌肉群(如肱三头肌、肱二头肌)。因为许多较小的肌肉群是稳定(或帮助)肌肉,如果这些较小的肌肉首先疲劳,较大的肌肉将得不到充分的锻炼。然后交替练习不同部位的肌肉。最后在特定肌肉组的所有练习结束后,拉伸每组肌肉,或者在锻炼结束后拉伸所有肌肉。很多抗阻运动工具都可以用来有效地提高肌肉适能,包括固定器械类、自由重量类以及弹性阻力类。

固定器械是坐着、站着或躺着使用的器械。当推或拉阻力时,固定器械会引导身体完成练习。这些很容易使用的器械帮助初学者通过一系列的运动和固定器械锻炼,取得快速进步。显示适当的形式和目标特定的肌肉群,降低了受伤的风险。例如,坐在固定机械上,选择一个重量,不需要加载和卸载重盘或调整到另一组哑铃,还不需要监视人协助提升重物。每台固定机械上张贴的说明,不仅解释了正确的形式和技术,而且还涉及运动的肌肉。

固定机械的缺点是,它通过相同的模式执行相同的运动且只使用少数稳定的肌肉,人可能觉得无聊。重量类器械包括哑铃、杠铃、滑轮系统、医疗球、壶铃、踝铃和任何人体可以在三维空间中自由移动的装置。

与固定器械相比,自由举重使用更稳定的肌肉来支持身体。自由举重更多的是模仿现实生活中经常做的动作,能提高平衡感和协调性,在固定器械上坐下来,完成胸部按压练习要比躺在平板凳上,用哑铃做胸部按压练习容易得多。此外,自由重量需要更多的脑力,因为它们训练身体识别它们在空间中的位置(本体感觉)以及感知它们是否平衡。如果参加竞争性和娱乐性的运动,这是很重要的。自由举重是多种多样的,可以用一套哑铃、一个杠铃或自身体重完成各种各样的练习。

自由举重的缺点是需要采用适当的形式和技巧来进行锻炼,更容易让身体失去平衡,这就增加了受伤的风险。自由重量的搭配比固定机械要花更多的时间,因为必须加载和卸载重量板。需要一名观察员的帮助来完成一组的所有动作,大多数举重运动员喜欢自由举重和固定器械的结合。

4.抗阻训练技术

适当的抗阻训练技术要求在全关节活动范围内对动作进行控制,包含向心和离心肌肉训练动作。为了获得最佳的健康/体能益处,最小化运动损伤的发生率,任何训练水平或年龄段的运动者都应按照技术动作要求完成所有的抗阻练习动作。

运动者应该以正确的姿势和技术进行练习,包括缓慢且可控地重复动作,在全关节活动范围内活动肢体,并且采用适当的呼吸方法,如向心阶段呼气和离心阶段吸气,并且避免"Valsalva动作"。但是,不建议运动者进行单纯的如大于100% 1RM的大强度离心收缩或拉长收缩练习。因为这样可能会大大增加发生肌肉损伤和严重肌肉酸痛的风险,甚至导致横纹肌溶解(由于肌肉损伤导致肌红蛋白进入尿液而引发的肾脏功能损伤)等严重并发症。

初学者在进行抗阻运动时,应该由有资格的健康/体能专业人士或教练对抗阻训练课中的每一个动作进行指导。

5.抗阻训练的进阶及注意事项

抗阻训练的进阶。初级运动者训练初期主要以稳定性和灵活性训练为主,对目标肌群进行低水平的等长收缩,以提升维持关节姿势和功能的能力,提高腰椎近端的稳定性,并做一些缓慢的动态训练动作,增加肌肉的负荷和运动量。

当稳定性和灵活性提高后,再进行动作训练,主要是人体功能动作的训练,如蹲、推、拉、旋转等功能动作的训练,可参考表4-8力量训练进阶指导示例。

表4-8　力量训练进阶指导示例

等级	躯干力量与稳定	上半身力量	下半身力量
初级	稳定面,如在平整的地板上完成	双臂完成;双臂交替完成	双腿支撑稳定面;前后分腿站立稳定面

表 4-8(续)

等级	躯干力量与稳定	上半身力量	下半身力量
中级	不稳定面如在健身球上完成	单臂完成	单腿支撑稳定面;双腿站立不稳定;前后腿站立不稳定
高级	不稳定面加负重	单臂加旋转身体完成	单腿支撑不稳定

通过抗阻训练计划,使肌肉适应了原有负荷之后,第一种方法是保持负重不变,增加动作的组数和重复次数,第二种是通过超负荷或更大的刺激来增加肌肉力量和体积。"递增负荷"原则可以通过多种方法实现,最常用的方法是增加训练负荷。

例如,某人一直使用 50 千克的负荷进行抗阻练习,当其肌肉适应到能够轻松地重复练习 12 次时,就应该加大负荷,使其在采用新负荷进行一组练习时,能够重复完成的次数不超过 8 次,并且在该组练习到最后一次时,肌肉没有明显的疲劳和不适。

其他的递增负荷方法,还包括增加每个肌群的训练组数,以及每周练习的天数。每 4~6 周改变一次锻炼计划。因为这时肌肉会适应已有的锻炼、阻力和重复次数,如果不改变,进步可能会停止。可以通过做各种练习、设定、重复或训练目标来做出改变。

例如,对于一般的肌肉健身是 8~15 次的循环,可以改变抗阻设备、抗阻训练目标、不同肌群运动组合等。

安全进行力量训练的注意事项如下:

(1)检查身体状态。身体状态欠佳的时候,最好停止进行力量训练。同时,要避免在睡眠不足、空腹、刚吃过饭的状态下进行训练。

(2)准备活动与整理放松。训练前要进行热身,训练结束后要进行放松。热身活动可以选择 5 分钟左右的轻有氧运动,之后再进行 5 分钟的关节活动操或肌肉拉伸(动态拉伸)。练习结束后,进行的整理放松活动,要以感到疲劳的部位为中心,将活动较多的肌肉进行拉伸(静力拉伸),放松活动需持续 5~10 分钟。

(3)检查器械。练习前,必须对所使用的器械进行一次全面检查,要看杠铃的两端重量是否一致,杠铃、哑铃的卡箍是否已经固定,健身器的座椅和靠背是否需要调节等。

三、肌力耐力训练常见动作

选择哑铃、弹力绳等比较常见的器材,训练动作简单易学,无需专业健身房训练器材也能练遍全身主要肌肉。上半身的练习包括俯卧撑或卧推、哑铃划船或引体向上;下半身的运动包括深蹲、弓步和提小腿;常见的腹部练习包括卷腹、抬腿和转体。

(一)上半身力量练习

在人体的胸骨两侧各有两块连接胸壁与上臂和肩膀的肌肉,即胸大肌和胸小肌。胸大肌在胸部上方呈扇形分布,较大且较浅,起源于锁骨、胸骨、肋骨和腹外斜肌的肌腱延伸。胸大肌延伸到胸部的上部,附着在肱骨(上臂骨头)后方的一个脊上。主要动作是手臂内收或下沉(与三角肌的动作相反)、手臂绕身体轴向前旋转。当抬起的手臂固定住时(如爬山时),它帮助背阔肌和大圆肌将躯干向上拉。胸小肌大部分位于胸大肌下面,起源于中间的肋骨并连接肩胛骨。它可以帮助肩膀向前和向下(与斜方肌相对)。胸肌的主要作用是推动、移动肩关节,弯曲和旋转肘部以上的手臂。胸肌训练主要有三类:俯卧撑,多关节运动;胸部推举,多关节运动;仰卧飞鸟,单关节运动。

1. 标准俯卧撑

对胸部最好的练习之一是俯卧撑。俯卧撑动作通过双手、双脚支撑地面,屈臂下压到低位,再到撑起身体回位。在整个动作中,可以激活手臂、肩部、胸部、背部、腰腹核心、腿部等全身力量,尤其到了动作底部,可以更多地刺激胸肌、肱三头肌和肩部前束。表4-9~表4-12为各种俯卧撑动作要领示意表。

表4-9　标准俯卧撑动作要领示意表

步骤	动作要领
准备阶段	面朝下趴在地板上,身体重心放在膝盖上(调整后的姿势)或脚趾上
	双手放在地板上与肩同宽,肘部应指向脚趾
	收紧腹部,脊柱伸直,放松肩膀
运动阶段	呼气,慢慢向上推,直到手臂达到整个范围,但不是锁定的位置
	重量应该放在手和膝盖上(修改的位置)或脚趾上
	脊椎应该与头部和颈部保持中立,看地板
	吸气,下降到离地10厘米以内,肘部靠近身体两侧,然后再向上推
动作变化	改变手的位置,锻炼效果会改变。较宽的手距可以锻炼更多的胸肌,而较近的手距可以锻炼更多的肱三头肌

表4-10　宽距俯卧撑动作要领示意表

步骤	动作要领
1	挺胸收腹,腰背平直,双手略宽于肩,拇指向外
2	下撑至上臂与地面平行,躯干与腿部始终在同一平面

表4-11　窄距俯卧撑动作要领示意表

步骤	动作要领
1	挺胸收腹,腰背平直,双手靠拢,食指和拇指相对,形成"心形"
2	下撑至上臂与地面平行,躯干与腿部始终在同一平面

表4-12　标准低位俯卧撑动作要领示意表

步骤	动作要领
1	脚尖支撑在凳子上,双手打开撑于地面
2	保持挺胸收腹,身体下沉,直到肘关节呈90°即可推起还原

2. 选择适合自己的俯卧撑

俯卧撑练习不受场地限制,只要有空地,可以在任何地方做这个练习。可以通过调整手的位置、膝盖的姿势、脚的位置来改变俯卧撑难度。不同类型的基本俯卧撑会侧重使用不同的肌肉。例如，双手越靠近，肱三头肌训练就越明显；双手之间的距离越宽，胸部就会越用力；双手合十撑放在胸前，需要较多的手臂力量。如果无法完成一次标准的俯卧撑，则可以从站姿双手推墙练习开始，然后进行跪姿上斜俯卧撑、跪姿俯卧撑训练。经过一段时间的训练后，手臂力量和胸肌力量增长，标准俯卧撑动作即可顺利完成。

如果标准俯卧撑可以连续完成数次，有一定的力量基础，可以在标准姿势的基础上，通过改变负重、手脚位置、增加不平衡因素等，加大俯卧撑的难度，进一步训练上半身力量。各种俯卧撑变式，包括退阶动作和进阶动作要领见表 4-13～表 4-20。

表 4-13　上斜俯卧撑动作要领示意表

步骤	动作要领
1	面朝墙面，双手撑在墙面上，间距与肩同宽。脚尖着地，身体挺直，腹部收紧，手臂伸直
2	保持身体挺直，慢慢弯曲手臂使身体向下，同时吸气，直至胸部靠近墙面
3	快速伸直手臂，将身体撑起，回到起始位置，同时呼气。在顶端稍作停留，再进行下一次动作

表 4-14　跪姿俯卧撑动作要领示意表

步骤	动作要领	说明
1	挺胸收腹，腰背平直，肩、腰、大腿在同一直线上	错误动作：伸臂时肘关节超伸锁死，训练过程中塌腰或撅臀。
2	手臂自然伸直垂直于地面	纠正：肘关节要伸直，但不要超伸锁死，全程保持腰背挺直，从侧面看身体成一条直线
3	双手与肩同宽，向下时至上臂与地面平行，控制肘部紧贴身体两侧	

表 4-15　跪姿低位俯卧撑动作要领示意表

步骤	动作要领
1	双脚以膝盖上方为着力点放在凳子上，双手打开撑于地面，保持挺胸收腹
2	身体下沉，直到肘关节呈 90° 即可推起还原

表 4-16　瑞士球下斜俯卧撑动作要领示意表

步骤	动作要领
1	俯撑，两手间的距离略宽于肩，手臂伸直支撑身体
2	将脚踝放在瑞士球上，保持身体平衡
3	吸气向下，降低身体，使胸部差不多快要触碰到地板
4	使用胸肌的力量将身体推举回初始位置，挤压胸部。在做这一步的同时呼气
5	停留片刻，重复该动作至推荐次数

表 4-17　弹力带俯卧撑动作要领示意表

步骤	动作要领
1	将弹力带绕过身体,俯卧时使弹力绳保持张力,两手支撑弹力绳的两端
2	保持身体自然挺直,收缩胸大肌以推起身体,在顶峰稍作停留,缓缓下降,直至肘关节呈90°为止

表 4-18　药球俯卧撑动作要领示意表

步骤	动作要领
1	俯撑在地板上,身体挺直,腹部收紧。双手间距与肩同宽,一只手撑在药球上,另一只手撑在地面
2	脚尖着地,双腿分开与臀同宽,以支撑身体平衡
3	保持身体挺直,慢慢弯曲手臂使身体下降,同时吸气,直至胸部接近地面
4	然后快速伸直手臂,将身体撑回起始位置,同时呼气
5	在顶端稍作停留,再进行下一次动作

表 4-19　波速球俯卧撑动作要领示意表

步骤	动作要领
1	采用俯卧撑的姿势,身体挺直,双手扶住波速球的平面两侧,身体保持平衡
2	弯曲手肘,将身体躯干降低,保持臀部与脊柱成一直线
3	下降到底端时暂停片刻,然后伸直肘部回到初始位置

表 4-20　爬行俯卧撑动作要领示意表

步骤	动作要领
1	收紧腹部,腿部保持一条直线,双脚固定
2	两手依次向前爬行,直至呈俯撑姿势
3	然后屈肘完成一次俯卧撑

3.胸部推举

表4-21~表4-24为各种胸部推举动作要领示意表。

表 4-21　仰卧哑铃胸部推举动作要领示意表

步骤	动作要领	说明
准备阶段	躺在平坦的长凳上,双手各持一个哑铃,双脚支撑地面,挺胸收腹,放松肩膀,保持身体稳定	重复动作至推荐次数。理想情况下,哑铃下降所花费的时间应该是上推时间的两倍
	将铃放在胸部两侧,手臂弯曲支撑哑铃,与肩同宽,双手正握,拇指相对,手掌向前,肘部呈90°	

表 4-21(续)

步骤	动作要领	说明
运动阶段	呼气,向上伸直手臂,将哑铃快速上推到胸部上方,掌心向前,直到手臂完全伸展,在顶端稍作停留,感受胸部肌肉的收缩	注意:练完一组后,请勿直接将哑铃扔掉,这样有可能伤到肩袖肌群,也会给周围正在健身的人带来危险
	吸气,手臂弯曲,将哑铃慢慢下降到胸部两侧起始位置,直至胸部被拉伸至极限	
错误动作	在上升阶段,哑铃发出声响。在下降阶段,哑铃靠得过近	
纠正	把手臂加宽到 90°	
动作变化	也可以使用杠铃或弹力带来做这个动作	

表 4-22 仰卧弹力带胸部推举动作要领示意表

步骤	动作要领	说明
准备阶段	将一条弹力带从长椅下方穿过,靠近头部这一侧	注意:在顶部的时候挤压胸部,稍作停留之后再次放下。
	平躺在长椅上,挺胸收腹。双手各握弹力带的一侧,向上伸直手臂,与肩同宽	
运动阶段	手背弯曲,双手缓慢放下,吸气,直至胸部拉伸到极限	
	在底部稍作停留后,用胸部的力量将手臂快速向上举起,呼气,直至自然伸直	
动作变化	这个动作也可以在健身球上完成,加大动作的难度	

表 4-23 弹力带胸部平推动作要领示意表

步骤	动作要领	说明
准备阶段	站姿,上体保持正直,双脚距离与肩同宽,双手握住弹力绳把手掌心向下,将弹力绳绕在颈背部与胸部	注意:向前动作阶段用力使肘关节超伸、外展,手腕与手臂不在一条直线上,减轻阻力,保证肘微屈,腕微扣
	屈臂,将弹力绳把手置于胸前外侧位置,使弹力绳保持紧张	
动作阶段	双脚踩实地面,呼气。向前动作阶段,握住弹力绳把手,伸直双臂,保持两臂与地面平行,保持上体正直	
	向后动作阶段,吸气,屈臂使弹力绳把手回到原始位置,保持两臂与地面平行,保持上体正直	

表 4-24　仰卧杠铃胸部推举(卧推)动作要领示意表

步骤	动作要领	说明
准备阶段	仰卧,眼睛直视上方卧推杠,双脚踩实放在地板上,臀部、上背部紧贴凳子	注意:臀部不要离开凳子,腕关节锁定,两脚要踏实,卧推时沉肩,肩胛骨内收使肩部锁定,注意力集中,在同伴保护下做到力竭,同伴在头后位,两手向上或一手向上一手向下握住杠铃,不要两手同时掌心向下抓握杠铃。 每组 8RM～12RM,中速发展肌肉最佳。当重量增加时可能需要一个观察员
	两手间距略宽于肩,掌心向上抓握杠铃	
	收腹,放松肩膀	
运动阶段	把杠铃从架上拿下,直接放在胸部上方	
	吸气,两臂慢慢弯曲,使杠铃垂直落下,直到肘部弯曲90°,前臂垂直于地面	
	呼气,慢慢地垂直向上推举杠铃,直到肘部伸直但没有锁住,胸肌发力彻底收缩,静止 1 秒	
	然后再次下落后推举,重复进行练习	
错误动作纠正	下背部从凳子上弓起或臀大肌从凳子上抬起	
	减少练习的重量	
动作变化	可使用倾斜或下降工作台	

(二) 背部肌肉

背部肌肉分为三组:与上肢和肩膀运动有关的浅层肌肉、与呼吸有关的中层肌肉、与脊柱运动有关的深层肌肉。浅层肌肉包括表面的外部肌肉,连接上肢和躯干,它们形成与中上背部相关的 V 形肌肉组织,包括斜方肌、背阔肌、肩胛提肌和菱形肌。中层肌肉包括后锯肌、上锯肌和下锯肌,它们的大部分功能与呼吸有关。深层肌肉从骨盆一直延伸到头盖骨,帮助保持姿势和移动脊柱,如竖脊肌。

背部肌肉能帮助保持站立站直姿势,支撑和保护脊柱,伸展手臂和躯干。背部肌肉的主要作用是牵拉,可支撑颈部,稳定躯干和脊柱,对维持良好的姿势很重要。如久坐、提重物等,使背部肌肉承受着持续的压力,不发达的背部肌肉会导致肌肉扭曲和拉伤,进而导致肌肉组织失衡,以及常见的驼背,所有这些都会导致长期的背痛。背部肌肉都由脊神经的后支支配,当使用不正确的举重技术时,经常发生内在背部肌肉的损伤。因此,从地面举起物体时,可以通过臀部和膝盖的弯曲来保护背部肌肉。

1. 上背部训练

上背部训练主要针对三大块肌肉:背阔肌、斜方肌和菱形肌。

背阔肌穿过背部的腋窝,使上臂向下向内旋转。手固定时,将躯干向上拉起,如引体向上。可以使用各种流行的背部锻炼方法,包括拉下、引体向上、杠铃弯行、哑铃单手行和硬举。

斜方肌呈三角形,由三部分肌肉纤维组成:下斜方肌纤维、中斜方肌纤维和上斜方肌纤维。斜方肌从背部中间一直延伸到颈部,穿过肩胛骨,帮助完成耸肩、抬起手臂等动作。

菱形肌位于背部的中心,斜方肌下面,它们起源于椎骨并插入肩胛骨。

日常生活中,有人整天懒散地坐在电脑前,或者低头盯着手机,这种弯腰驼背的姿势会导致肩膀和脖子僵硬或酸痛,以及更严重的背痛。加强上背部锻炼可以减少背部受伤的风险,提高脊柱灵活性和整体力量。如果因为时间紧张,不能去健身房做上背部锻炼,可以在家里使用少量设备或不用设备进行上背部力量训练(表4-25)。

表4-25 上背部训练动作

动作	运动形式	动作示例
划船	多关节运动	俯身哑铃划船、单臂哑铃划船、弹力绳坐姿划船
下拉训练	多关节运动	直臂下拉训练、双人配合下拉训练

【俯身哑铃划船动作要领】

准备阶段:站姿,双手紧握哑铃放在身体两侧,膝盖略微弯曲,上身前倾,臀部向后,慢慢俯身,腰背挺直,使上半身与地面几乎平行。双臂自然下垂,掌心相对,抬头目视前方。

运动阶段:肩胛骨收缩,上臂紧贴身体,提起哑铃至腹部位置,同时呼气。在顶端保持背部肌肉收紧,停留1秒。然后将哑铃缓缓放回起始位置,同时吸气。以上是一次完整动作,重复动作至推荐次数。

注意:背部有问题的人请不要做这个动作,可以用低滑轮划船替代。保证动作的标准,全程确保背部挺直,否则会造成背部损伤。要注意所使用哑铃的重量,在不确定的情况下请使用较轻的哑铃。

动作变化:可以使用低滑轮加V形把手或者杠铃来进行这项训练。这个动作可以用反握或正握。

【单臂哑铃划船运作要领】

准备阶段:将右腿在平板凳子上,同侧手臂放在肩膀正下方的长凳上支撑身体。双肩放松,保持肩部平衡。左手握持一个哑铃,手臂自然下垂,掌心向内。腰部弯曲,背部挺直,上身与地面平行,保持颈部中立。

运动阶段:呼气的同时,用背部的力量将哑铃上拉到胸部侧面,上臂紧贴身体,上身保持不动,不要旋转身体。在顶端稍作停留,感受背部的肌肉收缩,然后慢慢放下哑铃到起始位置,不要旋转身体,同时吸气。

重复以上动作至推荐次数,然后换另一边继续。

注意:支撑膝盖不要离支撑手太近,将膝盖置于臀部正下方,将手直接放在肩膀下,保持肩胛骨水平,举起哑铃至腰部高度,眼睛集中在地板上。

动作变化:也可以使用壶铃、高滑轮或低滑轮代替哑铃来进行单臂划船。

【弹力绳坐姿划船动作要领】

准备阶段:坐在地板或垫子上,膝关节微屈,将弹力绳套在脚上,双手握住弹力绳的把手,采用窄握握距,弹力绳应保持紧张。保持上体与地面垂直,两臂伸直,接近与地面平行,掌心相对。

运动阶段:向后动作阶段,屈肘将把手拉至胸腹部,保持上体正直,膝关节微屈,使把手接触上体两侧部分。向前动作阶段,伸肘将把手缓慢放回开始位置,保持上体正直,膝关节微屈。

错误动作:猛拉把手,向后拉弹力绳时,上体后倾;向后拉把手时屈腕,向前阶段时上体前倾。

纠正:降低阻力,保持上体稳定,收紧腰腹。

【俯身直臂划船动作要领】

俯身,双脚踩住弹力绳,肩膀在膝盖的前面,双手握住弹力绳,这是动作的起始位置;收缩肩胛骨把上臂提起,并且直臂将弹力绳拉到小腹位置。

【双人弹力绳划船动作要领】

准备阶段:和搭档面对面呈侧平板支撑姿势,距离2米左右。用前臂支撑地面,髋部抬高离开地面,身体保持平直,双脚并拢。双方用各自非支撑手握紧弹力绳把手,手臂伸直。

动作阶段:两人同时屈肘,尽可能地向后拉,以划船的动作来拉弹力绳,同时呼气。稍作停留后慢慢回到起始位置,同时吸气。以上是一次完整动作,重复动作至推荐次数后,换另一边继续。

注意:侧卧姿势保持身体平直;划船姿势拉弹力绳时,手肘不要外展,上臂沿着水平方向后拉,使肩胛骨后缩。

【直臂下拉训练动作要领】

准备阶段:坐在器械上,调整垫子,大腿靠在垫子上,双脚平放在地板上,保持背部挺直,挺胸收腹。掌心向前握住拉杆或拉绳的把手,保持略比肩宽的握距。

运动阶段:伸展手臂,稍微向后倾斜,将肩膀向后和向下拉。呼气,慢慢把拉杆拉到胸部高度,保持躯干稳定。吸气,慢慢地让拉杆上升到起始位置,保持肩膀向后和向下。

注意:当重量向下拉时,身体不要向后倾斜,应该使背部和肩部保持稳定。

【双人配合下拉训练动作要领】

搭档双手握紧弹力绳,固定在较高的位置,练习者站姿,上身挺直,保持下背部平直,两手持手柄,吸气。呼气时收缩肩胛骨,两臂同时后拉,手臂贴紧在身体两侧,微屈膝,呈挺胸姿势。吸气还原。

【正握引体向上动作要领】

准备阶段:跳起,手掌向前抓住引体向上的杠杆。收腹,脊柱平直,放松肩膀,两腿自然下垂。

运动阶段:呼气,收缩肩胛骨,慢慢地下拉,手臂保持弯曲,使下颌略超过杠杆,不要摆动双腿。吸气,慢慢降低到起始位置。

注意:运动时下半身不要摆动,下降阶段完全伸展手臂。

辅助练习1:杠杆反斜拉

动作要领:双手用力握住杠杆(正握、反握),握距略宽于肩,身体向后下沉,最好保持在与地面30°左右,保持全身肌肉绷紧。收腹,保持脊柱平直,不要耸肩,双脚并拢,支撑地面。呼气,收缩肩胛骨,慢慢地下拉,手臂保持弯曲,使胸部接近杠杆,稍作停留,整个核心收紧,不要屈髋。吸气,慢慢降低到起始位置,下降阶段伸展手臂。

辅助练习2:拉力带辅助引体向上

动作要领:将拉力带绑紧固定在杠杆中间。可以使用不同的拉力来提供不同程度的辅助效果。将拉力带另一端下拉,一条腿弯起套进拉力带,确保拉力带不会滑出。正握拉杆,完成引体向上动作。

2. 下背部训练

竖脊肌从下到上在背部排列在脊柱上,可以弯曲和伸展背部。下背部的肌肉帮助支撑和稳定脊柱。加强腰背部肌肉训练可以防止因久坐或久站而引起的多种背部疼痛。以下是加强腰背部的练习。

【俯卧背伸动作要领】

保持下颌与颈部夹角,控制动作节奏,腹部紧贴地面。

变化动作:初学者可以完成该动作,体会背部肌肉的收缩。对于有一定健身基础和能力者,可以完成超人背肌的动作,对侧手脚同时抬起或双手双脚同时抬起。

变化动作1:四足游泳。

动作要领:保持平衡,腹部紧贴地面。四肢对侧摆动,抬起左臂、左腿和左侧胸部,手脚尽量不触及地面,右侧同理。

变化动作2:超人背肌。

动作要领:俯卧在地板或健身垫上,身体伸直,脸朝下。双臂应完全在前方伸直。这是动作的起始位置。双臂和双腿同时抬起,胸部离开地板,保持这样的收缩姿势持续2秒(提示:收紧下背来获得最佳锻炼效果。注意:在保持收缩姿势时,看上去应该像飞行中的超人)。缓慢地降下双臂、双腿和胸部,还原为起始位置,同时吸气。重复动作至推荐次数。

变化动作3:超人交叉击掌。

动作要领:和搭档面对面趴在各自的瑜伽垫上,距离半米。手臂90°弯曲,向身体两侧打开,双脚距离与髋部同宽,这是动作的起始位置。收缩下背、臀部和腘绳肌,使双脚和上身同时离开地面,同时呼气并和搭档互相击掌。在顶端稍作停留,然后慢慢回到起始位置,同时吸气。以上是一次完整动作,两只手交替击掌,重复动作至推荐次数。

(三)肩部

三角肌位于肩部皮下,是构成肩膀的圆形部分,分为前束、中束、后束,可稳定并移动肩膀和旋转手臂,帮助我们完成如抬起手臂、走路时摆动手臂、并在与身体保持安全距离的情况下搬运物品等动作。主要通过以下几种训练来锻炼三角肌:侧平举,前平举,肩上推臂。

【坐姿哑铃推举动作要领】

准备阶段:坐在一张带靠背的椅子上,双手握持哑铃,将哑铃举到肩部位置。旋转手腕,使掌心向前,肘部向外。

动作阶段:将哑铃向上推举过头顶,同时呼气,直至手臂自然伸直。

稍作停留,感受肩部的收缩,然后慢慢将哑铃放回起始位置,同时吸气。以上是一次完整动作,重复动作至推荐次数。

动作变化:如果没有腰部疼痛问题,可站姿完成,或者坐在没有靠背的凳子上做。如果没有哑铃,还可以选择弹力绳完成肩上推举的动作。

变化动作1:弹力绳肩上推。

动作要领:坐姿,双脚并拢,微屈膝保持平衡,将弹力绳中部固定在臀部下方,上体与地面垂直,双手握住弹力绳把手置于两肩外侧,掌心向前,双肘成90°,保持前臂垂直地面并且握紧弹力绳。向上动作阶段,双手握住弹力绳把手,收缩三角肌把上臂举到垂直位置,直至两臂完全伸直,并在两肘的正上方。保持上体正直,稍作停留,最后缓慢还原。

注意:肩部保持紧张,腿部保持不动,向上升时不要后仰,应收紧腰腹。

变化动作2:深蹲哑铃推肩。

动作要领:身体直立,双手各持一只哑铃,将其举在肩膀位置,掌心彼此相对,肘部指向前方。面朝前方,挺胸收腹,双脚打开与肩同宽,这是起始姿势。弯曲膝盖,臀部向后,降低身体,做出下蹲姿势,直到大腿与地面平行。下蹲过程中膝盖尽量不要超过脚尖,上身保持平直。在底部稍作停留,然后起身回到起始姿势,重复以上动作至推荐次数。

【侧平举动作要领】

身体直立,双手各持一只哑铃,双臂在身体两侧自然下垂,掌心相对,双脚打开与肩同宽,这是动作的起始位置。保持手臂微屈,将哑铃向身体两侧平举,同时呼气,直至与肩同高。上举的过程中,可以让虎口略微向下倾斜,使肩部集中受力。在顶端稍作停留,感受肩部肌肉的收缩。然后将哑铃降回起始位置,同时吸气。以上是一次完整动作,重复动作至推荐次数。

错误动作:练习过程中屈肘或伸肘,借助耸肩力量、上体后倾完成动作。手持哑铃两侧平举时,以上臂和肘关节领先,使上臂和肘关节略高于前臂和两手。

动作变化:这个动作的变化种类较多,可以用弹力绳完成,也可以俯身完成侧平举动作。

变化动作1:弹力绳侧平举。

准备阶段:两脚距离与肩同宽,踩在弹力绳中部,上体保持正直,膝关节微屈。两手握住弹力绳把手置于大腿外侧,掌心相对。在这个位置保持弹力绳适度紧张。

动作阶段:向上动作阶段,双手握住把手向身体两侧平举,手、前臂、肘关节和上臂要同时举起。上体保持正直,膝关节微屈,直至手臂接近与地面平行,上举至肩部高度。向下动作阶段,缓慢地将弹力绳把手放回开始位置,上体保持正直,膝关节微屈,全脚掌着地。

变化动作2:俯身侧平举。

俯身,保持背部挺直,并且肩膀在膝盖的前方,双手握紧哑铃,置于膝盖下方,这是动作的起始位置。收缩三角肌使上臂抬起,肘关节始终保持微屈,直到上臂水平即可。

【前平举动作要领】

两脚距离与肩同宽,双手各持一只哑铃,身体直立,挺胸收腹。双臂在身体前方自然下垂,掌心向内,这是动作的起始位置。肘部微屈,呼气的同时,使用肩部的力量将哑铃缓缓向身体前方平举,不要晃动或借力。直至手臂与地面平行,掌心向下。在顶端稍作停留,感受肩部肌肉的收缩,然后缓缓将哑铃下降回起始位置。以上是一次完整动作,重复动作至推荐次数。

动作变化:这个动作可以双手交替来做,也可以使用弹力绳来完成。

(四)臂部

1. 肱二头肌

位于上臂的前部,有长、短两个头,用来弯曲肘部,转动前臂,如打开一个罐子。弯举是增强肱二头肌的主要锻炼方法。有很多类型的弯举,其技术要领是一样的,唯一的不同是涉及的前臂屈肌的角度不同,如采用正握或反握,肘关节位置在体前还是体侧等。以下是常见的训练动作。

【单臂哑铃弯举动作要领】

坐在平板凳上,双腿分开,双脚放在地上。单手持一只哑铃,上臂靠近肘部的位置抵在大腿内侧,保持手臂伸直,放松肩膀,掌心背离大腿。保持上臂不动,前臂慢慢向上弯举,感受肱二头肌完全收缩,同时呼气,直至哑铃被举到与肩同高。在顶端稍作停留,然后慢慢将哑铃放回起始位置,同时吸气。以上是一次完整动作,重复动作至推荐次数,然后换另一边继续。

动作变化:这个动作可以通过站姿俯身并且手臂置于身前来完成。站姿的情况下腿无法支撑手臂后侧,必须通过更大的力量来维持上臂的静止,这样更具有挑战性,但不建议前臂有问题的同学来做。

【站姿反握哑铃弯举动作要领】

准备阶段:双脚分开站立,与臀部同宽,膝盖微微弯曲。双手各握一只哑铃,双臂垂向身体两侧,掌心向内,保持脊柱伸直,收腹挺胸,放松肩膀。

运动阶段:上臂保持固定,收缩肱二头肌,前臂向上弯举,同时呼气。直至肱二头肌完全收缩,哑铃到达肩部高度。弯举的过程中旋转手腕,使掌心最终向后。慢慢吸气,回到起始位置。以上是一次完整动作,重复动作至推荐次数。

错误动作:肘部向前移动。纠正:肘部指向地面;向下时手臂没有完全伸展。纠正:开始和结束动作时伸直手臂;在运动过程中,躯干前后摇摆。纠正:站直,收紧核心。

动作变化:可以用弹力绳完成弯举动作,也可以坐着完成弯举动作。

变化动作1:站姿弹力绳弯举

准备阶段:两手握住弹力绳把手,掌心向前,置于大腿两侧。远离于肩,上体保持正直,膝关节微屈,在这一位置保持弹力绳紧张。

运动阶段:向上动作阶段,屈肘将弹力绳把手拉向肩部。保持上体正直,上臂不动,膝关节微屈,屈肘至两手与肩部距离10~15厘米。向下动作阶段,伸肘,缓慢地将弹力绳把手放回开始位置,保持上体、上臂和两膝位于同一平面内。

错误动作:借助晃肩动作屈肘,在拉起或放下弹力绳把手的过程中,肘关节离开身体两侧。

变化动作2:双人弹力绳弯举

准备阶段:搭档屈肘握住弹力绳中部,弓步稳定身体。练习者两手握住弹力绳把手,掌心向上,置于水平位置,双脚距离与肩同宽,上体保持正直,膝关节微屈,在这一位置保持弹力绳紧张。

运动阶段:向上动作阶段,屈肘将弹力绳把手拉向肩部。保持上体正直,上臂不动,膝关节微屈,屈肘至两手与肩部距离10~15厘米。向下动作阶段,伸肘,缓慢地将弹力绳把手放回开始位置。

2. 肱三头肌

肱三头肌位于手臂的后部,不仅用于伸直手臂,而且在进行前臂的精细运动(如书写)时,可以防止肘部移动。肱三头肌也参与推动动作,如开门。此外,肱三头肌与其他肌肉一起工作,在肩关节处伸展手臂,就像在背后拿东西一样。肱三头肌的训练方式有颈后臂屈伸、俯身臂屈伸等。

【弹力带颈后臂屈伸动作要领】

准备阶段:一只手握住弹力绳把手,掌心向下,双脚压住弹力绳另一端。屈肘将把手放在颈后项背部,掌心向下。在这个位置保持弹力绳紧张。

运动阶段:向上动作阶段,保持关节紧张,伸肘向上拉弹力绳,直至肘关节完全伸直。保持上体正直,腿部不动。向下动作阶段,缓慢屈肘回到开始姿势,保持上体正直,腿部不动。重复动作至推荐次数。

错误动作:向上运动阶段,过分弓背;向下运动阶段,屈髋或低头。

动作变化:可以使用哑铃完成该动作。

变化动作:哑铃颈后臂屈伸

动作要领:双脚并拢,眼睛平视前方。双手握住哑铃,双臂伸直举过头顶。保持肘部靠近耳朵,吸气,慢慢降低头部后面的重量,直到上臂垂直于地面运动。呼气,慢慢地将重量提升到起始位置。在整个动作中保持肘部向上。

【俯身臂屈伸动作要领】

单手持一只哑铃,同侧的脚放在地面,另一条腿跪在平板凳上。上身俯身与地面平行,背部挺直,保持抬头向前看。负重一侧的上臂紧贴上身并与地面平行,前臂向下自然垂直于地面,另一只手臂撑着平板凳保持平衡。这是动作的起始位置。保持上臂固定,收缩肱三头肌将哑铃提起,同时呼气,直至手臂完全伸直。在顶端稍作停留,感受肱三头肌的收缩。然后慢慢将哑铃放回起始位置,同时吸气。以上是一次完整动作,重复动作至推荐次数,然后换另一边继续。

【平板凳臂屈伸动作要领】

把一个平板凳横放在身后,手臂伸直,双手距离与肩同宽,撑在凳子边缘,双脚向前屈膝支撑,这是动作的起始位置。慢慢弯曲肘部,降低身体,同时吸气,直至上臂和前臂呈90°。收缩肱三头肌,将身体撑回起始位置,同时呼气。以上是一次完整动作,重复动作至推荐次数。注意:运动中髋部保持上下运动,而不是前后移动;臀部不要放得太低;当手臂呈90°时停止运动。

动作变化:可以将脚搭在另一个凳子上来增加难度。如果还是觉得不够,就在大腿上放个杠铃片来负重。

(二)下肢主要肌肉训练

1. 臀大肌、股四头肌和股后肌群

臀部主要由三块肌肉组成。臀大肌位于髋部后面浅层,呈四方形,它的大小决定了整个臀部的围度。臀大肌主要负责伸髋,练习动作应该以伸髋类为主。臀中肌位于臀大肌前方,一部分被臀大肌覆盖,呈中等大小,它决定了腰背曲线是否完美。臀中肌和臀小肌主要负责稳定,练习动作应该以髋外展类为主。臀小肌属于深层肌肉,它影响着臀型的圆润饱满程度。

很难将臀大肌、股四头肌和腘绳肌分离出来,因为大多数运动都涉及这三种肌肉。臀大肌是人体最大、最有力的肌肉,臀大肌负责伸展臀部,保持身体直立;股四头肌使腿伸直;腘绳肌使膝盖弯曲并伸展臀部。所有这些都对走路、跑步、跳跃、攀爬和蹲起等动作至关重要。主要的臀部、腿部训练方法包括臀部屈伸、髋外展、臀桥、单腿臀部推蹬、蹲、硬拉等动作,每一种训练方法都可以衍生出几套动作,见表4-26所示。

表4-26 臀部、腿部训练方法

臀部屈伸	单关节运动	站姿	卧姿	跪姿
	臀大肌	站立姿臀部屈伸 弹力带站立姿臀部屈伸	仰卧姿臀部屈伸	跪姿直腿抬腿 跪姿屈腿抬腿 弹力带跪姿屈腿抬腿 跪姿举臂抬腿
髋外展	单关节运动	站姿	卧姿	跪姿
	臀中肌	站姿直腿髋外展 弹力带站姿直腿髋外展	侧卧姿直腿髋外展(垂直、向前、向后) 侧卧姿弹力带直腿髋外展(垂直、向前、向后)	跪姿髋外展
臀桥	多关节运动			
	臀大肌、股二头肌	双腿桥式挺髋	单腿桥式挺髋	负重臀桥
单腿臀部推蹬	多关节运动			
	臀大肌	单腿蹬凳		
深蹲	多关节运动			
	臀大肌、股四头肌、腘绳肌	自重深蹲	自由机械深蹲	单腿深蹲
箭步蹲	多关节运动			
	臀大肌、股四头肌、腘绳肌	自重箭步蹲	自由器械箭步蹲	侧向箭步蹲
硬拉	多关节运动			
	腘绳肌	直腿硬拉	单腿硬拉	
腿弯曲				
	腘绳肌	仰卧腿弯曲	站姿腿弯曲	负重腿弯曲

以下动作是臀大肌、股四头肌和腘绳肌的部分徒手或轻器械的练习,如需强化,可选择负重或器械进行。

【原地深蹲动作要领】

站立,双脚与肩同宽,眼睛平视前方。收腹,背部平直,臀部紧张,肩膀放松。吸气,屈膝下蹲,脚跟放平,直到大腿几乎与地面平行,腰背平直。下蹲的同时,两手臂伸直前平举至肩部高度,掌心向下。脚尖和膝盖方向一致,膝盖不要超过脚尖。呼气,回到起始位置,保持全脚掌踩实地面。

错误动作:运动阶段,脚后跟离地,上体前倾,后仰头,两膝外展或内扣。

动作变化:徒手深蹲的动作适合于初学者,对于有一定运动基础,想进一步提高运动负荷的健身者,可以进行负重深蹲的动作练习。

变化动作1:哑铃负重下蹲。

动作要领:双手掌心相对,握住哑铃,将哑铃平举至胸前与肩水平高度,两脚距离与肩同宽。抬头挺胸,屈膝屈髋,下蹲直至最低位置,保持背部挺直,完成下蹲动作。手持哑铃负重深蹲,可以提高动作的难度,根据自身体能选择不同重量的哑铃进行练习。

动作变化:也可以选择杠铃负重来完成深蹲动作,杠铃深蹲需要在专业人员指导下进行。

变化动作2:壶铃摇摆。

动作要领:将壶铃置于双腿之间,屈膝来到起始位置。确保背部平直,臀部发力,用力摇摆壶铃。将壶铃快速甩出,然后让壶铃落回到双腿之间。重复该动作至推荐次数。

【箭步蹲动作要领】

抬头挺胸,腰背平直。动作保持平稳,膝盖不要超过脚尖。身体垂直下坐,后腿膝盖尽量不要着地。

动作变化:可以负重哑铃、壶铃或弹力带完成箭步蹲,增加动作的难度和锻炼的强度。

变化动作1:壶铃负重箭步蹲。

动作要领:双手各持一个壶铃放于体侧,完成箭步蹲动作。壶铃的重量可以增加对臀、腿部肌肉的刺激,增加运动负荷,但需要根据自身体能选择合适的重量,保证运动的安全。

硬拉:保持背部挺直,双手与肩同宽,握住杠铃放在大腿上。脊柱平直,放松肩膀。

运动阶段:吸气,慢慢地从臀部开始降低杠铃,直到杠铃刚好在膝盖下方。保持膝盖微微弯曲,背部挺直,眼睛向前看。呼气,慢慢回到起始位置。

动作变化:对于初学者,这个动作可以徒手完成,或选择弹力带辅助完成;对于有运动经历或有一定运动基础的健身者,可以完成单腿硬拉来提高动作的难度。

变化动作2:弹力带硬拉。

动作要领:两脚分立,俯身,保持肩关节在膝盖的前方,握紧弹力绳。收缩臀部和大腿后侧使身体恢复直立姿态,动作过程中保持膝关节微屈。对于初学者可以选择该动作来体会硬拉的动作要领,力量提高后再进行杠铃硬拉。

2. 小腿

小腿可以让脚跟抬起。当走路、跑步或跳跃时,它们会推动你前进,还可以帮助我们爬楼梯、踢足球或者用脚掌站起来。以下是加强小腿肌肉的动作。

【站姿直立提踵】

前脚掌着地站在平台的边缘,脚后跟悬空,通过脚后跟向下压,尽量拉伸小腿肌群。手可以扶墙或椅子,收紧腹部,放松肩膀。呼气,小腿发力,收缩小腿三头肌,尽力慢慢抬起脚后跟,至最高点保持1~2秒。吸气,慢慢降低到起始位置。

变化动作 1：负重壶铃站姿提踵。

动作要领：手持壶铃置于体侧，膝盖自然伸直，保持挺胸收腹。这是动作的起始位置。收缩小腿肌群完成"踮脚尖"动作，过程中注意保持膝盖自然伸直，在顶峰处停留 1~2 秒，踮起脚保持 1~2 秒，还原时 2~3 秒。

臀踢跳：挺胸收腹，腰背平直；保持踢腿速度频率；脚后跟尽量贴近臀部。

前后踮脚尖：小腿持续紧张；在最高点停留，顶峰收缩。

(三) 腰腹肌训练

腹肌由四组主要的肌肉组成。腹直肌从耻骨延伸到胸腔，并在骨盆和胸腔之间，帮助移动身体。腹外斜肌位于腹直肌的两侧，使躯干扭转。腹内斜肌位于腹外斜肌下方，与腹外斜肌方向相反。腹横肌在腹斜肌的下方，包裹内部器官并稳定躯干。

卷腹动作主要锻炼上腹部肌肉，抬腿的动作主要锻炼下腹部肌肉，也会锻炼到上腹部肌肉，转体运动主要锻炼上腹斜肌。有效的腹部肌肉锻炼计划，应该兼顾上下两侧腹部肌肉。腹肌训练主要有卷腹、抬腿、侧身、体转等动作，见表 4-27。

表 4-27　腹肌训练动作

卷腹	腹直肌上部	蹬车式卷腹
抬腿	腹直肌下部	侧卧位抬腿、坐位抬腿、悬垂抬腿
侧身	腹直肌、腹内外斜肌	单车式卷腹
体转	腹直肌、腹内外斜肌	俄罗斯卷腹
静态稳定性训练	腹横肌、腹直肌	平板支撑

1. 卷腹

准备阶段：平躺在地板上，膝盖弯曲约 90°。背部平直平躺在垫子上，放松肩膀，双手支撑头部，肘部保持张开。

运动阶段：慢慢呼气，将胸腔拉向骨盆。保持颈部对齐，下巴远离胸部。吸气，回到起始位置。

错误动作：低头，下颌碰胸。纠正：应将下颌从胸部抬起，避免颈部的屈伸运动。

动作变化：做卷腹运动时，手的位置决定了运动的难度，把手放在脑后最难，其次是交叉在胸前，最容易的姿势是把手伸在身体前。

变化动作 1：仰卧屈腿卷腹。

动作要领：平躺在瑜伽垫上，背部贴住垫面，双脚并拢，双腿弯曲抬起，小腿与地面平行，大腿与地面垂直，双手交叉放在耳侧。这是动作的起始位置。保持下背部贴着垫面，慢慢将上身抬起，同时呼气，抬起的过程中挤压腹部。在顶端稍作停留后，慢慢回到起始位置，同时吸气。以上是一次完整动作，重复动作至推荐次数。

变化动作 2：触碰同伴仰卧起坐。

动作要领：平躺在瑜伽垫上，膝盖弯曲，双脚距离与臀同宽，双手交叉抬起到头部上方。搭档的双脚踩住练习者的双脚，一只手伸直放在练习者的膝盖上方。这是动作的起始位置;收缩腹肌将肩膀抬离地面,用双手去触碰搭档放在膝盖上方的手,同时呼气。在顶端稍作停留,然后慢慢回到起始位置,同时吸气。注意上身下降后,肩膀不要着地,使腹肌始终处于紧张状态。

以上是一次完整动作,让搭档不停地移动手臂位置,这样在重复动作的时候可以更加全面地刺激腹肌。

变化动作3:单车式卷腹。

动作要领:仰卧支撑头部,肘部保持张开。呼气,慢慢地将左肩移向右膝。吸气,将右肩转向左膝,让另一侧的肘部触地,另一侧的腿伸展。这个动作可以训练腹斜肌。

2. 坐姿交替收腿

动作要领:腿部、腹部持续发力。屈膝收腿时膝盖尽量贴近胸部。腹部发力带动躯干。双腿始终悬空。

动作变化:对于初学者,可以练习该动作,加强腹直肌的力量和耐力。对于有一定健身基础者,可以选择仰卧屈腿举腿动作。

变化动作1:仰卧屈腿举腿。

动作要领:腹部持续紧张,仰卧屈腿。臀部离开垫面,腿部伸直向上运动,直至脚尖指向天花板。腿部自然伸直,与地面垂直。

变化动作2:仰卧直腿举腿。

动作要领:平躺在垫子上,直腿上抬。这是针对下腹部肌肉的训练。

3. 俯身爬坡

动作要领:俯撑,保持腹部持续紧张,手臂自然伸直垂直于地面。提膝向上尽量靠近胸部,控制动作频率和身体稳定。

动作变化:可以改变屈腿后膝盖的方向,做外侧俯身爬坡的动作,膝关节朝向同侧肘关节,锻炼腹斜肌群。

4. 仰卧两头起

动作要领:仰卧于垫子上,腹部持续紧张,双手向上伸;四肢尽量保持悬空;仰卧起身的同时抬腿,双手双脚协调一致,双手、双腿伸直,在腹部正上方尽量接触。

动作变化:可以选择健身球完成这个动作,增加动作的难度。

变化动作1:健身球仰卧两头起。

动作要领:双手持健身球置于头顶上方,平躺于垫子上。仰卧起身的同时抬腿收腹,将健身球放置于腹部上方,同时两脚夹住健身球。回到仰卧位,再次完成仰卧两头起的动作,将健身球在腹部上方移交至双手,返回仰卧位。这是一次完整的动作,重复动作至推荐次数。

5. 跪姿健腹轮卷腹

动作要领:采用双膝跪地的方式,双手紧握健腹轮,收紧下颌,盆骨后倾,后背水平,腹肌及核心部位持续紧张,向前滚动健腹轮。在这个过程中双膝位置不变,双臂伸直,滚动到腹肌收缩"临界点"时收回健腹轮到初始位置,重复即可。

6. 哑铃俄罗斯转体

动作要领:呈V字坐姿坐于垫子上,屈膝90°并且脚底不接触垫子,将哑铃放在胸部并且双手抱住贴近身体,这是动作的起始位置。依靠腹部的力量转动躯干,控制动作不要过快。

动作变化:初学者可以徒手完成这个动作,体会正确的动作要领。有一定健身基础者可以选择负重哑铃或杠铃片完成该动作,增加动作的难度,还可以选择药球完成该动作,或两人配合完成药球抛接的俄罗斯转体。

变化动作 1:徒手俄罗斯转体。

动作要领:V 字坐姿,双手合拢于胸前,屈膝 60°~90°,保持小腿离开地面。依靠腹部的力量转体,过程中控制躯干的稳定,不摇晃。

变化动作 2:双人药球俄罗斯转体。

动作要领:搭档相距两米,面对面坐在各自的瑜伽垫上。双腿弯曲,双脚抬起,用臀部支撑地面。上身挺直,后倾约 45°。练习者用双手将药球抱于胸前。这是动作的起始位置。保持双手抱球,向右旋转上身,再向左旋转上身,再向右旋转上身,一共旋转 3 次。最后将球抛给搭档。搭档接到球后,重复练习者之前的动作,然后再将球抛回给练习者。以上是一次完整动作,重复动作至推荐次数。

变化动作 3:双人边对边俄罗斯转体传球。

动作要领:和搭档坐姿相距 1 米,并排坐在各自的瑜伽垫上。双腿弯曲,双脚抬起,用臀部支撑地面。上身挺直,后倾约 45°,练习者用双手将药球抱于胸前,这是动作的起始位置。保持双手抱球,向外旋转上身,再向内旋转上身,再向外旋转上身,一共旋转 3 次。最后将球抛给搭档。搭档接到球后,重复练习者之前的动作,然后再将球抛回给练习者。以上是一次完整动作,重复动作至推荐次数。

7. 双人平板支撑交替击掌

动作要领:和搭档面对面俯撑在瑜伽垫上,彼此靠近,做平板支撑的动作。这是动作的起始位置。双方同时伸出各自同侧的手,互相击掌,然后回到起始位置。换只手再次击掌,双手交替重复以上动作至推荐次数。

8. 双人弹力绳分腿站姿旋转推举

动作要领:搭档将弹力绳的一端固定在脚下,站稳,侧对练习者。练习者双手握住弹力绳的把手,左脚在前,右脚在后,微屈膝屈髋,双手在左膝前,双臂伸直,保持重心在左脚,这是动作的起始位置。快速伸膝伸髋站起,将弹力绳从右下侧拉至左上侧,双手双腿伸直。右侧转身呈直立站姿,并将重心移至右腿,同时将弹力绳拉至头顶上方。换另一侧完成,重复以上动作至推荐次数。

三、增强大学生肌力、耐力素质的体测周期训练方法

(一)赛(体测)前准备期

每年的九月份新学期开学,新同学加入学校体育训练队,进行系统的训练,我们称之为准备期。这个时期持续到第二年二月。

1. 每周一、三、五

早操 2 000 米,根据学生自身身体素质进行有氧训练,提高心肺功能。跑后检测心率,

要求心率达到每分钟 130 次左右。跑后注意韧带拉伸及跑的技术改正。下午进行慢跑后弓步和侧面弓步韧带拉伸。跑姿练习,20 米小步跑×2 次、30 米后蹬跑×2 次速度训练(练习时前脚掌积极抓地,注意前后摆臂幅度及手臂夹角角度)。

训练内容:100 米×2 次、400 米×2 次、800 米×1 次。注意弯道跑技术改进,注意摆臂,保持身体平衡。

2. 每周二、四

下午进行常规准备活动后进健身房训练专项力量。75%大强度杠铃半蹲 3 个一组,做 2 组,杠铃杆浅蹲 10 个一组,做 2 组。每组做完立刻高抬腿 10 个和向上纵跳 3 次放松。立卧撑 10 个一组,做 2 组,田径场地慢跑放松。

3. 每周六、日

休息或者放松性练习,比如进行一些球类运动等。

这个阶段在运动学上称之为冬训时期,相当于一粒种子埋入土里,生根发芽。要告诉学生,在这个阶段运动成绩可能没有明显提高甚至会退步,这是正常现象。

(二)赛(体测)前训练

通过前一个阶段的训练,学生的能力有一定的提高,但还没进入出成绩的阶段。接下来的训练阶段是 3~5 月份,随着气温转暖,肌肉比较容易活动开,神经系统和肌肉系统的配合会越来越接近最佳状态。可以在上一阶段的训练基础上提高运动强度,有针对性地进行专项练习。训练效果会慢慢显现出来,成绩会逐渐提高。

1. 每周一、三、五

早操 2 000 米,要求跑后心率保持在 130 次/分钟左右,田径场地直道跑弯道走一圈(总计 400 米)跑后注意拉伸放松。

下午进行速度训练,30 米×2 次、50 米×2 次、100 米×2 次、200 米×2 次(用心体验起跑和起跑后的加速跑),跑的小循环练习一组(提高弯道跑技术和速度耐力)。心率检测保持 150 次/分钟左右。跑后 1 分钟仰卧起坐两组。放松练习。

2. 每周二、四

准备活动后完成 30 米起跑练习×2 组、100 米×2 组、400 米×2 组,完成一个男(女)生的 1 000(800)米测试。要求达到 90%的运动强度。训练者心率检测达到 150~170 次/分钟。练后放松练习。

3. 每周六、周日

每天田径场地 4 圈,以及简单的拉伸练习后休息调整。

(三)赛(体测)前调整

一般是赛前一周,因为上一阶段的大强度训练身体可能出现疲劳,因而利用这一阶段把身体状态调到最好,同时有条件可摄入一些利于恢复的营养品。

1. 每周一、三

早操 2 000 米,下午 100 米×2 组(强度中等)。

2. 每周二

4 000 米慢跑,400 米×2 次(调整节奏、注意呼吸配合)。

3.每周四

早操20分钟左右慢跑,拉伸练习。下午休息。

4.每周五

200米变速×6次×2组(强度为200米27秒5左右)。

5.每周六比赛日

做一个赛前的准备活动。

(四)数据对照分析

从教学实践数据分析:大一进校自愿参与训练和检测的学生共计59人。其中男生28人,女生31人,对照普通组选取同样测试人数。进校后进行50米和400米测验。跟踪一年成绩对比:50米成绩,男生实验组快了0.9秒,提高10%;对照组快了0.2秒,仅提高2%。

女生实验组快了0.8秒,提高8%;对照组仅快0.2秒,提高2%。400米实验组男生平均成绩1分38秒。经过一年的训练后,平均成绩是1分19秒,速度提高19.3%,女生平均成绩1分48秒,一年后平均1分28秒,成绩平均提高18.5%。反观对照组的同学,一年后男女生400米平均成绩只提高8%和5%。

大学时期,大学生的身体正处在发育的最后黄金时期。以上的训练方法可以有效改善学生的肌力和耐力素质,同时兼顾长、短跑项目对身体素质的要求。

第三节 构建力量素质测评体系

通过查阅文献法完成了某民办高校大学生力量素质指标的理论优选,通过表面肌电测试和特尔菲法专家咨询,完成了力量素质指标的实验和专家优选,通过测量法完成了民办高校大学生优选力量素质指标横断面的测试,利用数理统计法进行了表面肌电测试数据的描述性统计、标准化、单(双)因素分析,完成了特尔菲法专家咨询数据的描述统计、平均数、满分率、变异系数、协调系数、专家积极程度及专家权威程度的计算。通过最小均方(LMS)法和直接计算法建立了民办高校大学生学生力量素质百分位数常模参照标准,并对标准进行了判别分析。

一、上肢表面肌电测试结果

民办高校大学生屈膝俯卧撑年龄、性别及交互效应差异显著的肌肉分别为2、7、6块,年龄效应差异显著的年龄对为110个,性别效应差异显著的肌肉为13块,年龄组为22个。

修正引体向上年龄、性别及交互效应差异显著的肌肉分别为3、3、6块,年龄效应差异显著的年龄对为116个,性别效应差异显著的肌肉为9块,年龄组为18个。其中,男生屈膝俯卧撑、修正引体向上及90°俯卧撑的年龄效应差异显著的肌肉分别为0、2、2块,年龄对分别为0、2、2个。

二、躯干表面肌电测试结果

民办高校大学生双臂胸前交叉仰卧起坐年龄、性别及交互效应差异显著的肌肉分别为1、

7、2块,年龄效应差异显著的年龄对为45个,性别效应差异显著的肌肉为9块,年龄组为5个。

双手大腿上仰卧起坐年龄、性别及交互效应差异显著的肌肉分别为5、6、5块,年龄效应差异显著的年龄对为101个,性别效应差异显著的肌肉为11块,年龄组为13个。

双臂体侧仰卧起坐年龄、性别及交互效应差异显著的肌肉分别为2、10、3块,年龄效应差异显著的年龄对为82个,性别效应差异显著的肌肉为13块,年龄组为11个。

90°俯卧背伸年龄、性别及交互效应差异显著的肌肉分别为3、7、4块,年龄效应差异显著的年龄对为54个,性别效应差异显著的肌肉为11块,年龄组为9个。平板支撑贡献率最大肌肉为肩部三角肌。

三、下肢表面肌电测试结果

大学生下蹲跳年龄、性别及交互效应差异显著的肌肉分别为4、5、8块,年龄效应差异显著的年龄对为147个,性别效应差异显著的肌肉为13块,年龄组为25个。

摆臂下蹲跳年龄、性别及交互效应差异显著的肌肉分别为2、7、6块,年龄效应差异显著的年龄对为37个,性别效应差异显著的肌肉为13块,年龄组为15个。

立定跳远年龄、性别及交互效应差异显著的肌肉分别为2、8、3块,年龄效应差异显著的年龄对为38个,性别效应差异显著的肌肉为11块,年龄组为6个。

四、特尔菲法研究结果

(一)专家积极程度
两轮专家积极性系数分别为0.47和0.93。

(二)专家权威程度
两轮专家权威系数分别为0.86~0.98和0.85~0.98。

(三)专家评价的协调程度

1.变异系数

首轮修正引体向上评分变异系数整体等于0.50,屈膝俯卧撑、90°俯卧撑评分变异系数均小于0.50,二轮变异系数均小于0.50。躯干5个力量素质指标中,90°俯卧背伸在男生组、平板支撑在学生组评分变异系数大于0.50,其余均小于0.50,二轮变异系数均小于0.50。下肢3个力量素质指标两轮评分变异系数均小于0.50。

2.协调系数

学生上肢屈膝俯卧撑、修正引体向上首轮的$W=0.221$,$X^2=24.753$,$P=0.000$,二轮分别为0.866、90.043、0.000。12~14岁男生上肢屈膝俯卧撑、修正引体向上和90°俯卧撑的首轮$W=0.221$,$X^2=24.753$,$P=0.000$,二轮分别为0.665、17.282、0.000。躯干双臂胸前交叉仰卧起坐、双手大腿上仰卧起坐、双臂体侧仰卧起坐、90°俯卧背伸和平板支撑首轮的$W=0.063$,$X^2=28.142$,$P=0.000$,二轮分别为0.358、148.829、0.000。下肢下蹲跳、摆臂下蹲跳和立定跳远首轮的$W=0.119$,$X^2=26.577$,$P=0.000$,二轮分别为0.719、149.556、0.000。

(四)专家评价的集中程度

1.大学生上肢指标

屈膝俯卧撑的首轮平均分为7.75,修正引体向上为5.79,二轮分别为8.56、5.37;男生上肢指标屈膝俯卧撑、90°俯卧撑及修正引体向上的首轮平均分分别为 8.71、7.93 和 7.36,二轮分别为 9.54、9.23 和 6.92。

大学生躯干指标双臂胸前交叉仰卧起坐、双手大腿上仰卧起坐、双臂体侧仰卧起坐、90°俯卧背伸和平板支撑的首轮平均分分别为 7.68、6.39、6.30、6.66 和 6.98,二轮分别为 8.72、5.98、6.15、5.70 和 6.21。

大学生 3 个下肢指标下蹲跳、摆臂下蹲跳和立定跳远的首轮平均分分别为 6.36、6.96、7.74,二轮分别为 5.88、6.77、8.90。

2. 满分率

大学生上肢指标屈膝俯卧撑的首轮满分率为 20.54%,修正引体向上为 16.07%,二轮分别为 36.54%、0.96%。男生上肢屈膝俯卧撑、90°俯卧撑及修正引体向上的首轮满分率分别为 28.57%、14.29% 和 28.57%,二轮分别为 69.23%、44.44% 和 7.69%。

大学生躯干指标双臂胸前交叉仰卧起坐、双手大腿上仰卧起坐、双臂体侧仰卧起坐、90°俯卧背伸和平板支撑的首轮满分率分别为 12.50%、2.68%、5.36%、16.96% 和 22.32%,二轮分别为 40.38%、1.92%、1.92%、3.85% 和 1.92%。

大学生下肢指标下蹲跳、摆臂下蹲跳和立定跳远的首轮满分率分别为 5.36%、14.29%、24.11%,二轮分别为 0.96%、0.96%、50.96%。

(五) 力量素质评价标准的研制结果

各力量素质指标 P50 实测值与 LMS 法拟合值的差值绝对值为:屈膝俯卧撑男生为 0.41~2.05 个,女生为 0.10~2.47 个;双臂胸前交叉仰卧起坐男生为 0.12~2.60 个,女生为 0.53~2.29 个;立定跳远男生为 0.32~11.17 厘米,女生为 0.38~6.87 厘米。

按照"P3、P10、P25、P50、P75、P90、P97"对三个指标进行了百分数建模,对 [P3,P10)、[P10,P25)、[P25,P50)、[P50,P75)、[P75,P90)、[P90,P100) 分别进行了 0、1、2、3、4、5 分赋值,建立了单项评分表。各指标各性别年龄组评分等级判别函数的 Wilks' Lambda 检验 $P = 0.000$,正判率区间为:屈膝俯卧撑男生为 94.80%~98.70%,女生为 89.70%~100.0%;双臂胸前交叉仰卧起坐男生为 91.10%~98.70%,女生为 92.10%~98.70%;立定跳远男生为 87.30%~100.00%,女生为 87.20%~100.00%。

大学生上肢年龄、性别通用性最大力量素质指标为屈膝俯卧撑,躯干为双臂胸前交叉仰卧起坐,下肢为立定跳远,三者为表面肌电测试优选指标。大学生上肢力量素质指标专家意见集中程度和协调程度最高者为屈膝俯卧撑,躯干为双臂胸前交叉仰卧起坐,下肢为立定跳远,三者为特尔菲法专家优选指标。特尔菲法优选与表面肌电测试优选结果一致,所选三个力量素质指标可以满足力量素质属性的考察要求。

屈膝俯卧撑与双臂胸前交叉仰卧起坐采用了 LMS 法、立定跳远采用直接计算法建立了百分位数常模参照标准。所建标准建立方法得当,评价等级清晰,判别效果较好,符合标准的使用要求。

专题五　大学生身体柔韧性训练

身体柔韧性是运动器官的机能特征,决定着身体各关节动作的幅度和灵活性。柔韧素质是身体健康的重要组成部分,是一项重要的身体素质。每个人都必须具备足够的身体柔韧性,才能保证完成日常活动。依据大学生发展不同柔韧性的阶段性目标,本专题将对柔韧性的内涵、影响大学生身体柔韧性的常见因素及改善和提高柔韧性的途径与方法进行深入的探讨。本专题采用不同生理学结构与机制发展起来的诸多拉伸练习方法,以激活人体柔韧性,强化交互式组合与时间顺序安排,促进提高民办高校大学生积极参加柔韧素质训练的重视度和自我训练的能力。

第一节　身体柔韧性与健康

人们常说"筋长一寸,寿延十年","筋"其实是说身体柔韧性,"寿延十年"的说法虽无据可查,但柔韧性对于身体的好处是毋庸置疑的。随着年龄的增长,人体的柔韧性也在不断下降。为了保持和改善身体的柔韧性,许多人选择拉伸和瑜伽等运动来伸展身体,维持身体正常的活动度。

一、柔韧性的内涵

柔韧性即柔韧素质,反映了人体各关节的活动幅度及肌肉、肌腱、韧带组织的弹性与伸展能力。身体柔韧性好可以改善血液循环,减少血液淤积,降低血栓形成的风险。柔韧素质越强,人完成弹性运动和伸展运动的能力越强。同时,能有效预防关节、肌肉、肌腱和韧带部位的运动损伤。柔韧性好与否,通常体现在各关节活动幅度上,关节活动幅度表现在人体可活动关节在其结构内进行伸展、收缩、旋转、环转的最大活动范围。

柔韧性好可以提高呼吸肌群灵活度,扩大胸廓收缩幅度,增加肺活量,改善呼吸,减少背部和腿部韧带关节僵硬程度,保持年轻矫健的步态。身体柔韧性的水平,不仅影响大学生的学习和生活,更会深度影响年轻人未来的生活质量。

柔韧性差意味着缺乏运动,关节和软组织发生变性、挛缩甚至粘连而限制了关节的运动幅度。在学习各种动作技能时,就容易出现错误动作、动作僵硬或做不到位,还容易引起肌肉和关节的损伤。柔韧性低下,不但影响人体的伸展和灵活性,还会限制力量、速度和身体协调能力的发挥。

(一)柔韧性与灵活性

柔韧性是指关节在其移动范围内的最大活动能力,包括两个方面的含义:一个是关节活动幅度的大小,另一个是跨过关节的肌肉、肌腱、韧带等软组织的伸展性。关节的活动幅度更多地取决于关节本身的结构。

灵活性是指关节顺畅完成其关节活动的能力。一般认为柔韧性和灵活性是相互影响的关系,当关节周围软组织的延展性降低时,关节活动幅度受限,会导致关节活动能力下降,即灵活性下降。如由于长期卧床容易引起肌肉萎缩,导致髋关节的活动幅度降低,从而引起最大活动能力也就是所谓的灵活性急速下降。

同理,关节灵活性下降也会导致关节周围软组织发生适应改变,引起关节周围软组织延展性下降,从而导致关节柔韧性降低。如关节损伤会引起关节周围组织产生应激性紧张,延展性下降,从而引起关节柔韧性下降。

总而言之,柔韧性是关节的延展能力,灵活性是关节的运动能力。灵活性训练的目的是促进关节自身活动能力,保持关节灵活的重点是让关节参与运动。同时,也反映身体各关节活动时,跨过关节的韧带、肌腱、肌肉、皮肤和其他组织的弹性和伸展能力。经常做伸展练习可以保持肌腱和韧带的弹性,关节的活动范围将明显加大,灵活性也将增强。可以减少由于动作幅度加大、扭转过猛而产生的肌肉和关节的损伤。

(二)柔韧分类

根据动力学特征,柔韧素质可分为静力性和动力性两大类。动力性柔韧素质表现在快速移动和移动范围大的动作中,如跑、跳、投等动作中,是肢体大幅度的移动;静力性柔韧素质一般指肌肉需要做等长收缩来保持身体姿势,如劈叉、弓身或某些静止动作。

二、影响柔韧性的因素

制约人体柔韧性及关节活动度的因素众多,如生理学基础、神经肌肉机制、肌肉特征及关节结构等。人们对主流的"肌肉-腱复合体刚度"模型及关于"肌肉微丝滑动"的假说仍存在质疑,它们都难以定量对实践操作予以指导。

影响柔韧性的因素可归纳为内在和外在两方面。内在因素如骨骼、韧带、肌肉量、肌肉长度、肌腱以及皮肤都会限制肌肉和关节的活动范围;外在因素包括年龄、性别、温度、是否受伤或身体障碍等,都会影响一个人的柔韧性。有些影响因素,如关节结构、年龄、性别等不能通过训练得到改善和提高,而肌肉、结缔组织、体内温度等因素可以通过训练得到改善。

(一)单个关节的固有结构

关节的活动范围由关节结构决定。关节结构是依据人体生理生长规律需要而形成的,其活动范围通常情况下是由关节头和关节窝两个关节面之差所决定的,两个关节面之差越大,关节活动幅度也就越大。例如,肩部的球窝结构赋予了它广泛的活动范围,当没有过度紧绷的肌肉或结缔组织的抑制时,肩膀是身体中最灵活的关节。相比之下,肘关节和膝关节这样的铰链关节则被限制在关节面这样很小的活动范围内运动。

(二)结缔组织

较深的结缔组织如筋膜和肌腱可以限制关节活动度,并具有一定的弹性和可塑性。随着时间的推移,结缔组织会失去水分,韧带和肌腱中的胶原蛋白被磨得变厚,而相对的更不灵活。此时,筋膜和肌腱会限制关节灵活性,导致柔韧性降低。

与肢体柔韧性相关的结缔组织有肌腱、韧带和筋膜三类。肌腱是使肌肉附着到骨骼上的桥梁,肌腱具备相当稳固的传递力的功能,协调肌肉群互相配合完成如弹奏之类的精细动作。肌腱抗拉性非常强,但是其伸展度却非常的小。一旦被强行拉长超过自身长度4%的时候,就有被撕裂的痛楚,而且彻底失去回弹力,最终导致肌肉与骨骼间结构的松弛与迟钝,功能受到严重的损害。

(三)本体感受器

本体感受器是肌肉和肌腱中收集运动和力负荷信息的微型传感器,可提供有关关节角度以及肌肉长度和肌肉张力的信息。当人们做有目的的谨慎缓慢的拉伸时,可以确保这些传感器不会发生痉挛或反射性动作,但这些动作的发生,对增强柔韧性是丝毫没有帮助的。

(四)其他因素

1. 年龄和性别

随着年龄的增长,由于组织退化、活动水平降低和其他因素,人的灵活性往往会下降。由于骨骼结构和荷尔蒙的差异,女性天生比男性更灵活。

2. 肌肉量

大块的肌肉如肩部三角肌会妨碍柔韧性。对于身体活跃的人和运动员来说,肌肉量和灵活性之间往往存在着权衡。

3. 受伤史

软组织的伤害会导致疤痕组织的堆积,从而限制肌肉的弹性,抑制柔韧性。受伤还会使人体产生称为肌筋膜触发点的纤维结节,引起疼痛,并限制人体的活动范围。骨骼和关节的损伤也会影响柔韧性。

三、柔韧性的益处

(一)减少受伤风险

一旦身体发展出力量和灵活性,将能够承受更多的身体压力。同时可以减轻或消除身体参与运动不同肌肉间的不平衡,降低在体育活动中受伤的风险。而纠正肌肉不平衡,一是需要加强活动不足的肌肉,二是需要拉伸过度活跃的肌肉。

(二)减少疼痛

缓慢而渐进地拉伸,每个姿势保持30秒(没有疼痛),有助于减少运动后的肌肉酸痛。例如,紧绷的腘绳肌会导致背部疼痛,而紧绷的肩带会导致颈部疼痛和头痛。长时间坐着的人,可能会发展出影响腰背和骨盆区域的紧致的髋屈肌,导致许多潜在的肌肉骨骼疾病。努力延长和打开这些部位的肌肉,疼痛感会减少,也不太可能经历肌肉痉挛。

(三)改善姿势和平衡

通过专门的柔韧素质训练,可以使关节韧带及协作肌肉组织的状态更加完善合理,让身体姿态及运动形态得到适当的调整并纠正不平衡,从而使自身存在的不良姿势得到有效改善。另外,随着身体柔韧性的锻炼提升,合理稳定状态改善范围的不断扩大,某些正确的姿势也会形成习惯而成为自然。

(四)有益于心理健康

经常做一些伸展身体的姿势,可以带来放松的感觉,身体上的好处可以延伸到精神上的放松,可以降低压力激素水平,改善悲伤情绪。

(五)帮助改善血液和组织的营养输送

通过拉伸提高了组织的温度,加速营养物质的运输和整体循环。反过来,又增加了活动范围,减缓了关节的退化。

(六)改善身体表现

增加关节活动的灵活性,身体可承受压力和运动幅度会更大,不易受伤。肌肉能更有效地工作,使身体变得轻松灵活。增强韧带和肌肉的伸展能力,有利于加大关节活动范围、提高肌力和速度的发挥,增加动作的协调优美感,有利于正确掌握技术动作要领,提高技术水平,从而获得最佳的机能水平。

第二节　身体柔韧性训练方法

一、柔韧性自我评价

在锻炼之前,做一些简单的自我测评,了解自己柔韧性的情况,更有针对性地进行改善和提高。

(一)上肢(肩关节)柔韧性测试

首先测量自己的手掌长度,即从腕横纹到中指尖距离,然后身体直立,双手包住拇指握拳,一只手由下向上以手背贴后背部,另一只手由上向下单手以手掌贴后背部,尽最大努力使两拳靠近。测量两拳间距离(测量时垂直距离),上下交换双手位置,重复以上测试,取最低分为测试得分。

【注意事项】

如果感到疼痛需要停止测试,对于患有颈部和肩部伤病(肩周炎、肩袖问题、神经痛)的人是禁忌动作。

评分标准:得分越高,柔韧性越好。

3分:上下两手间距离小于一只手距离。

2分:上下两手间距离大于一只手距离,而小于1.5只手距离。

1分:上下两手间距离大于1.5只手距离。

0分:测试过程中任何时候出现疼痛,得0分,需要尽快检查出现疼痛的原因。

(二)下肢柔韧性测试

选择高度在43厘米左右的椅子,坐在椅子的前边缘,大腿根部的折叠处应与椅子座位的前边缘对齐。然后,将优势腿向前尽量伸直,脚后跟着地,踝关节向上弯曲90°,即勾脚90°。另一条腿弯曲,稍偏向外侧,全脚掌着地(优势腿是在练习试验中得分高的那条腿)。

双手交叠中指对齐,从髋关节慢慢地向前倾,尽量用手够到或者将手伸过脚趾头。先进行两次练习,再进行两次测试试验,记录得分到最近的半英寸(1厘米)。如果没有够到脚趾头的终点,将得分记为负数(-);如果中指能够伸过脚趾头的终点,那么将距离得分计为正数(+)。脚趾端终点的位置代表零点,如果正好够到这个点,那么得分计为0。伸直腿的膝盖必须保持挺直。

【注意事项】

患有骨质疏松症的人,近期做过膝关节或髋关节置换术的人,或者向前伸会感到疼痛的人,不能进行此项测试。

二、膈肌主导腹式呼吸训练

学会呼吸能有效地增加身体的氧气供给量,使血液得到净化,肺部组织也能更加强壮。帮助人们更好地抵抗感冒、支气管炎、哮喘和其他呼吸系统疾病。与此同时,主动锻炼了横膈膜和肋间肌,增加有机体的活力与耐力,人就自然而然地感到精力充沛。

(一)膈肌及其功能

膈肌位于胸廓内部,是最主要的呼吸肌,呈轮辐状的扁薄阔肌,于胸和腹腔之间向上汇集成一个穹形屋顶,像一把撑起的大伞。吸气时,肋骨上升,膈肌收缩下降,圆拱形消失,变得平坦;吐气时,肋骨下降,膈肌放松上升,变回圆拱形。

(二)常见呼吸模式

生活中最常见的呼吸模式一般分两种:胸式呼吸和腹式呼吸。

胸式呼吸以肋骨和胸骨活动为主,吸气时,除膈肌收缩外,肋间外肌也会收缩,胸廓前后左右径均增加,胸腔会扩大而腹部保持平坦。腹式呼吸以膈肌运动为主,能够增加膈肌的活动范围,吸气时胸廓的上、下径均增大。一次约10~15秒的腹式呼吸能吸入约500毫升空气,横隔肌会下降,腹压增加,感觉好像是空气直接进入腹部,把手放在肚脐上会感觉手上下微微抬放。

(三)腹式呼吸训练

腹式呼吸训练也叫放松呼吸训练,是一种通过深且缓的呼吸方式来减轻压力进行放松的简单训练方法。腹式呼吸练习能够增强副交感神经兴奋度,使肌肉松弛,神经系统趋于平静。

在开始练习腹式呼吸的时候,有的人会有轻微的不适和头晕。长久坚持则能给身体健康带来极大的益处,不仅可以减轻压力,缓解紧张,还能使人精力充沛,提高耐力,有效地控制情绪,预防和治疗某些身体疾病。

有研究证明,膈肌每下降1厘米,肺通气增加250~300毫升。坚持半年之后,膈肌活动范围增加4厘米,肺功能大大增强。

腹式呼吸训练方法见表5-1。

表 5-1　腹式呼吸训练方法

步骤	方法
感受正常呼吸	在做腹式呼吸前,先感受自己的正常呼吸模式。仰卧位,全身放松,闭上双眼,一只手放在胸部,另一只手放在腹部肚脐处,保持正常的呼吸,感觉两手下方起伏的运动,并且比较两手的运动幅度,感受呼吸时胸部和腹部的运动。这样做可以帮助确认接下来腹式呼吸动作正确与否
吸气和呼气	腹式呼吸需要改变正常呼吸的幅度和节律。吸气时,最大限度地向外扩张腹部(腹部鼓起),胸部保持不动。具体的方法: 用鼻子进行深长而缓慢地吸气,同时腹部慢慢鼓起,越慢越好,肺部不动。吸气的同时肩膀不能抬,应全身放松。 吸气时,用手按住肚脐下方一寸的地方,当空气自然进入肺部时,会觉得手被推出一些,这样是为了确保吸气时把气吸到腹部。 呼气时,腹部缓缓回落,胸部保持不动,气流从嘴里长长地呼出来
控制好呼吸的时间	吸气时控制在 4~6 秒,体质好的人可以屏息 1~2 秒;呼气时控制在 2~4 秒,有能力的可以屏息 1~2 秒,一呼一吸最好掌握在 15 秒左右。 不要过分追求时间长度,并不是越长越好。初学者一般先从仰卧位开始训练,学会以仰卧位做腹式呼吸以后,可以尝试坐着做腹式呼吸,还可以进行四足支撑位呼吸训练

三、筋膜松解

筋膜是包裹在肌肉外层的一层膜。筋膜松解是指运用泡沫轴、按摩棒、扳机点工具对筋膜、肌腱和韧带等软组织进行梳理,有效缓解肌肉紧张的不适感和疼痛感的一种放松方法。筋膜放松注意事项与禁忌见表 5-2。

表 5-2　筋膜放松注意事项与禁忌示意表

注意事项	禁忌
放松部位从靠近身体中心部位逐渐过渡到远离身体中心部位。 不可直接放在骨头或关节处,应放在软组织上。放松过程中确保身体核心部位的稳定。 注意呼吸,不可憋气,疼痛时可深呼吸调整	心血管疾病、急性类风湿关节炎、疼痛静脉曲张、骨折、关节过度超伸、骨质疏松等人群

筋膜松解可以提高人体关节的活动度,改善肌肉不平衡,增强神经肌肉有效性,维持良好的肌长度,减轻关节压力,加速运动后机体恢复。

泡沫轴放松通过自身重量产生的下压力与泡沫轴对放松部位的支撑力,挤压因长时间、大强度运动后长度缩短的肌肉群。放松肌肉深层的神经,肌肉张力会增加,从而激活在肌腱位置的张力变化,抑制肌肉纤维内肌肉长度变化感受器——肌梭,降低该组肌肉的肌张力,最终放松肌肉,恢复肌肉功能性长度。

【泡沫轴放松技巧】

将泡沫轴或按摩棒放置在需要进行放松的肌肉处,慢慢滚动(移动)至最疼痛的位置,一般30~60秒。如果某处肌肉感觉特别疼痛,在该处多停留5~10秒,直到疼痛程度有一定下降。一般每周使用泡沫轴全身筋膜放松2~4次。

表5-3~表5-7为泡沫轴相关肌肉放松示意表。

表5-3　泡沫轴背部肌放松示意表

开始位置	(1)仰卧,将泡沫轴放在肩胛骨下方的位置。 (2)双手抱头,屈肘向两侧打开。 (3)双腿屈膝,臀部离地
放松方法	腹部收紧,双腿用力,膝关节伸展,推动身体向上移动,使泡沫轴滚动至肋骨最低的位置,来回滚动,并在肌肉酸痛点上停留一定时间
小贴士	臀部始终向上抬起,背部挺直并平行于地面

表5-4　泡沫轴臀肌放松示意表

开始位置	坐姿,将泡沫轴放在臀部下方。右手撑于身后,背部平直,腹肌收紧
放松方法	左脚掌用力向上,推动身体移动,使泡沫轴滚动至臀部略向下的位置。左右交替放松

表5-5　泡沫轴股四头肌放松示意表

开始位置	(1)俯卧,将泡沫轴放在双腿靠近骨盆的位置。 (2)双手撑地,支撑于肩部下方。双腿并拢与地面平行
放松方法	双臂用力,带动身体向上移动,使泡沫轴滚动至靠近膝关节的位置,来回滚动

表5-6　泡沫轴腘绳肌放松示意表

开始位置	(1)坐姿,将泡沫轴放在左大腿靠近坐骨的位置。 (2)肘微屈,双手支撑于身体后方。 (3)收紧腹部,背部挺直,身体后倾
放松方法	双臂用力,带动身体向上移动,使泡沫轴滚动至左腿靠近膝关节的位置
小贴士	注意双手支撑的位置,向后移动身体时避免双肩压力过大。保持收紧腹部,不要弓背

表 5-7　泡沫轴小腿肌群放松示意表

开始位置	(1)坐姿,将泡沫轴放在小腿靠近膝关节的位置。 (2)双手伸直支撑于身体后方,手指向外。 (3)双腿并拢,平行于地面,臀部离地。 (4)收紧腹部,背部挺直,身体后倾
放松方法	双手用力,带动臀部向后移动,使泡沫轴滚动至靠近跟腱位置
小贴士	对于肩关节损伤或体重过大的练习者,可能会因为上肢力量不足或肩关节压力太大而无法完成动作,应选择其他关节代替练习

四、拉伸训练

拉伸训练是世界各国的人们常用来改善柔韧性的方式,历史悠久到可以追溯至公元前,医学之父——希波拉底就在他的著作中详细地阐述了拉伸的方法。拉伸不仅改善柔韧性、肌肉长度和调整身体诸多关节的活动度,还可以放松肌肉,改善由于僵硬的肌肉循环较差而导致的新陈代谢下降,随着柔韧性、肌肉长度和关节活动度的提升,相关的运动损伤也会随之减少。

研究表明,关节活动度在拉伸练习后,会出现明显的提高,持续练习 3~4 周、每周 2~3 次的规律拉伸后,关节活动度能得到长期改善。

(一) 从不同角度对拉伸的区分

根据动作特征,拉伸训练可以分为静态拉伸、动态拉伸、弹震式拉伸。

静态拉伸:缓慢地拉伸肌肉、韧带到某一位置后静止不动,保持 10~30 秒,静态拉伸又分为主动静力性拉伸和被动静力性拉伸。练习瑜伽等动作就是主动静力性拉伸。借助同伴帮助、弹力带等辅助手段的静力性拉伸,称为被动静力性拉伸。每个拉伸动作重复 3~5 次。在呼气的时候,放松肌肉,在伸展的时候下沉得更深一点。专注于被拉伸的区域,限制其他肌肉的运动,尽量放松。

动态拉伸:指由节奏控制的、速度略快的多次重复同一动作的练习方法。这类方法不仅可以提高肌肉的伸展性与收缩性,还可以促进血液循环,从而提高肌肉的弹性和动作效率。动态拉伸整合多个关节参与运动,对肌肉力量和肌肉收缩速度均有较高的要求,能够帮助机体做好专项准备,常被设计用于运动员的专项准备活动、动作纠正练习。

根据施加外力方式的不同,分为主动拉伸和被动拉伸。

通过主动肌与拮抗肌交互抑制从而增加柔韧性的主动拉伸方法。PNF 拉伸俗称本体感觉神经肌肉促进疗法,最初应用于康复理疗,帮助提高身体柔韧性。PNF 拉伸要求将肌肉拉伸到关节末端,主动收缩被拉长肌肉 7~15 秒,之后将关节被动地移动到一个新的关节活动末端,并在这个位置上保持 20~30 秒,以上程序可重复数次,以实现进一步改善关节活动度的目的。

一般神经肌肉拉伸技术需要他人的协助来为肌肉主动收缩提供阻力,以及将关节被动地移动到新的活动范围。随着体育科学的快速发展,许多拉伸技术应运而生,在此主要介绍静态拉伸。

(二) 静态拉伸详解

1. 静态拉伸原理

静态拉伸动作匀速、缓慢且运动幅度小,牵张反射会受到抑制。当静态拉伸时间足够长时,就会激活高尔基腱器而导致肌肉放松,因此常被作为训练和比赛后使用的恢复手段。每块肌肉(肌束)都有特定的走向,都有起点和止点,拉伸肌肉是将这两点尽可能地远离,也就是完成与该肌肉活动方向相反的动作。比如,肌肉的功能是屈肘,在拉伸时则需要将手肘伸直。如果使用了错误的方法拉伸,则会增加受伤的危险。

2. 静态拉伸的原则

为了安全有效地拉伸,在进行练习时需要遵循几个原则:避免疼痛,缓慢拉伸,拉伸正确的肌肉,避免影响其他肌肉和关节。

一般静态拉伸的顺序应按照自下而上、从大到小进行。在运动结束后,由于血液受重力影响,大量积聚在下肢扩张的静脉与毛细血管网内。因此,静态拉伸最好按照下肢到躯干再到上肢的顺序,这样的顺序有助于静脉血回流。

先拉伸大肌肉群、后拉伸小肌肉群的顺序,除了血液大多集中在大肌肉群,需要率先回流的原因,同时也考虑到运动后大肌肉群的紧张度直接影响关节的活动范围,先进行大肌肉群的静态拉伸练习,有利于更好地放松。

美国运动医学院(ACSM)建议:在做拉伸运动之前做5~10分钟的热身运动。热身后身体微微出汗,之后再进行柔韧性练习,这样拉伸的效果最好,也是避免受伤的重要方法。体温升高后,肌内韧带和肌腱的黏滞性下降时,关节活动范围有所增加。

如果在身体温度相对较低的情况下过分地进行牵拉,会增加受伤的可能性。柔韧性运动应该成为锻炼的一部分,而不要依赖热身运动来增强柔韧性,建议安排在心肺耐力和阻力训练之后进行或单独进行练习。建议隔天至少做一次伸展运动,选择适当的运动类型,并按照适合的运动强度和时间进行锻炼,以获得最大的好处。

3. 静态拉伸禁忌证

急性损伤或肌肉拉伤,目标肌肉拉伸时撕裂,被急性风湿性关节炎累及的关节,骨质疏松症,特殊人群,如老年人、高血压病人、神经肌肉障碍者、关节置换者,在进行拉伸时需要注意。

4. 静态拉伸方法

ACSM建议运动者在进行拉伸练习时,当感觉到肌肉轻微紧张后,保持这一姿势10~30秒,这样就可以达到提高关节活动度的目的,延长拉伸的时间可能不会带来更多的益处。所有年龄段的人在进行PNF拉伸练习时,建议先进行3~6秒的低到中等强度的收缩练习(20%~75%最大随意收缩),紧接着进行辅助拉伸10~30次。

根据个人实际情况,每个柔韧性练习可重复2~4次,累计达到60秒。例如,同一动作可以重复拉伸2次,每次30秒,也可以重复拉伸4次,每次15秒。每周进行2~3天的拉伸就可以提高关节活动度,如果是每天拉伸则效果更好。

(三)静态拉伸练习动作

静态拉伸的练习针对身体主要的肌肉肌腱单元,包括颈部、肩带、胸部、躯干、腰部、大腿前后和脚踝。根据拉伸原则和表5-8~表5-28提供的具体拉伸建议,每一水平持续2~4周后进行评估测试,然后根据测试结果再进行下一水平的拉伸训练。

表5-8　不同柔韧水平拉伸建议

柔韧性测试结果	训练等级	柔韧训练实施建议
不及格	初级1	保持拉伸姿势5~10秒,两项拉伸之间间隔休息5~10秒,每项拉伸重复2次,牵拉感适度,每次训练10~15分,每周2~3次训练
及格	初级2	保持拉伸姿势10~15秒,两项拉伸之间间隔休息10~15秒,每项拉伸重复3次,牵拉感适度。每次训练15~20分,每周3~4次训练
中等	中级1	保持拉伸姿势15~20秒,两项拉伸之间间隔休息15~20秒,每项拉伸重复4次牵拉感中度。每次训练20~30分,每周4~5次训练
良好	中级2	保持拉伸姿势20~25秒,两项拉伸之间间隔休息20~25秒,每项拉伸重复4次牵拉感中度。每次训练20~30分,每周4~5次训练
优秀	高级	保持拉伸姿势25~30秒,两项拉伸之间间隔休息25~30秒,每项拉伸重复5次,牵拉感强烈。每次训练15~20分,每周4~5次训练

表5-9　上斜方肌拉伸动作要领示意表

步骤	具体动作要领
1	坐在椅子或凳子上,两脚分开一定距离,背部和腹部稍收紧。右手伸向身后,抓住椅子边缘。上半身向左倾斜,保持头部竖直。右肩或右侧上臂有轻微的拉拽感
2	试着向天花板方向抬起右肩保持5秒。请勿将身体转向两侧。休息几秒后将上半身向左侧再倾斜一些。现在,身体姿势就是正确的拉伸初始姿势了
3	小心地将头部靠向左侧并微微转向右侧。左手扶头部,小心地将头部拉向一侧,拉伸肌肉5~10秒,颈部和肩部感到轻微刺痛时停止动作。让肌肉休息5~10秒
4	将头向左移动以进一步拉伸,直至到达新的终止点
5	重复2~3次

表 5-10　胸锁乳突肌拉伸动作要领示意表

步骤	具体动作要领	说明
1	坐在凳子上,在锁骨的右侧,双手叠加用三个手指按住肌肉底部,拉伸右侧时,头微微向后侧和左侧移动,直到颈部右侧有轻微的牵拉感	胸锁乳突肌只有在头部保持直立位置时,肌纤维束才是最长的。不论是仰头、低头或者侧屈,胸锁乳突肌都是处于缩短的状态,长期"憋屈"的肌肉容易出现问题
2	保持该姿势 10~20 秒,换另一侧拉伸	

表 5-11　肩胛提肌拉伸动作要领示意表

步骤	具体动作要领
1	舒适地坐在椅子上,并使脊柱拉长,肩胛骨下降并保持其位置。低头使其靠向胸部,然后下颌右旋大约 45 度。右手放在头顶并轻轻下拉,直到感觉左肩胛提肌的牵伸。要稍微调整其头部的位置以利于牵伸,整个过程中确保脊柱被拉长
2	从起始位置开始,缓慢地抬起头颈部以对抗自己施加的阻力,左肩胛提肌等长收缩 6 秒,然后放松并调整呼吸。呼气时,通过更大幅度的收下颌以加强牵伸
3	上述动作重复 2~3 次

表 5-12　胸部拉伸动作要领示意表

	步骤	具体动作要领	说明
方法一	1	双脚并拢站立	不良姿势、如弯腰驼背,尤其是当你整天坐在桌子前弓着背,很容易使胸大肌紧绷,伸展胸部和肩膀前部可以改善姿势和肺部功能
	2	双手放在背后,手指交叉	
	3	轻轻向下按压	
	4	放松肩膀,让胸部打开	
	5	坚持 10~30 秒,重复 2~3 次	
方法二	1	呈俯撑姿势,右手伸直撑地,左手放在头后,背部保持平直,保持下肢髋关节稳定	
	2	头部及躯干向左旋转,目视上方,直至躯干前部有中等程度的牵拉感	
	3	保持 10~30 秒,回到起始姿势,换另一侧完成练习	

表 5-13　背阔肌拉伸动作要领示意表

步骤	具体动作要领	说明
1	双手和双膝着地,膝盖略宽于臀部。脚趾向内弯曲,在弯曲膝盖的同时向后推臀部	婴儿式拉伸可以放松背部肌肉,比如平时活动中绷紧的背阔肌
2	保持舒适的位置,向前伸直手臂,头向前下降到一个放松的位置	
3	保持这个姿势 15~20 秒,慢慢回到起始位置	
4	重复 3 次	

表 5-14　肩部拉伸动作要领示意表

步骤	具体动作要领
1	将一只手臂前移至等肩高,用另一只手抓住伸出的手臂,将它拉向胸部,同时保持伸出的手臂伸直
2	继续拉,直到感觉到肩膀的拉伸
3	保持 30 秒,换另一只手臂重复这个动作

表 5-15　前臂肌拉伸动作要领示意表

步骤	具体动作要领
1	左手掌心向上,向前伸直,右手抓住左手四指,向下拉伸,使左手前臂、手腕和肘部充分伸展,感觉前臂肌群有牵拉感,保持该姿势
2	初级重复 2 次,每次 10 秒
3	中级重复 3 次,每次 20 秒
4	高级重复 4 次,每次 30 秒

表 5-16　肱三头肌拉伸动作要领示意表

步骤	具体动作要领
1	双臂举过头顶,略置于脑后,肘部弯曲
2	用右手拉左肘,直到感觉肱三头肌被拉伸
3	保持 30 秒,另一只手臂重复这个动作

表 5-17　下背部拉伸动作要领示意表

步骤	具体动作要领	说明
1	面向天花板躺下,双臂向两侧伸展,放在地板上	长时间坐着或睡眠姿势不好会使腰部肌肉紧张和僵硬。腰部肌肉紧张不仅会导致腰部疼痛,还会导致臀部、骨盆和腿部疼痛。全天拉伸下背部肌肉有助于缓解肌肉紧张和僵硬
2	在保持右腿伸直的同时,将左膝向上拉向胸部,向右侧倾斜,然后慢慢地将左腿放下,盖住伸直的右腿	
3	保持肩胛骨平放于地面上,感觉背部的伸展大约 30 秒,然后重复做另一侧	

表 5-18　腹肌拉伸动作要领示意表

步骤	具体动作要领
1	俯卧,脸朝向地面,手掌面向地面,就好像要做一个向上推的动作
2	当骨盆牢牢地贴在地板上的时候,轻轻地把上半身从地上推起来
3	感到腹肌有些拉伸,在放松前保持这个姿势 30 秒

表5-19　腰侧肌群拉伸示意表

方法	步骤	具体动作要领
方法一	1	站直,双脚分开,臀部宽。抬起右臂,向左侧弯曲身体时,将手伸过头朝向左边
	2	慢慢地向左侧弯曲身体,直到能感觉到右侧的拉伸
	3	保持这个姿势30秒,然后换另一侧重复这个动作
方法二	1	呈坐姿,双腿伸直分开,保持背部平直,左手扶住右侧骨盆,右手上抬直臂带动身体尽可能地向左侧弯曲,直到右侧腰方肌有牵拉感
	2	保持这个姿势30秒,换对侧进行

表5-20　股四头肌拉伸示意表

步骤	具体动作要领
1	站直,用左手扶住一根杆子、一堵墙或任何能保持平衡的东西
2	用右手抓住右脚踝,上拉使脚跟尽量靠近臀部
3	在做这个动作的时候,保持两个膝盖紧靠在一起,感觉大腿前部有拉伸感,保持这个姿势30秒,然后换另一侧重复这个动作

表5-21　股后肌群拉伸示意表

步骤	具体动作要领	说明
1	坐在地板上,右腿向前伸直,左腿弯曲	如果够不到脚趾,试着抓住胫骨,每次做伸展时,要试着摸得更远,直到能摸到脚趾
2	双手向前伸触摸右脚趾,感受右腿后肌肉群拉伸	
3	保持这个姿势大约30秒,左腿重复这个动作	

表5-22　梨状肌拉伸示意表

步骤	具体动作要领
1	呈仰卧姿势,将左脚脚踝放在右腿膝盖处,保持背部紧贴地板
2	双手抱住右大腿的后侧,将右腿尽量拉向身体,直到梨状肌有中等程度牵拉感
3	保持这个姿势大约30秒,然后用另一条腿重复这个动作

表5-23　臀大肌拉伸示意表

步骤	具体动作要领
1	呈仰卧姿势,右腿伸直,左腿屈膝屈髋,保持头部和背部紧贴地板
2	双手抱住左侧腿并将其拉向胸部,直到臀大肌有中等程度牵拉感
3	保持姿势10~30秒,换对侧进行练习

表 5-24　天鹅式拉伸示意表

步骤	具体动作要领
1	右膝盖屈膝往前,右脚后跟靠近左胯,左腿往后拉伸,呼气时上半身往前倾,胸部枕在大腿上,双手前伸,感受右侧臀肌的拉伸感
2	保持姿势约 30 秒,换另一侧进行练习

表 5-25　大腿内侧肌群拉伸示意表

方法	步骤	具体动作要领	说明
方法 1	1	坐姿,将双脚脚底放在一起	大腿内侧紧绷的肌肉会导致大腿上部向内旋转,从而导致膝盖疼痛。大腿内侧太紧也不能稳定膝盖,所以腘筋必须配合,这就增加了受伤的风险
	2	用手抓脚	
	3	慢慢向前倾直到感觉到拉伸感	
	4	坚持 10~30 秒,重复 2~3 次	
方法二	1	右腿侧跨一步呈侧弓步,两手扶住大腿根部,尽量问下拉伸,尽可能地将右侧大腿与地面平行,感受左侧大腿内侧肌群拉伸感	
	2	保持 15~30 秒	
	3	换另一侧进行	

表 5-26　小腿肌肉拉伸示意表

步骤	具体动作要领	说明
1	靠墙伸展站起来,双手放在墙上	小腿肌肉紧绷会导致跟腱的慢性疼痛,并导致足底筋膜炎和胫骨夹板。穿高跟鞋会缩短小腿肌肉,还会导致足底筋膜炎,以及足部和脚踝问题
2	右腿向后伸直	
3	轻轻地把脚后跟压在地板上,直到感觉到拉力	
4	保持背部挺直	
5	坚持 10~30 秒,重复 2~3 次	
6	换另一侧重复	

表 5-27　屈髋肌拉伸示意表

方法	步骤	具体动作要领	说明
方法一	1	以标准健步姿势站直,右腿在前,左腿在后,腹部收紧,背部平直	紧致的屈髋肌与紧致的股四头肌相对应,导致骨盆前倾,增加了腰背部的曲线,导致腰背部疼痛。屈髋肌紧绷是由于长时间保持坐姿造成的
	2	双手放在右腿膝关节处,右腿膝盖不要超过脚趾	
	3	向下拉伸直至髂腰肌有中等拉伸感,保持约 30 秒	
	4	重复左侧动作	

表 5-27（续）

方法	步骤	具体动作要领	说明
方法二	1	两腿前后分开成一条直线，前腿的脚后跟、小腿腓肠肌和大腿后肌群压紧地面，脚尖勾紧上翘，正对上方	这个动作主要用来练习大腿前后侧和髋部柔韧性。可做上体前俯、压紧前面腿的前俯压振动作，亦可做上体后屈的向后压振动作，增大动作难度和拉伸幅度，动作幅度由小到大，逐渐用力
	2	后腿的脚背、膝盖和股四头肌压紧地面，脚尖指向正后方	
	3	髋关节摆正与两腿垂直，臀部压紧地面	
	4	双手撑地，上身正直	
	5	努力使身体向下振压，至两腿前后分开呈一条线坐于地下为合格	

表 5-28　踝关节拉伸动作要领示意表

步骤	具体动作要领
1	跪姿，右腿在前，左腿在后，上体保持正直，双手握一直杆，置于右脚尖前方，将右腿膝盖尽量向杆靠拢，拉伸踝关节至感到牵拉感
2	保持 10~30 秒
3	换另一侧进行练习

第三节　拉伸练习改善不良姿态

拉伸练习的目的是通过促进关节周围软组织的延展性，来提高关节及关节系统的活动范围，保持关节柔韧性的重点是让关节活动到一定幅度，使周围软组织获得足够量的伸展。人体容易发生肌肉紧张的部位见表 5-29。对这些部位的肌肉进行拉伸，能改善人体不良姿态，如上交叉综合征（如圆肩）、下交叉综合征（如腰椎前凸、骨盆前倾），可以缓解背部疼痛等症状。

表 5-29　人体容易发生肌肉紧张的部位

肌肉	拉伸原因
胸肌	防止不良姿势
肩膀面前	防止不良姿势
髋关节	防止驼背姿势、背痛、拉伤肌肉
大腿（腿筋）	防止驼背姿势、背痛、拉伤肌肉
大腿内侧肌	防止背部、腿部和脚部的劳损
小腿三头肌	避免疼痛和跟腱损伤（可能由跑步和跳跃引起）
下背部	避免疼痛和跟腱损伤（可能由跑步和跳跃引起）

一、圆肩的拉伸训练

圆肩常见于久坐办公室、长期伏案工作学习的人群。圆肩潜在的损伤可引发肩部疼痛或头痛等。通过拉伸功能上紧张的肌肉,锻炼功能上被抑制的肌肉,增加颈椎伸展和肩胛骨前伸上提的练习,减少肩部伸展和肩关节外旋的动作,可以缓解圆肩的症状,表5-30是圆肩拉伸训练方法。如果配合一些分离强化式训练和动态动作的整合训练,效果会更好。

表5-30　圆肩的拉伸训练方法

步骤一:松解的肌肉	组数	持续时间
胸椎	1	30秒
步骤二:静态拉伸的肌肉	组数	持续时间
胸锁乳突肌	1	30秒
肩胛提肌	1	30秒
斜方肌上束	1	30秒
胸肌	1	30秒
步骤三:强化训练	组数	次数
四足支撑抗阻收下颌练习	1~2	10~15
地板俯卧提拉肩胛练习	1~2	10~15
步骤四:动态动作整合训练	组数	次数
瑞士球复合练习(保持颈椎后伸)	1~2	10~15

二、下腰背部疼痛的拉伸训练方法

下腰背部疼痛的拉伸训练方法见表5-31。

表5-31　下腰背部疼痛的拉伸训练方法

自我筋膜松解	组数	持续时间
股四头肌	1	30秒
静态拉伸	1	30秒
屈髋肌群	1	30秒
髋内收肌	1	30秒
股后肌群	1	30秒
梨状肌	1	30秒
腰方肌	1	30秒
臀肌练习	1~2	10~15秒
核心稳定肌群练习	1~2	10~15秒

表 5-31(续)

自我筋膜松解	组数	持续时间
臀桥练习	1~2	10~15 秒
弹力侧向行走	1~2	10~15 秒

三、发展柔韧性的误区与事实

误区之一:肌肉的伸展练习是最好的准备活动内容。

事实:肌肉的伸展练习只是准备活动的一个组成部分。为了防止损伤和肌肉疼痛,在做肌肉的伸展练习前,一定要进行大肌肉群参与的运动 5~10 分钟,如快走或慢跑,使身体微微出汗。当体温升高后才可进行肌肉的伸展练习。

误区之二:力量练习会使柔韧性下降。

事实:肌肉组织的增加与柔韧性的下降根本没有因果关系。但是不科学的力量练习的确会导致柔韧性的下降。只要在力量练习时,使关节在其运动能够达到的范围内都得到负重锻炼,就可以解决力量练习和发展柔韧性之间的矛盾。此外,力量练习后必须做肌肉的伸展练习,防止出现软组织挛缩而影响柔韧性。

误区之三:柔韧性越强越好

事实:柔韧性越强关节的稳定性越差,过度的柔韧性有时会因为关节稳定性的下降而引起损伤。可以采用发展肌肉力量的方法,来弥补因韧带松弛而导致的关节稳定性下降。

误区之四:年龄的增长是导致柔韧性下降的主要原因

事实:柔韧性下降与缺乏锻炼有关,而年龄的增长并非起决定作用。随着年龄的增长,人体的柔性逐渐下降,韧性不断增强,这是人体生长的自然规律。年龄大的人发展柔韧性要比儿童困难得多,但是如果坚持锻炼,仍然可以保持较强的柔韧性,坚持锻炼是提高和保持柔韧性的决定因素。

第四节　科学安排柔韧练习

柔韧性练习要循序渐进、持之以恒,才能收到良好的效果。同时,还需要根据自己柔韧性发展的具体情况,在安排练习时注意每周练习的次数、每次练习的强度和重复次数。青少年时期,肌肉韧带的弹性、伸展性具有较强的可塑性,在这一时期,注意发展柔韧素质,可以获得比较理想的效果。下面是科学安排发展身体柔韧性的基本要求:

(1)在做柔韧性练习之前一定要做热身活动,以身体感到微微出汗为宜。

(2)每周应进行 3~5 次的柔韧练习。发展柔韧性需要时间作保证,低强度、长时间和多次数是柔韧性练习的基本特征。

(3)柔韧性练习的强度应逐渐增加。肌肉、关节的伸展强度应随着肌肉和关节活动范围的逐渐增大而逐步加大,做到"酸加、痛减、麻停"。

（4）要循序渐进地安排柔韧性练习时间。在柔韧性练习的起始阶段，对每一项内容要重复进行 3 次，每次使肌肉和关节保持静止 10 秒钟即可，经过一段时间的练习后，重复次数和保持时间可以逐渐增加到 3 次以上和 30 秒钟。

（5）柔韧性练习应兼顾到身体各关节和肌肉柔韧性的全面发展。

专题六 提高机体平衡能力

本专题从梳理平衡能力素质内涵与训练方式入手,对于平衡能力训练动作的设计,选取了从低阶到高阶循序渐进的方法,应用理论与实践相结合的研究范式,重视静态平衡能力与动态平衡能力的共同发展与提高,青年大学生应在认真了解自身体能水平和健康状况的基础上,通过学习这些练习方法,将平衡练习有机融入日常运动的准备活动、日常的力量训练和结束前的整理活动中,选择更加适合自己的平衡练习动作。

第一节 平衡能力素质

一、平衡的内涵

平衡是指身体所处的一种姿态以及在运动或受到外力作用时,能自动调整并维持姿势的一种能力。平衡可分为静态平衡、动态平衡和反应性平衡。

(一)静态平衡

静态平衡是当人体或人体某一部位处于相对静止状态时,维持身体某种特定姿态一段时间的能力。当在站或坐的时候,维持重心的能力,如站立、金鸡独立、倒立、射箭等动作均为静态平衡。静态平衡能力表现为无干扰姿势的维持能力和受干扰姿势的控制能力。

(二)动态平衡

动态平衡是人在运动过程中控制身体重心和调整姿势的能力,如蹦床、体操、花样滑冰、游泳等均需要很好的动态平衡能力。动态平衡包括自动态平衡和他动态平衡。

1. 自动态平衡

自动态平衡是人体在进行各种自主运动如由坐到站或由站到坐等各种姿势转换时,重新获得稳定状态的能力。

2. 他动态平衡

他动态平衡是人体对外界干扰如推、拉等产生反应、恢复稳定状态的能力。

(三)反应性平衡

反应性平衡是身体受到外力干扰破坏了平衡状态,人体做出保护性、调整性反应,以维持或建立新的平衡,包括保护性伸展反应和迈步反应两个方面。

1. 保护性伸展反应

人体站在一个比较坚固的支撑面上,受到一个较小的外界干扰如推一下时,身体重心以踝关节为轴,进行前后转动或摆动,或通过髋关节的屈伸活动,调整重心、保持身体稳定性的能力叫作保护性伸展反应。

2. 迈步反应

当外力干扰过大时,身体摇晃增加,重心超出其稳定极限,人体会自动向用力方向快速跨出或跳跃一步,来重新建立身体重心的平衡能力叫作迈步反应。

平衡的这种分类包括了人体在各种运动中保持、获得或恢复稳定状态的能力,具有一定的科学性和完整性。

二、维持平衡的生理机制

研究认为,人体正常姿势的维持依赖于中枢系统对视觉、本体感觉和前庭觉信息的协调以及对运动效应器的控制。此外,大脑平衡反射调节、小脑共济协调系统以及肌群的力量也参与了人体平衡功能的维持。为了便于理解,可简化为感觉输入、中枢整合和运动控制3个环节。

人体通过视觉、躯体感觉、前庭觉的传入来感知身体所处的位置及其与周围环境的关系。视觉系统的信息由视网膜收集,经视通路传入视中枢。躯体感觉传递肌肉、关节、肌腱等各有关效应器官状态的信息。前庭觉是维持平衡、感知机体与周围环境相关的主要结构,包括三个半规管感知人体角加速运动和椭圆囊、球囊(耳石器)感知瞬时直线加速运动。这3种感觉信息在多级平衡觉神经中枢中(脊髓、前庭核、内侧纵束、脑干网状结构、小脑及大脑皮质等)进行整合加工,并形成运动方案。

当体位或姿势变化时,中枢神经系统将3种感觉信息进行整合。迅速判断何种感觉所提供的信息是有用的,何种感觉所提供的信息是相互冲突的,并加以取舍,最后下达运动指令。运动系统以不同的协同运动模式控制姿势变化,将身体重心调整回原来的范围内,或建立新的平衡。当平衡发生变化时,人体通过踝关节、髋关节和跨步调节3种调节机制,或以姿势性的协同运动模式来应变。

三、影响平衡的因素

(一) 生理因素

中枢神经系统具有对人体三大感受器的整合分析能力与对运动效应器的控制能力,任何一个部分受损均可引起平衡障碍,练习平衡时会重新训练大脑发送的工作肌肉的神经肌肉通路。那些有视力障碍的人和那些近视或远视未矫正的人,更有可能失去平衡。内耳健康也与平衡有关,内耳中的液体检测身体姿势,耳部疾病如耳部感染、眩晕和耳垢阻塞也会影响平衡。这些感受器均可检测身体位置的变化,例如坐在椅子上,闭上眼睛,将一只手臂举过头顶,可以感受到当肩膀上的肌肉收缩时,神经系统就会向大脑发送信息,告知位置变化、方向变化、力量大小变化,从而维持平衡。

(二) 力学角度的因素

重心高低、支撑面积、支撑面稳定性等力学因素会影响平衡。接触面是与人在各种体位下(站立、坐、卧、行走)所依靠的表面。支撑面小、重心高,位于支撑的边缘是最不稳定的,此时平衡性就会受到影响。当两腿并拢时,支撑力较窄难以保持平衡;当两腿相距较远时,支撑的基础较宽,便容易保持平衡。例如,走在滑的人行道或潮湿的游泳池甲板上,比走在硬木地板或水泥人行道上更困难,平衡力的训练恰恰就是利用这些不利因素进行各种不稳定训练,来提高人体的平衡能力。

(三)其他因素

环境因素会影响平衡,如光照条件,在有灯的走廊上行走会比在灯光昏暗的走廊上行走更容易。腿部和臀部的肌肉薄弱或紧张会影响平衡,臀部和膝盖的肌肉疲劳会影响姿势的稳定性。如果肌肉很弱,将不能长时间保持平衡,走路时可能会有前倾或左右倾的情况。如果肌肉很紧绷,就无法满足一些运动所需要的活动范围,这可能会限制平衡能力。平衡还受到听觉、年龄等因素的影响,一般随年龄的增长而下降。

四、平衡的益处

平衡能力是人体维持站立、行走以及协调地完成各种动作的重要保障,是一切静态与动态身体活动的基础。跑步时,每次脚着地都在保持平衡。做卧推时,在平衡杠铃的同时也在凳子上稳定身体。平衡能力不佳会增加踝关节受伤的风险,而且男性比女性更容易发生这种情况。平衡力差容易跌倒,尤其是老年人。平衡还有助于改善脊柱在静止或移动中的稳定性和姿态。

平衡训练变得越来越受欢迎,因为它被认为是健身的一个组成部分,不仅可以提高生活质量,满足日常生活中的活动需要,还可以提高健康和运动表现。平衡训练主要用于损伤的康复,但是它也可以帮助预防脚踝和膝盖在娱乐和运动中的损伤,有助于减少脚踝旧伤的复发。改善平衡可以减少摔倒的可能性,有助于在任何年龄保持自信,提高自我效能感。

第二节　提高平衡力的训练

青年大学生拥有好的平衡力可以使身体有效运作,一旦在运动过程中不能保持平衡,就会极大地影响运动训练效果,甚至会导致身体受伤。

一、平衡训练的原则和设备

(一)平衡训练原则

平衡训练动作要循序渐进,逐步递增难度,一般从稳定支撑面开始训练,逐步过渡到不稳定面。还可以根据需要改变视觉环境,如睁眼、闭眼情况下的训练。或者根据身体位置改变,如头部转动、手臂位置改变等进行训练。通过这些变化,实现平衡训练的不断进阶,使大学生在本体感受丰富的环境中,逐渐提高自身的平衡能力。

请牢记平衡训练原则:

(1)从最稳定的体位通过训练逐步发展到最不稳定的体位。

(2)从静态平衡进展至动态平衡。

(3)支撑面积由大到小。

(4)身体重心由低到高。

(5)自我保持平衡到破坏平衡时维持训练。

(6)训练时由闭眼到睁眼。

(7)先从无设备平衡训练,进阶到简单设备训练,最后可以进行仪器平衡训练。

(二)平衡训练常见工具

训练工具有平衡盘、健身球、波速球、泡沫轴等,能够丰富训练环境,帮助大学生改善和挑战平衡练习。

1.平衡盘

平衡盘是一个扁平的枕头形状的圆盘,可以充气以达到不同的平衡水平。圆盘里的空气越多,平衡就越困难。

2.健身球

健身球可以做多种多样的平衡练习动作,能够很好地兼顾锻炼身体不同部位。健身球一般直径在 45~85 厘米不等,球越膨胀,平衡就越困难。选择一款合适的健身球的标准是:坐在球上,大腿与地面平行,膝盖角度达到 90°。健身球选择建议见表 6-1。

表 6-1 健身球选择建议

适合身高/厘米	直径规格/厘米
<165	55
165~180	65
>180	75

3.波速球

波速球的外形一面是突起的半圆,另一面是坚硬平坦的面。将平面或球面朝上可以做骨盆脊椎的稳定训练和平衡练习,还能提高运动强度,达到燃烧脂肪的效果。大多数人选择使用直径 5 厘米的波速球,它能承受 160~180 千克的重量。

4.泡沫轴

泡沫轴又叫瑜伽柱,是肌肉放松神器,可以消除肌肉紧张,也可以加强核心肌肉力量,锻炼身体的平衡性和灵活性。

二、平衡训练动作

如果平衡能力较差,可以从俯卧位开始训练。俯卧位平衡练习示例见表 6-2。

表 6-2 俯卧位平衡练习示例

阶段	动作要领	难度等级
阶段 1 静态训练	起始位置:四肢着地开始保持身体平衡	初级:保持脊柱的平直
阶段 2 静态训练	(1)抬起一条腿离开地板; (2)保持 5 秒; (3)用另一条腿重复; (4)举起一只手离开地板; (5)保持 5 秒; (6)用另一只手臂重复; (7)向前伸出一只手臂,另一条腿放在离地 10 厘米的地方; (8)保持 5 秒; (9)在另一侧重复上述动作; (10)将一只手臂向前伸,另一条腿向后伸,与躯干保持在一条直线; (11)保持 5 秒; (12)对侧重复	初级:从一条腿或一只手臂开始。 中级:同时抬起弯曲的手臂开始。 高级:同时抬起伸直的手臂和腿;增加时间
阶段 3 动态训练	(1)在静态平衡的姿势中,将肘部向膝盖靠近,然后向后伸展; (2)做 5 次,然后换到另一边	中级:使用更小动作保持手臂和腿弯曲。 高级:使用更大动作伸直手臂和腿;增加时间
阶段 4 静态健身球训练	(1)臀部放在球的上方,脚趾放在后面的地板上; (2)将手放在球前的地板上; (3)向前伸出一只手臂,向后伸出一条腿,直到与躯干保持一致; (4)保持 5 秒; (5)在另一侧重复上述动作	中级:手和脚趾靠近球;增加时间 高级:将手和脚趾放在离球更远的地方
阶段 5 静态俯卧支撑训练	(1)将手和脚抬起后回到初始位置位置; (2)伸展一只手臂和对侧一条腿,直到它们与躯干成一条直线; (3)保持 5 秒; (4)再换另一边做	高级:将手和脚抬起后回到初始位置
阶段 6 动态俯卧支撑训练	(1)从静态平衡开始向上推; (2)伸展一只手臂和对侧一条腿,直到它们与躯干成一条直线; (3)同时放下手和脚,直到接近地板,回到起始位置; (4)做 5 次,然后换到另一边	更高级:将手和脚抬平并保持

在锻炼计划中,专门进行每次 15~20 分钟,每周 3 次的平衡练习,也可以在不增加额外时间的情况下进行平衡练习。在运动前用平衡练习作为热身,在运动结束后用平衡练习作为放松,还可以在重量训练中进行平衡练习。

在准备运动或放松阶段加入平衡练习,见表6-3,以及在力量训练时,加入平衡练习。在运动中可以徒手进行平衡练习,还可以借助健身小工具增加平衡练习的效果。

表6-3　平衡训练示例表

水平	动作要领
初学者	静态单腿平衡:单腿站立,另一条腿屈膝抬离地面,使大腿水平(可靠墙或手扶墙完成练习)
进阶1	侧腿摆动,添加运动(动态平衡):摆动腿前后10秒
进阶2	脚画圈:从一个静态平衡开始,顺时针或逆时针旋转
高阶者	波速球或平衡盘平衡

在健身的时候,利用健身球、波速球等代替现有健身计划中的长凳、仰卧、坐姿等,兼顾训练平衡力,具体见表6-4。

表6-4　加入平衡训练示例动作示范表

动作	动作要领
用哑铃保持单腿平衡	在做3组肱二头肌弯曲时,首先在右腿上做1组平衡,再在左腿上做1组平衡
单腿平衡,使用哑铃和波速球	一旦单腿练习变得容易,就可以尝试使用波速球圆顶向上的方式
健身球胸肌练习	稳定性球或波速球可以代替训练中仰卧的长凳或座椅。开始时先做一组波速球或健身球的练习,然后增加到两组或更多
反向波速球俯卧撑	在健身计划中增加平衡的另一个选择,是在目前的健身计划中进行一次锻炼(比如俯卧撑),使用波速球锻炼两周
健身球坐式头顶肱三头肌伸展	使用健身球进行头顶坐位伸展

(一) 单足站立动态平衡训练

单足站立动态平衡训练动作要领见表6-5。

表6-5　单足站立动态平衡训练动作要领示意表

步骤	动作要领
准备阶段	双脚分开站立,与臀部同宽,收腹立腰,放松肩膀
运动阶段	呼气,慢慢向左倾斜,将身体重心移到左脚
	让右脚离开地板,向身体一侧抬起
	保持5秒(大约2次长时间的深呼吸)
	吸气,慢慢回到起始位置
	重复向右侧倾斜,将身体重心移至右脚
动作变化	增加到10秒约4次长时间的深呼吸,闭着眼睛进行该练习

表 6-5(续)

步骤	动作要领
错误动作	躯干前倾。纠正:保持肩膀、臀部和膝盖在一条直线上
	头和脖子向前拉。纠正:保持下颌与地板平行
进阶动作 1	将腿向前摆动 45°,然后向后摆动 45°,完成 8~10 次
进阶动作 2	使用波速球或平衡盘训练单腿平衡
进阶动作 3	在支撑腿附近放置一组椎体,另一只手臂依次接触椎体。把肚脐拉向脊柱,慢慢地吸气,用左手触摸每一个圆锥体。呼气,慢慢回到起始位置。重复以上步骤,用右手触摸每个锥形桶,重复这个动作。用右腿站立,用左手触摸,逐步加快速度
进阶动作 4 单足站立加头部 转动训练	左腿离墙 15 厘米,双臂交叉放在胸前。将肚脐拉向脊柱,放松肩膀。 呼气,慢慢地将躯干转向左侧,保持支撑腿的臀部和脚趾面向前方。 吸气,慢慢回到起始位置。保持 30 秒,然后向右侧转动
进阶动作 5 单腿站姿触脚	用右腿站立,收腹,保持脊柱骨盆的中立位,放松肩膀。 呼气,慢慢地用右手接触躯干前面的左脚。吸气,慢慢回到起始位置。 坚持 30 秒。 用左手摸右脚,左腿站立,重复上述动作。 将时间增加到 45 秒。 将时间增加到 60 秒。 错误动作:躯干前倾太远。 纠正:将腿抬高与手接触

(二)泡沫轴辅助平衡训练

泡沫轴辅助平衡训练动作要领见表 6-6。

表 6-6　泡沫轴辅助平衡训练动作要领示意表

动作名称	动作要领
泡沫轴仰卧平衡	(1)仰卧,头部、脊椎和臀部与泡沫滚轴接触; (2)双脚与肩同宽,双手放在腹部; (3)将肚脐拉向脊柱,放松肩膀; (4)双脚并拢,保持 10~30 秒
泡沫轴仰卧平衡加手臂动作	(1)将右臂向上伸展,左臂向下伸展,使它们与地面平行; (2)换手臂,保持 10~30 秒
泡沫轴仰卧平衡药球上举	(1)双臂伸直,但不要抱紧,将一个药球举过胸部; (2)双臂降低到头部后面,直到双臂与地面平行; (3)坚持 10~30 秒; (4)回到起始位置

表 6-6(续)

动作名称	动作要领
泡沫轴仰卧平衡平抬腿练习	(1)双手放在腹部,左腿伸直,直到与膝盖平齐; (2)保持 10~30 秒; (3)抬起右腿重复上述动作

(三)瑜伽球坐姿平衡训练

瑜伽球坐姿平衡训练动作要领见表 6-7。

表 6-7 瑜伽球坐姿平衡训练动作要领示意表

动作名称	动作要领
健身球坐姿训练	(1)坐在健身球的顶部,双脚安全地放在与肩同宽的地板上; (2)保持背部挺直,双手放在臀部; (3)收腹立腰,放松肩膀。 进阶: (1)通过双脚并拢来缩小支撑的基础; (2)保持 5~10 秒
健身球坐姿屈腿抬腿训练	(1)慢慢地将右脚抬离地面; (2)保持 5~10 秒; (3)将右脚放回地面,左脚重复上述动作
健身球坐姿抬腿训练	(1)慢慢地将右腿向前伸直; (2)保持 5~10 秒; (3)将右脚放回地面,左脚重复上述动作
健身球坐姿抬腿抬手臂训练	增加手臂上下的运动,同时保持腿离地

(四)波速球蹲训练

波速球蹲训练动作要领见表 6-8。

表 6-8 波速球蹲训练动作要领示意表

动作名称	动作要领
波速球下蹲训练	(1)双脚与肩同宽站立,背部平直,收腹。 (2)双肩放松。 (3)呼气,慢慢放下臀部,保持背部挺直;当蹲下时,双臂向前移动直到与地面平行。 (4)吸气,慢慢回到起始位置。 (5)重复 5~8 次
波速球持药球下蹲	添加一个药球,动作同前
反向波速球下蹲	利用反向波速球,动作同前

(五)星形平衡

星形平衡动作要领见表 6-9。

表 6-9　星形平衡动作要领示意表

动作过程	动作要领
1	(1)将 4 条胶带均匀地贴在地板上,形成 8 点星形; (2)站在中间,左腿保持平衡,收腹立腰,双肩放松; (3)将右脚尽量伸向前面的带子,轻拍地板,然后回到中间,保持左腿的平衡
2	重复,伸出右脚。顺时针转到下一根带子上,然后回到中心
3	继续,直到做完所有 8 条胶带
4	重复同样的动作,将重心放在右腿上,用左脚顺时针方向移动。注意确保膝盖不旋转,保持面朝前方

专题七　速度能力与灵敏素质训练

速度和灵敏性是在运动表现中的综合体现,是决定大学生运动成绩的两个重要方面。在大学体育教学实践中,要求大学生系统而完整地认识和理解速度训练的概念、机制及监测和训练方法,开展科学的速度训练。灵敏能力是所有体能类项目中的重要基础能力之一,良好的速度和灵敏性有助于大学生更快、更多、更准确、更协调地掌握运动技术和练习手段,防止伤害事故的发生。尽早发展灵敏素质,如通过提高反应速度,变向、移动等能力,不仅对学生身心发育与神经发育有深刻的影响,对肌肉发展和运动技能学习也有重要的促进作用。

第一节　速度能力训练

大学生速度能力的发展议题已在运动训练学的理论框架体系下存在多年,科学探究民办高校体育教学中关于大学生速度训练的本质,厘清大学生速度能力有效提升的内在机制和关键影响因素,同时梳理精确监测民办高校大学生训练速度能力的有效手段方法,具有十分重要的意义。

一、了解速度能力

人体或人体某部位快速运动的能力或最短时间完成某种运动的能力称为速度素质。也就是人体或人体某一部位快速做出运动反应、快速完成动作、快速移动的能力。速度能力内在机制主要包括生理学基础和物理学基础两部分,其中生理学基础及影响因素包括神经肌肉控制、能量代谢;物理学基础包括牛顿三大定律、冲量与力的发展速度两大主要影响因素。按速度在运动中的表现进行分类,可以分为反应速度、动作速度和位移速度三种形式,具体见表7-1。

表 7-1　速度素质分类一览表

分类	表现	举例
反应速度	人体对各种信号刺激(声、光、触等)快速应答,并合理地改变身体动作的能力	如短跑、游泳等周期性竞速项目,运动员主要接收听觉信号做出反应,乒乓球运动员主要通过接收视觉信号做出技战术反应
动作速度	表现为人体完成某一技术动作时的挥摆速度、击打速度、蹬伸速度等。在单位时间里连续完成单个动作时重复的次数即动作频率	如排球运动员扣球时的挥臂速度等

表 7-1(续)

分类	表现	举例
位移速度	周期性运动如跑步和游泳等,人体通过一定距离的时间。位移速度主要取决于步长和步频两个变量	以跑为例,如男子 50 米跑 6 秒

反应速度是指人体对各种刺激产生反应的快慢;动作速度是指完成单个动作时间的长短;位移速度是指周期性运动如跑步和游泳等中,人体通过一定距离的时间。在大多数运动项目中所表现出来的速度素质,都是这三种表现形式的综合体现。在不同项目中,三者占的比重各有不同。速度与力量结合可构成速度力量,与耐力结合则构成速度耐力性。

二、影响速度的主要因素

遗传对速度有重要影响,一些专门的训练对运动者的变向、预判和决策能力等方面有积极改善作用。影响速度提高的主要因素如下。

(一)遗传因素

1. 反应时

反应时也叫作反应潜伏期,是指训练者接受刺激与做出第一个肌肉动作之间的反应时间,它具有遗传性。

2. 神经过程的灵活性

神经过程的灵活性主要是指训练者神经中枢兴奋与抑制间的快速转换程度,在一定程度上与遗传因素有关。

(二)步频和步长

跑步速度与步频和步长密切相关。随着步频的提高,双脚停留在地面的时间就会减少,如果步频提高而步长保持不变,则速度会提高。同理,如果步长增加而步频保持不变,速度也会提高。通常在短跑时,当步频和步幅都增加的时候,跑步速度会得到质的提升。

在开始的时候,速度主要取决于步幅,随着短跑速度的增加,步频开始变成比较重要的指标。步长很大程度上取决于身高和腿长;步频的可训练性更高,通过短跑辅助训练,通常能够提升。

(三)肌纤维的类型及肌肉用力的协调性

肌纤维分为红肌纤维、白肌纤维和中间型肌纤维。白肌纤维比例较多者速度能力强。在发展速度能力的过程中,安排一定的柔韧练习,特别是踝关节与髋关节的灵活性训练,对速度素质提高有积极意义。

(四)个性心理特点

坚强的意志力与高度集中的注意力是获得高速度的重要保证,训练者的个性心理特征与情绪、时间知觉、心理定向能力有关,并且影响到速度水平。因此,在速度训练中,采用专门的手段与方法,来提高训练者的意志品质和心理定向能力是十分必要的。此外,良好的技术可以使拮抗肌之间更为协调和放松,从而保证完成动作,使其更省力、更协调。

(五)力量发展水平

在大多数运动项目中,力量特别是爆发力的发展水平是制约和决定动作速度的重要因素之一。在速度训练中,提高爆发力必须与提高肌肉耐力性同时进行,只有这样才有助于提高长时间快速动作的能力。

三、速度训练

(一)速度训练强度与量

速度训练的强度指的是某种运动训练中身体所需的努力程度。强度受到运动方式和跑步距离的影响。速度训练的强度变化从低到高,如低速跑到短跑辅助训练,短跑阻力训练逐级增加。速度训练可以采用不同的强度,每个人的训练水平和身体状况不同,采用的训练强度安排也不同。

较低强度的速度训练内容可以在学习技术动作、准备活动中进行,也不需要专门的准备。为了获得满意的训练效果和保障安全,高强度的速度训练内容需要一个过程,特别是需要健身者具有一定的技术水平和力量素质基础。所有的训练在进行时,都应该保证精确的技术要领和动力链控制,将损伤风险降到最低。

速度训练必须遵守递增负荷原则——系统增加训练频率、训练量和训练强度。通常,当强度增加的时候训练量较小,从小强度逐步增加,具体见表7-2。

表7-2　速度训练强度与量的建议

强度量	量	举例
小强度	中低训练量	原地摆臂
中等强度	中低训练量	后踢腿
中高强度	中低训练量	30米加速跑

有关速度训练最佳频率的研究有限,对于运动员来说,通常每周2~4次,非运动员每周1~2次。速度训练的训练量通常指的是每次训练的组数和每组的重复次数。一般1~3组,每组3~6次。例如,刚开始进行速度训练的健身者,最初可能用30米短跑训练,而后来就可能增加到100米。

(二)速度训练的注意事项

(1)训练前要进行充分的热身,注重大腿后侧肌群的柔韧和力量,避免因准备活动不足而引起股后肌群拉伤、摔倒等情况发生。

(2)关节有损伤、脊柱畸形或身体有损伤史的健身者,进行速度训练须谨慎。

(3)训练应该在专业的跑道进行,避免训练场地太硬或太软。穿上宽底防滑的运动鞋,避免受伤。

(4)速度训练应在机体精力充沛时进行。

（5）训练后充分放松,恢复。因为速度训练中需要健身者,尽最大努力去提高速度和无氧功率,所以需要充分的休息和恢复来保证每次运动中都能全力以赴。训练强度越大,所需休息时间就越多。

（三）短跑训练

以短跑为例,力量是速度的基础,给地面产生的力越大则跑得越快。拥有完美的姿势可以使短跑更有效率,改善跑步技术,通过训练可提高短跑成绩。

1. 短跑技术

提升短跑速度依赖最佳身体姿势、下肢动作和上肢动作的结合。短跑如 50 米跑的技术训练,集中在优化运动形式和改正错误上,重点是腿和臂的姿势和动作。短跑技术要点见表 7-3。

表 7-3 短跑技术要点

项目	要点 1	要点 2	要点 3
姿势	在保持放松、直立姿势的同时,头、躯干和腿始终在一条直线上	在起跑的加速过程中,身体向前倾斜 45°,在加速后的高速跑中身体应该保持直立,前倾角度小于 5°	头部放松,尽量减少动作,眼睛一直向前看
腿部动作	在支撑阶段,体重集中在身体正下方的脚踝上。在迈步的时候,脚放在臀部的正下方。减小接触地面的时间,使腿产生爆发性动作	脚一旦离开地面,直接朝向臀部的方向运动。增加短跑速度应该提升脚向臀部运动的高度	膝关节伸展到接近 90° 的位置,然后脚下落并向前迈步,这个过程几乎在一条直线上
两臂动作	两臂放松,肘关节应该弯曲呈 90°,肩关节必须产生剧烈的前后摆动,同时减少额状面的动作	向前摆臂的时候,手应该摆动到与鼻子水平高度,向后摆臂的时候手应该摆过臀部	臂摆动和膝关节冲击动作能够帮助提高腿的动作,从而有助于跑速的提升

2. 短跑训练方法

发展身体一般力量素质,如下肢力量和核心力量,练习专项快速力量,如单腿跳、跨跳等。采用的辅助训练动作,如高抬腿、小步跑、摆臂。通过增加力或减少力的方式练习,使用阻力跑、上坡跑、助力跑、下场跑等。重复加速跑训练如 30 米加速跑、40 米加速跑、20 米折返跑等。

通过做加速跑、行进间跑和各种起跑练习,提高动作速率和速度感,掌握和改进跑的技术。训练的时候要高强度地对一个动作进行反复多次的训练。虽然每组的练习次数可以根据练习者的个人状况的不同而有所差异,但是,每组的次数不能少于 6 次。因为速度、力量练习是身体反复练习的结果,过少的次数和较低的强度是达不到理想的练习效果的。

如手臂摆动、后踢腿、高抬腿、脚踝、行进间练习,一般为 1~3 组,每组 20~30 米。短跑(10~20 米)用于提高速度,中短跑(40~60 米)用于提高速度和最大速度,长短跑(60 米)用于提高短跑的各个方面,特别是速度耐力。短跑训练方法见表 7-4。

表 7-4 短跑训练方法

动作速度练习	动作要领
原地摆臂	(1)准备:自然站立,两脚分开与肩同宽,肘关节弯曲 90°。 (2)动作:将肘关节维持在 90°,两手放松,以短跑动作向前和向后摆动两臂。手的运动轨迹应该是向前时与鼻尖同高,向后时通过臀部。 (3)注意:两臂在矢状面移动,不要左右摇摆
原地小步跑	(1)上体正直,肩放松,两臂前后自然摆动; (2)髋、膝、踝关节放松,迈步时膝向前摆出,髋稍有转动; (3)摆腿的膝向前摆动的同时,另一条腿的大腿积极下压,足前掌扒地时着地,着地时膝关节伸直,足跟提起,踝关节有弹性
原地高抬腿	(1)上体正直或稍前倾,两臂前后摆动; (2)大腿积极向前上摆到水平,并稍稍带动同侧髋向前,大小腿尽量折叠,脚跟接近臀部; (3)在抬腿的同时,另一条腿的大腿积极下压,直腿足前掌着地,重心要提起,用踝关节缓冲
起跑练习动作	动作要领
起动跑	身体处于站立起跑姿势,在听到出发信号后,快速起动并向前跑 1~2 秒,大约 5 米的距离。每次练习 2~5 组,每组 6~10 次,中间的间隔休息时间为 30 秒左右,每组的间隔时间要大于每次的间隔时间
原地高抬腿接起跑	选择不同姿势和信号,练习起跑,如转身起跑、高抬腿接起跑等
行进间跑练习动作	动作要领
行进间后踢跑	(1)准备:自然站立,两脚分开与肩同宽; (2)动作:通过小腿向后摆动将脚踝向臀部的方向拉,让脚踝接触臀部且弹回来,两腿交替慢跑 10~20 米; (3)注意:脚踝朝向臀部方向提拉,而不是脚踝运动
行进间高抬腿跑	(1)上体正直或稍前倾,两臂前后摆动; (2)大腿积极向前上摆到水平,并稍稍带动同侧髋向前,大小腿尽量折叠,脚跟接近臀部; (3)在抬腿的同时,另一条腿的大腿积极下压,直腿足前掌着地,重心要提起,用踝关节缓冲; (4)行进间完成

表 7-4(续)

动作速度练习	动作要领
跨步跳接跑	(1)上体正直或稍前倾,两臂自然摆动; (2)摆动腿积极向前上方摆出,由于躯干扭转,同侧髋带动大腿充分前送; (3)在摆腿的同时,另一条腿的大腿积极下压,足前掌着地,膝、踝关节缓冲,迅速转入后蹬; (4)后蹬时摆腿送髋动作在先,膝踝蹬伸在后,腾空阶段重心向前性好,腾空时要放松,两腿交替频率要快
慢跑接加速跑	从慢跑开始,逐渐加速,达到指定距离后达到最快速度
定距冲刺跑	20 米、30 米、40 米、50 米
追逐跑	两名运动员或多名运动员为一组,根据每名运动员平时的短跑成绩确定不同的起跑线,跑距可以为 60 米、80 米、100 米、200 米等不同长度。根据运动员的训练水平来确定,终点相同;
牵引跑	用于牵引时,可使用弹性管(蹦极绳、乳胶管)绕在练习者腰部,相反的一端可以连接到另一个运动员或固定的物体上。管子的力量(来自拉伸)推动练习者向前,从而允许练习者增加步幅和频率
阻力跑	阻力可能以风(逆风)、雪橇、速度槽、沙子、加重的背心、安全带、伙伴、楼梯和小山的形式出现。体重的 10%(10~50 米的短跑)通常用于速度训练

3. 其他速度的训练方法

一般每组练习 2~3 次,重复 2~3 组,组间休息 3~5 分钟。

其他速度的训练方法见表 7-5。

表 7-5 其他速度的训练方法

选择动作练习	动作要领
节奏练习	听口令、击掌或节拍器进行摆臂、小步跑、高抬腿练习。根据口令击掌或节拍器节奏,做快速前后摆臂练习 20 秒左右,节奏由慢至快快慢结合。摆臂动作正确、有力。重复 2~3 组,组间休息 2~3 分钟
信号刺激练习	动作要领
慢跑中起跑	听信号起动加速跑,慢跑中听信号后突然加速冲刺跑 10 米。反复进行
转身起跑	背对前进方向站立 听信号后迅速转体 180° 起动加速跑 10 米
听口令做相反动作	听口令叫立正,练习者做稍息;叫向左转,练习者向右转
喊数抱团	练习者绕圈跑,听口令几人组合,练习者即几人成组,不符合组合人数者为失败,失败者罚做俯卧撑、高抬腿等练习或表演节目

第二节　灵敏素质训练

一、解读灵敏性

灵敏素质是身体素质的重要组成部分之一,它是运动技能、神经反应以及速度、协调、柔韧、力量等各种身体能力的综合反映。我国田麦久教授将灵敏素质定义为:在各种突然变换的条件下,运动员可以迅速、准确、协调地改变身体运动的空间位置和运动方向,以适应不断变化着的外部环境的能力。国外 Hoffman 等学者把受到外界刺激时,全身迅速地做出方向的变换和速度的改变来满足运动需要的能力,定义为灵敏素质。

可见,在突然改变的外部环境下,身体能够保持正确姿势,快速启动或加速、制动或减速和稳定地改变方向,迅速协调地完成动作是灵敏素质最显著的特征。灵敏性是复杂的,是综合素质的体现,需要几个生理系统和健康组成部分的最佳整合。因此,需要较高的神经肌肉效率,使人体以不同速度改变方向时,能将重心稳定在支撑面上,应在身体机能状态较好时进行灵敏性训练。灵敏素质包括协调性、灵活性和准确性三大基本能力,见图 7-1。

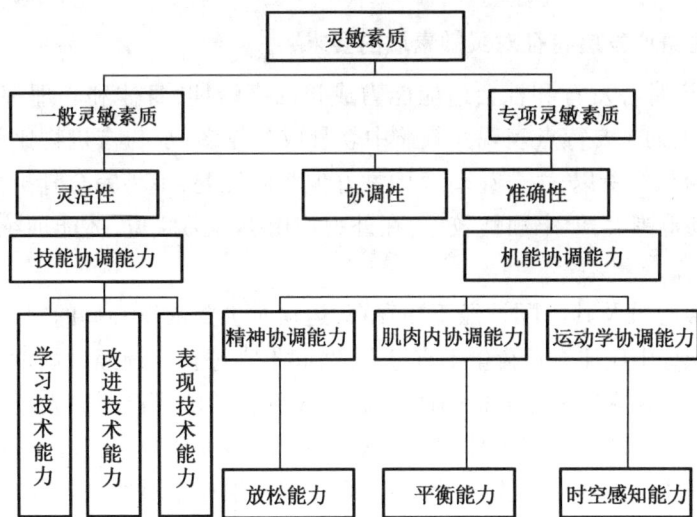

图 7-1　灵敏素质构成图

从灵敏素质与专项运动的关系来看,其可分为一般灵敏素质和专项灵敏素质两类,见表 7-6。

表 7-6 灵敏素质的分类

分类	定义	意义
一般灵敏素质	人在各种活动中完成各种复杂动作时,所表现出来的适应变化着的外部环境的能力	是专项灵敏素质发展的基础
专项灵敏素质	根据各专项所需要的,运动员在专项运动中,迅速、准确、协调、自如地完用成本专项各种技术动作的能力	是在一般灵敏素质的基础上,多年重复专项技术,提高专项技能的结果

改善体型、调节不良体态、保持良好的身体姿态、促进体能获得全面协调的发展。离开其他素质和运动技能根本谈不上有灵敏素质,因此,单纯的灵敏素质是不存在的。在大多数运动中,快速变向能力甚至要比直线速度更重要。例如,在足球、篮球、羽毛球等项目的运动或比赛中,都需要根据场上的情况进行迅速地加速、减速或者变向运动。灵敏素质是协调发挥各种身体素质的能力,也是提高技术动作质量和创造优异运动成绩的重要条件。

灵敏素质能够保证人随心所欲地控制自己的运动器官,准确、熟练、协调地完成动作。在比赛对抗中,灵敏素质能够灵活、巧妙地战胜对手,取得比赛的胜利。

二、发展大学生灵敏素质的必要性

(一) 大学生身心发展特征对灵敏素质的要求

大学生正处于身心发育和社会适应能力成长的高峰期,身体和心理都发生急剧的变化。在生理机能上的主要特点表现为骨骼中软骨成分较多、水与有机物比例偏大、无机盐偏少,骨密质较疏松。所以,大学生骨骼弹性好但坚固性差,不易完全骨折但易于变形、弯曲,而且关节活动范围大,但牢固性较差,在外力作用下容易脱位,体能训练中要尽可能减少负重性力量训练。

其次,大学生心脏及其支配神经正在发育,运动时主要依靠心率的提升来增加心输出量,灵敏素质的训练中应注意负荷量不宜过大,时间不宜过长。神经系统发育最快,已经接近成人水平,大学生在完成动作的精确性、协调性及动作技能都已得到发展和提高,神经活动过程灵活性高但不稳定,兴奋和抑制过程易扩散,具体表现为代谢旺盛、活泼好动、掌握学习动作快,但是注意力容易分散,多余动作多,掌握精细动作困难。

根据大学生的神经系统特点,在设计灵敏素质训练中,应尽量避免单调的静止性活动或过分精密且难度较高的动作,应采用有趣、丰富、形式多样的方式开展体能训练。

(二) 灵敏素质的影响及作用

灵敏素质包括反应速度、动作速度、爆发力等因素,是人体力量、速度、耐力、柔韧等各个方面因素的综合表现及反映。大学生正处于发展灵敏素质的最佳时期,大脑皮层和延髓的神经中枢已经完全发育成熟,灵敏能力达到顶峰,尽早对灵敏素质进行运动训练干预,有助于增强体质,提高运动能力。

同时,有研究指出,良好的灵敏素质对运动员以及普通学生在掌握各项运动技术,建立正确技术动力定型,形成良好肌肉本体感觉等方面,产生了重要的影响。根据运动训练学

"运动素质的转移"理论,当灵敏素质得到发展,其他身体素质也能得到提高。

其次,在一些高校体育教学中,有些教师着重训练与专项技术和专项素质有直接联系的身体素质如速度、耐力、力量等,忽略灵敏素质训练的不良现象。大学生灵敏性、协调性的优劣直接影响到基本运动技术的掌握,尤其是对球类项目,需要大学生根据赛场上的情况及时做出反应、迅速调整身体姿态,在极短的时间内快速改变速度、方向、力量等来合理地应对突发情况。

灵敏素质在日常生活中也起到不可或缺的作用,对于减少伤病以及突发事件的处理上起到积极影响。比如,被绊倒后的团身滚动,或面对突然飞来的球可以灵活地进行躲避等等,需要及时地改变身体姿势与运动方向,或提前预判物体运动轨迹,以及维持身体平衡等等的能力,这些都是灵敏素质所表现的内容。

三、影响灵敏素质的因素

影响灵敏素质的因素是多种多样的,其中主要有解剖、生理、运动经验及其他身体素质发展水平等。

(一)解剖因素

1.体型

不同的体育项目要求不同的体型,以有利于本专项技术的发挥,能在本专项中表现出高度的灵敏素质来。就一般人而言:过高而瘦长的,过胖的或梨形体型的人缺乏灵性,O 型腿和 X 型腿的人缺乏灵性,肌肉发达的中等或中等以下身高的人,往往有高度的控制力而表现得非常灵活。

2.体重

灵敏素质要求运动者在运动中能迅速改变身体位置,体重是影响其变向能力的一个重要因素。由牛顿第一定律"惯性定律"可知,质量越大的物体惯性越大,体重越重的运动者,惯性就越大。运动时突然停止变向时惯性阻力就越大,为了成功变向和启动,需要通过自身的力量来克服庞大的体重带来的惯性阻力。因此,必须进行合理的训练增加肌肉比重,提高身体力量素质。

(二)生理因素

高度的灵敏素质是在巩固运动技能基础上表现出来的,也就是在大脑皮层分析综合能力高度发展的情况下体现的。基本动作、基本技术掌握得越多越熟练,不仅学习新的动作快,而且在战术运用中也更富有创造力,人也显得灵活,随机应变能力更强,从而表现出的灵敏素质也更高。前庭分析器的机能,对转体及维持身体平衡、变换身体的方向位置的灵活性有很大作用。

(三)年龄和性别

青春期的大学生身高增长较快,灵敏素质相对有所下降,以后随年龄增长又稳定提高直至成人,男生比女生显得稍许灵敏些。女大学生随着成长,体重增加,有氧能力下降,内分泌系统变化,灵敏素质会一度出现明显的生理性下降趋势。

(四)其他因素

1.身体素质发展水平

灵敏素质是人体的力量、速度、耐力、柔韧以及协调性等能力的综合表现。在神经中枢调控下,肌肉活动能力与灵敏素质有密切关系。其中任何一种身体素质较差,对灵敏素质的提高都会造成不利影响。人在情绪高涨时,显得特别灵敏,而情绪低落时,灵敏性也会降低。在兴奋性比较高,体力充沛的时候发展灵敏素质效果最好。

2.运动经验

实践证明,掌握基本技术越多、越熟练,不仅学习新的运动技能快,而且技术运用也显得更灵活,更富有创造力,表现出的灵敏素质也就越高。长期学习、运用各种技术动作和提高运动技能,可以丰富人的运动实践经验,增加身体素质和技术动作储备,从而促进灵敏素质水平不断提高。

三、训练灵敏性方法

(一)灵敏性训练指导原则

发展灵敏素质应尽可能采取逐渐增加复杂程度的练习方式,必须从培养大学生的各种能力入手,在训练中,广泛采用发展其他身体素质的方法来发展灵敏素质,并培养掌握动作的能力、反应能力、平衡能力等。可以根据自身核心、平衡和反应等体能素质水平,根据表7-7的指导原则进行灵敏性训练。

表7-7 灵敏性训练指导原则

水平	训练重点	个数	组数	重复次数	休息
初级	结合有限的横向惯性和不可预测性,如锥筒滑步和敏捷梯训练	4~6	1~2	2~3次	0~60秒
中级	较大的横向惯性、有限的不可预测性,如5-10-5训练和T形训练、方形训练、起立8字走等	6~8	3~4	3~5次	0~60秒
高级	较大的横向惯性和不可预测性,如改版方形训练、同伴镜像训练和计时训练	6~10	3~5	3~5次	0~90秒

(二)灵敏性训练注意事项

在敏捷的动作中,正确的姿势、脚与地面的接触、手臂的动作是必需的。适当的姿势对灵敏性训练来说至关重要。

首先,加速时避免身体过度前倾,减速时减少前倾角度,都是进行灵敏性训练时的姿势要点。头部保持自然姿势,目光直视前方,尽可能地在动力线上推进。姿势的提升是由于强健的核心区稳定力,所以核心区的训练相当重要。

其次,脚与地面的接触对灵敏性来说是不可或缺的。在脚触地前,维持足背屈,即脚趾向上,足背屈的足踝可以快速地对地面施加力。以前脚掌着地(并非脚趾)可以获得最佳的地面反作用力。加速时,脚只要稍微离开地面即可,这将缩短脚与地面接触间的循环周期。当大学生能正确落地与蹬地时,就会听到不同的脚步声。如果听不到清脆的脚步声,就是出现了用脚趾着地的错误动作。

最后,与冲刺跑相似,强有力的手臂动作,能帮助腿部增加动力,而且能在加速时增进灵敏性的表现。

(三)灵敏性训练的工具

灵敏性训练的工具能够辅助练习者进行更灵活多变的训练,常见的有锥形筒、绳梯、灵敏环、标记点、反应球、小型的跨栏和跳箱、跳绳,见表7-8。

表7-8　灵敏性训练的工具

名称	练习
锥形筒	不同大小的锥形筒被用作标记,以引导动作和方向的改变
绳梯	能够进行许多快速脚步的训练,这些训练都有助于发展跨步速度、平衡的协调
灵敏环标记点	可以进行许多单和双脚的训练动作
反应球	球上有多个凸起,使它在落地时形成不规则弹跳,以此训练运动员的手眼协调能力、反应能力和起步的迅捷度
跨栏和跳箱	可当作灵敏性训练的障碍物,把5~10个跨栏排成一排,平行于彼此。逐步跨越每一个栏,在这个过程中,可以设计不同的要求,比如高频跑、高抬腿跑、正向栏侧单腿下压跑、双腿跳、双腿垫步跳、侧向跳
跳绳	在训练脚步速度时是极佳的工具

四、提高灵敏素质的体能训练方案

灵敏性训练的关键部分主要是快速启动加速能力和变换速度加速能力,切入和身体移动方向的变换,如直线、斜线、弧线、角度、转身等减速和急停制动能力,以及步法和步速等几部分。灵敏性训练有多种动作,包括直线冲刺、倒骑、侧移、下步、切入、旋转、跳跃和交叉,通过各种尺寸的圆锥、绳梯、灵敏环、标记点、反应球、轮胎、小跨栏、反应带、跳绳等工具来扩展训练。

(一)射线随机跑

训练目的:发展学生快速反应能力、听觉反应能力、身体急停制动以及注意力。

练习方法:共五个标志桶,其中四个放在同一水平线上各间隔5米,剩余一个放在四个标志桶中间位置的纵轴方向上相距5米。以纵轴位置的标志桶为起始位置,根据口令要求跑向指定的标志桶,触碰标志桶后,再迅速返回至原位。练习负荷每次2组,间歇30~60秒。

(二)摸膝游戏

训练目的:提高灵活性、发展学生的反应速度以及速度素质。

练习方法:将四个标志桶围成一个边长为 6 米的正方形,在规定区域内四名学生 2V2 面对面站立,听到哨声后弯下腰去摸对手的左膝盖,同时要不断地跳跃、躲闪、甚至可以采用假动作来设法避免被对方摸到膝盖。

(三) 多方向反应跑

训练目的:发展学生反应速度、提高快速变向以及身体控制的能力。

练习方法:设置一个半径为 4 米的圆,以圆点为中心分别在六个不同的方向摆放六个标志桶,将标志桶按照顺时针依次编为 1~6 号。练习者在圆心位置做准备,可以单独编号也可以多个编号组合,练习者按照所听到的编号顺序,以最快的速度依次触碰标志桶,再快速倒退跑到圆心,可多次重复进行训练。

(四) 正向栏间高抬腿

训练目的:发展下肢力量以及快速变换动作的能力。

练习方法:摆放 8~12 个小栏架,间距 0.5 米,可以根据练习者水平调整合适的高度或距离。练习者身体正对前进方向,用高抬腿的方式通过小栏架,要求高抬腿时大腿要与地面平行,主力腿下压触地瞬间膝盖不能弯曲,协调摆臂配合下肢动作。练习负荷每次 2~3 组,间歇 15~30 秒。

(五) 横向栏间高抬腿接单腿制动。

训练目的:提高协调性、快速变换动作以及平衡能力。

练习方法:摆放 8~12 个小栏架,间距 0.5 米,可以根据练习者水平调整合适的高度或距离。练习者身体侧对前进方向,用高抬腿接单腿制动的方式通过小栏架,上肢协调摆臂配合下肢动作、在经过最后一个小栏架后,单腿摆臂制动,重复以上动作再反方向做回来。练习负荷每次 2~3 组,间歇 15~30 秒。

(六) 横向剪刀跳

训练目的:提高下肢灵活性及协调性、增强下肢力量和速度。

练习方法:放 8~12 个小栏架,间距 0.5 米,可以根据练习者水平调整合适的高度或距离。练习者站在栏架侧面,双腿微屈,保持身体直立,一侧腿发力高抬至最高点越过小栏架后,另一侧腿同样用力蹬地抬至最高点越过小栏架,重复此动作至终点,再进行反向练习,练习负荷每次 2~3 组,间歇 15~30 秒。

(七) Z 字变向

训练目的:发展锐角变向能力以及变向后的加速。

练习方法:将四个标志桶摆成"Z"字形,间距为 10 米,练习者可采用不同的步伐,从第一个标志桶跑至第二个标志桶,再由第二个标志桶跑向第三个标志桶,注意变向时外侧腿制动、内侧腿蹬地,以此类推完成训练。练习负荷每次 2~3 组,间歇 30~60 秒。

(八) 阻力带弧形跑

训练目的:发展钝角变向能力以及对身体的控制能力。

练习方法:将两个标志桶摆放呈弧形,根据学生水平调节弧形长度。学生腰部系阻力带由一个标志桶跑向另一个标志桶后并返回,辅助者手持阻力带站立于弧形顶点给予另一端向内的阻力。练习负荷每次 2~3 组,间歇 30~60 秒。

(九)滑冰步移动

训练目的:发展学生快速变向能力及下肢制动能力。

练习方法:身体正对移动方向,练习者右脚站在绳梯的第一框内成小弓步,开始练习时右腿发力蹬地迈向框外,同时左脚踏入框内成小弓步,手脚协调发力,避免脚部触碰绳梯,循环以上动作向前移动。练习负荷每次 2~3 组,间歇 30~60 秒。

绳梯练习可以设置锻炼不同动作速度的训练,可以从高提膝向前跨过每一个格子开始,也可以在这个过程中不断改变规则,比如先左脚进第 1 格,再换右脚进第 2 格,左脚进第 3 格;或者加速、突然变向、减速急停、行进中转身等。这种训练模式可以极大锻炼学生的脚步移动速度、灵敏性、身体协调性等。

(十)X 形冲刺练习

利用方向的变化、不同角度的跑步以及快速的步伐移动,有助于提高学生的快速转换能力和快速反应能力。把 4 个锥形筒,每个相距约 10 米,组成一个正方形放置。

首先用一只手触摸 1 号锥形筒,再跑向 2 号锥形筒。冲刺到 2 号锥形筒后,再横向移动到 3 号锥形筒。转身 45°侧身跑到 4 号锥形筒。冲刺返回到首发的 1 号锥形筒。换个首发锥形筒,反方向重复一次。

(十一)方形练习

将 4 个不同颜色的锥形筒摆成一个正方形,边长 10 米。站在起点,逆时针方向冲刺跑向下一个锥形筒,再依次以侧滑步、倒退步、前后交叉步跑向下一个锥形筒,也可以变换不同跑动方式,增加训练的趣味性。锥形筒的训练形式多种多样,可以创造性设计多种图形,结合不同步伐。

第三节　灵敏素质自我评价

《国家学生体质健康标准(2014 修订)》中,灵敏素质测量指标项目繁多,因而难以完整反映学生身体的灵敏素质,笔者在民办高校教学实践中,力求探索让学生通过自测主动了解掌握灵敏素质测试方法,选取广州某高校 600 名年龄在 20~23 岁的男生作为样本对象,使用 50 米折返跑、反应时测定、立卧撑、象限测试法、之字跑等测试方案。根据测试的简易程度和测试的仪器需要,选取了容易掌握的反应时、立卧撑等自测指标,严格测试规定,反应时反复测试 5 次,取最快的 1 次;立卧撑分别记录完成 2、3、4 次的时间。运用软件 SPSS24 进行统计分析,统计方法包括相关分析、百分位数等级评价法。

测试结果显示:学生完成 2、3、4 次立卧撑所用的时间越短,则受试者快速变换身体姿势和准确协调地完成动作的能力就越强。

通过分析 3 次立卧撑完成的时间和反应时之间的关系可知,2 次立卧撑与反应时的相关性最为显著。依据百分位数法制定大学生灵敏素质评价标准为,2 次立卧撑所用时间小于 4.1 秒的为优秀,大于 4.1 秒小于 4.59 秒的为良好,大于 4.59 秒小于 6 秒的为中等,大于 6 秒小于 6.9 秒的为及格,大于 6.9 秒的为差。

因此,笔者认为,2 次立卧撑可以作为大学生灵敏素质自测的遴选指标,此指标受场地、设施、时间、气候等因素影响较小,在不影响测试结果准确性的情况下,采用较为方便快捷的测量方法,来补充或帮助简化灵敏素质测试,达到了测量大学生灵敏素质的目的。根据测量结果,制定出 2 次立卧撑大学生灵敏素质评价标准,可以使学生随时了解自己的灵敏素质情况。

专题八　大学生核心稳定性提升

本专题主要阐述核心的概念和稳定性的评估方法,进一步了解核心稳定性的提升对于健康及健身的重要意义,并且能够自我评估核心稳定能力。同时,通过详细介绍核心稳定练习的方法,针对不同核心稳定水平设计了一些练习示例和方案,为大学生进行自主练习提供指南。

第一节　核心稳定性内涵

核心稳定性与核心力量训练是一种新兴的训练方法,最初用于医学康复领域,近些年应用到健身和运动训练中。随着新兴训练方法的日益流行,核心稳定性训练受到越来越多的关注,目前核心稳定性训练已经成为一般健身训练中必不可少的重要环节。

一、核心区

根据核心区解剖结构特点及其与身体重心的位置关系,国内对核心区的界定是"腰椎-骨盆-髋关节"形成的一个整体。腰椎骨盆髋部复合体,其形状类似于一个圆柱,具体指膈肌以下盆底肌以上的中间区域,并包括附着在它周围的神经、肌肉、肌腱、韧带和骨骼系统,同时,也受呼吸调节系统的影响和作用。核心肌群指的是环绕包裹腰椎和骨盆的一系列肌群。

在有些运动项目中,由于专项动作的特殊需求,核心区的范围有所扩展,如游泳必须把肩关节包括在内,因此出现了大核心区这个概念,具体指肩关节以下髋关节以上包括骨盆、胸廓、髋关节和整个脊柱在内的广大区域。

(一)核心肌肉

胸腔里的膈肌和盆腔中的盆底肌以及腹壁的肌肉和脊柱深层的稳定肌,共同组成了一个像球一样的空间,这些肌肉共同作用,维持了整个身体核心区域的稳定。肌群中任何一块肌肉出现了问题,都会造成姿势不稳。最常见的就是腰酸背痛,或在做各种动作时,身体产生的不稳定,或在需要稳定的时候,出现各种代偿机制。

许多人把注意力集中在可见的六块腹肌上并误以为这是核心。其实大多数核心肌肉是不可见的,也往往被忽视。核心群包括肌肉的起止点(或起点或止点),位于核心区的肌肉群主要分为如下两类:

第一类为局部稳定肌,包括多裂肌、椎旁肌等,起于脊柱或分布于脊柱深层,它们里面均含有较多的 I 型肌纤维。同时,这些肌肉中的肌梭(存在于肌肉中的微小感受器,能够感受到肌肉长度的变换)具有较高的敏感性(很容易感受刺激而产生收缩),这些肌肉主要负责维持或微调脊柱的曲度,以及维持腰椎的稳定性。

第二类为整体原动肌,包括竖脊肌、臀大肌等,大多处于身体浅表位置,多为长肌,有的连接着胸廓和骨盆,负责脊柱运动和方向的控制。核心肌群负责产生人体核心部位的动作,这些肌肉转移身体的重量,传递能量,负责大范围的屈伸,并帮助控制运动。

整个核心区形成一个"核心柱","核心柱"的前壁是腹部肌群,后壁是背部和臀部肌群,顶部是横膈肌作为盖板,底部由盆底肌群和环绕髋部的肌群作为"底板"。不管正在进行的活动是坐着、深蹲还是打网球,核心都能稳定脊柱的正常 S 形曲线。所有的运动要起源于核心,通过核心从上体运动到下体,或者反之。

1. 脊肌

脊肌位于脊两侧,由棘肌、最长肌和髂肋肌三部分组成,是一组沿着脊柱运动的肌肉,它们与腹部肌肉一起支撑上半身,使脊柱保持直立。无论是坐着、跑步还是站着,竖脊肌都可以使脊柱向两侧屈伸,使头和脊柱后伸,还可以使骨盆前倾。竖脊肌对保持良好的姿势至关重要。

2. 腹横肌

腹横肌位于腹部深层,肌纤维横向分布,是一层较深的腹肌。腹横肌维持腹压,包围并帮助保护内部器官,稳定下背部。特别是在运动时,它的横向纤维在脊柱周围直接形成了一条较宽的"保护带",能协助呼吸、控制脊柱运动。腹横肌是维持脊柱稳定的重要深层肌肉之一,是支撑脊柱的最小但最有力的肌肉,通过将重量沿脊柱的 S 形曲线分布来帮助减轻椎间盘的压力。

3. 盆底肌

盆底肌位于骨盆下方,从前面的耻骨延伸到后面的尾骨,并连接于骨盆两侧。盆底肌支撑膀胱和其他器官,是核心肌群的基底部。当盆底肌、腹肌与膈肌共同收缩时,腹压升高,这在用力呼吸、咳嗽、呕吐、排便和分娩等活动中均起到重要的作用。有了盆底肌的承托,盆腔内的器官、膀胱、子宫、直肠维持一个相对稳定的结构,如果盆底肌功能不佳,那么容易在举重物、咳嗽、打喷嚏、大笑或锻炼时出现漏尿。

4. 横膈膜

横膈膜位于胸腔与腹腔之间,是分隔胸腔与腹腔的穹隆状核心肌肉,是主要的呼吸肌。当吸气时,横膈膜收缩,使胸腔扩张,容积增加,导致吸入空气进入肺部,降低了胸腔内的压力。这就解释了为什么在运动时需要配合适当的呼吸,如肱二头肌上举或俯卧撑上举动作时要呼气。横膈膜与腹横肌共同收缩时拉紧胸腹筋膜,因而增加了腹内压,促使脊椎趋于稳定。

5. 腹外斜肌

腹外斜肌是最大的腹肌,在身体的前部呈对角向下、向内运动,形成一个 V 形。它们左右移动躯干。内斜肌位于外斜肌之下,环绕脊柱至腹部中央,允许身体向一侧弯曲和旋转,并在运动时支撑脊柱。它们被称为同侧旋转器,因为它们的作用与外斜肌相反。例如,如果向右转,右内斜肌和左外斜肌是合用的。

6. 腹直肌

腹直肌能产生六块腹肌,细长的肌肉从身体的前部垂直向下延伸,从胸骨连接到骨盆。它们由纤维带(不是附件)水平连接。当负重时,这些肌肉让身体向前弯曲,稳定上半身。腹直肌在用力呼气时也有助于呼吸。

二、核心稳定性

核心稳定性是指人体核心区的关节肌群有效产生、传递能量和保持身体姿势与重心的能力,是在神经、肌肉、骨骼和呼吸四大子系统的协同作用下,控制脊柱和骨盆的稳定姿态,使人体核心区(部位)保持中立位的稳定状态。核心稳定性的提出源于脊柱稳定性,最早始于人体脊柱解剖和生理学理论,其稳定性可以预防脊柱弯曲受伤,提高脊柱部位的平衡能力,主要应用在健身和医疗康复领域。

根据不同项目的运动特点,核心稳定性分为静态稳定性和动态稳定性两种。

静态稳定性通常是指对身体姿势和平衡的保持;动态稳定性维护动作的产生和控制,包括灵活性和柔韧性、力量、协调能力、局部肌肉耐力和心血管机能等,更加强调与专项动作的结合。根据髋关节运动的特点动态稳定性可分为屈伸稳定性和旋转稳定性。

屈伸稳定性是指能够完成对称的上下肢运动所表现出来的躯干在矢状面中的稳定程度,旋转稳定性是指上肢和下肢进行不对称活动时,保持躯干在两个或三个解剖面上的稳定性。

三、影响核心稳定性的因素

影响核心的因素包括久坐、单一运动形式、协作肌群失衡发展。

(一)久坐

不良姿势会导致身体姿态异常。如在电脑前或办公桌前坐几个小时,头一直处于前倾状态。长期低头使头部屈肌紧张,长时间坐着使腹肌变短,而竖脊肌变长、变弱,随着时间的推移,这种肌肉的不平衡会导致过度后凸,形成圆肩等不良姿态,影响健康。

坐了较长时间时要休息一下,或者用健身球代替椅子。当使用健身球时,由于保持稳定而产生的微小运动,会使核心肌肉处于运动状态。坐着的时候,可以遵循下列指导原则来确保正确的姿势。

坐直双肩放松,保持骨盆后部靠在椅背上,防止驼背。用一个腰托或一个小枕头来支撑腰部的自然曲线。椅子的高度应该使脚平放在地板上,膝盖弯曲90°,如果椅子太高,可以使用一个小的脚凳。跷二郎腿会使骨盆向后旋转,抬高一个臀部,给另一个臀部带来压力,导致背部不协调。肘部弯曲90°,靠近身体。保持手、手腕和前臂与地面平行。确保电脑显示器的顶部与眼睛处于同一水平线上。每坐20~30分钟站起来伸展1分钟。

(二)单一运动形式

虽然积极运动和参加体育活动值得鼓励,但有些单一长久的运动形式会对核心有负面影响。例如,在赛车上骑几个小时,上半身低垂在车把上,会导致背部核心肌肉过度伸展,腹肌紧张。那些每天跑几个小时的人,可能会形成头部向前的姿势和身体前倾,可能会影响脊柱上的肌肉,脊柱和骨盆的肌肉姿势不当会导致腰痛。

(三)协作肌群失衡发展

肌肉是协调相互发展的,核心肌群更是要协同相互作用下维持身体稳定状态,以支持脊柱以及上半身和下半身的运动。如果核心肌群协作肌肉之间发展差距较大,就很难保持这种相互支持。例如,有非常强壮的下背部肌肉和虚弱的腹部肌肉,这种不平衡会导致疲劳、疼痛和受伤。过度训练腹肌,练出六块腹肌而忽视腰部肌肉,会导致腰部疼痛和受伤。

四、保持良好核心稳定性

良好的核心稳定性能稳定脊柱的正常 S 形曲线,使施加在脊柱上的压力更均匀地分布在正常的 S 形脊柱上。运动时诸如深蹲、俯撑、划船或进行行走和坐下等基本动作时,强调要保持一个中立的脊柱,良好的核心稳定性能够避免下背部疼痛。

研究发现,慢性下背部疼痛的人都存在腹横肌、腹内斜肌、盆底肌等核心稳定肌肉活跃性下降的情况。良好的核心稳定性能够改善协调与平衡能力,提高肢体协调工作的效率,降低能量消耗。

强大的核心肌群能够使运动中的身体得到稳固的支持,从而减小四肢的应力,使其高效地完成各种更为协调的技术动作,加快人体自上而下及自下而上的力量传导,提高整体运动效率,降低不必要的能量消耗。

良好的核心稳定性能够避免在日常及运动中受到伤害。由于不良的生活习惯,如静坐少动及错误的训练观念(只注重核心动作产生,不注重核心稳定)导致人体核心稳定性下降,较弱的核心稳定性导致人体出现过多的代偿及协同支配等情况(上举手臂时腰部曲度增大是典型的代偿现象,由于臀大肌薄弱出现的臀部扁平现象则是腘绳肌协同支配的典型代表),使人体的部分环节压力增加或过度使用,这些将大大增加日常生活及运动中受伤的概率。

核心肌群就像一条腰带一样包裹环绕我们的躯干,让躯干时刻保持稳定,强壮的核心肌群可以帮助我们很好地传递力量和控制力量,也能更好地保护内脏。

第二节　核心稳定性评估

国际上通常采用 8 级平板支撑来评价核心稳定性,能完成的级数越多,说明核心就越强。"八级腹桥",被公认为最标准的核心力量与核心稳定性评测方法,也是最佳的核心力量训练方法,能够激活整个核心肌群,尤其是腹部深层的肌肉(腹横肌),能够帮助我们在平时收腹、挺背,显得腰围更细,人更挺拔。

【测试方式】

让大学生呈俯卧姿势,以肘部及双脚脚趾撑起整个身体,骨盆处于中立位,头、肩、髋、膝、踝呈一条直线,肘关节弯屈呈 90°,前臂平行与肩同宽。

注意:身体笔直,肩部和脊柱放松,眼睛平视下方,肩部保持在手肘正上方,收紧腹部,

肩部向下并往身后收,脚尖、前臂和手着地。一个标准的平板支撑应该要符合3个标准:

（1）不要塌腰,全身保持一条线。

（2）不要抬头,保持颈椎在中立位。

（3）大臂与地面垂直。

只要身体姿势能保证这三点,就可以认为它是标准的。对于普通大学生来说,由于对自己的动作是没有感知的,如果没有人在旁边看着,根本不知道自己塌没塌腰,很容易出现动作失误。

1级:普通平板支撑维持30秒。

2级:左手悬空,三点平板支撑维持15秒,总时间45秒。两脚分开,抬起左手,用双脚和右侧肘关节支撑,注意身体仍然保持平直状态,避免臀部明显抬起和身体歪斜。

3级:右手悬空,三点平板支撑维持15秒,总时间1分钟。与二级类似,抬起左手,用双脚和右侧肘关节支撑。

4级:左脚抬起,三点平板支撑维持15秒,总时间1分15秒。抬起左脚,用双肘和右脚支撑,同样注意身体仍然保持平直状态,避免臀部明显抬起和身体歪斜。

5级:右脚抬起悬空,三点平板支撑维持15秒,总时间1分30秒。抬起右脚,用双肘和左脚支撑,同样注意身体仍然保持平直状态。

6级:左脚和右侧上肢悬空,仅用右脚和左肘关节支撑维持15秒。总时间1分45秒。此时动作难度明显加大,身体非常容易失去平衡,考验核心力量。

7级:右脚和左侧上肢悬空,仅用左脚和右肘关节支撑,总时间2分。

8级:回到平板支撑状态,维持30秒,总时间2分30秒

注意:8个动作并非孤立完成,而是从第1级一直完成到第8级,中途没有休息。到哪一级做不动了,测试就结束了,此时所对应的级别代表你的核心稳定性。

核心稳定性评价标准见表8-1,根据受试者能够维持标准身体姿势,即身体呈一条直线,骨盆处于中立位的时间,对照表格中的时间标准进行评分。测试中允许受试者有轻微偏差,一旦骨盆离开中立位置(髋抬起或腰部下沉)或身体任何部分接触地面,计时应立即结束。

表8-1　核心稳定性评价标准

级别	动作	评价等级
1级	普通平板支撑	差
2级	左手平板支撑	
3级	右手平板支撑	
4级	左脚平板支撑	一般
5级	右脚平板支撑	
6级	对侧平板支撑	良好
7级	对侧平板支撑	
8级	普通平板支撑	优秀

第三节 核心稳定性训练

一、核心稳定性训练分类

核心稳定性训练具体可分为三个部分,分别是肩部训练、脊柱腰段训练和髋部训练。每个部分还可以根据不同的身体姿势进行划分,如卧姿动作、跪姿动作、站姿动作等。每种姿势动作还可以根据对身体稳定性要求的高低来划分难度,根据支撑面的多少,从最基本的四点支撑、三点支撑、两点支撑到高难度的一点支撑。从身体姿势角度,从最基本的卧姿动作到跪姿动作,再到高阶的站姿动作,具体见表8-2。

表8-2 核心稳定性动作形式

姿势	全支撑	四点支撑	三点支撑	两点支撑	一点支撑
卧姿	俯卧、仰卧、侧卧	—	—	俯卧、仰卧、侧卧	—
跪姿	—	俯卧、仰卧	仰卧、俯卧、侧卧	俯卧	—
站姿	—	—	—	直立	直立

二、核心稳定性训练原则

(一)核心稳定性训练重点

通过调节神经-肌肉控制系统来加强机体局部和整体的稳定性、协调性,并有利于力量负荷的转移和相关肌肉纤维的激活、动员,从而使肌肉的力量得以恢复,耐力得以保持,重新获得姿势平衡,最终达到动态核心稳定的目的。

通过核心区局部稳定肌群和整体原动肌群以及本体感受性功能的训练,可以大大提高人体核心区的自稳能力,极大地增强核心稳定性,使肌肉动力链的功能改善、整体协调性提高、机体的运动能力增强。

(二)核心稳定性训练动作顺序

先训练基础的静态动作,再进行属于中高级难度的动态动作的训练;先进行处于支撑面稳定的动作训练,再进行高难度的支撑面不稳定的动作训练;先进行髋部的训练动作,激活骨盆周围肌肉,增加骨盆稳定性,然后进行脊柱腰段的训练,增强躯干整体的稳定性,建立良好的身体姿势;最后,进行肩部稳定性训练,平衡发展肩部肌群。核心稳定性训练的动作顺序及动作难度见表8-3。

表8-3 核心稳定性训练的动作顺序及动作难度

核心稳定性	练习顺序	初级动作	中级动作	高级动作
髋部练习	1	全支撑	三点支撑	两点支撑

表 8-3（续）

核心稳定性	练习顺序	初级动作	中级动作	高级动作
脊柱腰段练习	2	四点支撑	三点支撑	两点支撑
肩部练习	3	全支撑	两点支撑	器材支撑

（三）核心稳定性训练的强度

可根据自身核心稳定性的评价等级,合理选择不同难度的动作进行训练,侧重于薄弱环节的训练,见表 8-4。通常而言,每部分练习按照难度等级选取 1~2 个动作,每个动作练习 5~10 次。涉及对称性动作,左右分别进行,练习 1~2 组,组间休息 30~60 秒。

表 8-4　核心稳定性评价应用

评价等级	训练目标	训练方式	训练负荷
差	提高静态稳定性	基础动作:静态动作为主,动态动作为辅,等长收缩为主,支撑面稳定	低
一般	提高动态稳定性、力量	初级动作:动态动作为主,静态动作为辅,等张收缩为主,等长收缩为辅,支撑面不稳定	中低
良好	提高整合稳定性、力量	中级动作:动态动作为主,静态动作为辅,等张收缩为主,等长收缩为辅,支撑面不稳定	中
优秀	提高整合稳定性、爆发力	高级动作:动态动作为主,静态动作为辅,等张收缩为主,等长收缩为辅,支撑面不稳定,超等长训练	高

对于一般健身者,一个核心稳定性的训练分为三个阶段:

第一阶段为基础练习阶段,该阶段以基本动作为主,通过反复多次练习,促进动作要领的掌握,以静态动作为主、动态动作为辅,等长收缩为主,支撑面稳定;

第二阶段为初级动作阶段,根据个人情况,持续时间不等,该阶段关注动作完成的质量,以动态动作为主,静态动作为辅,等张收缩为主,等长收缩为辅,支撑面不稳定;

第三阶段为中高级动作阶段,该阶段适合核心稳定性能力较强者,以动态动作为主,静态动作为辅,等张收缩为主,等长收缩为辅,支撑面不稳定。

（四）呼吸调节系统

运动时呼吸与动作的配合,对核心区的稳定和力量的产生与传递具有十分重要的作用,因为腹内压的增加,可以提高腰椎和躯干的稳定性。呼吸时,核心区主要呼吸肌的收缩,如膈肌、直肌、腹外斜肌、腹内斜肌、腹横肌、腰方肌和下后锯肌等,可以通过增加胸腰筋膜的张力和腹内压的升高,达到加固腰椎的目的。同时,人体每一个动作的完成都与呼吸运动密切相关。

三、核心稳定性训练

核心稳定性训练中,三角稳定性现象包含三个点和三条边,三角稳定性现象存在于三个运动面的基础支撑面,通过不同单项、肢体运动、组合训练等方式增加动作进阶难度,如静态徒手训练、静态单项训练、动态单项训练、动态组合训练。

核心稳定训练中三角稳定性是基于核心稳定训练动作的基础上,将身体的部分关节、肢体和身体远端两点的空间连线作为三角形的三个点和三个边,利用三个点(一个中心点和两个平衡支点)、三条边(两个传递边和一条空间边)对不同核心稳定训练动作进行进阶式设计的新思路。其基本内容如下。

第一,一个中心点是指人体在核心训练中最根本的点,整个训练动作的三角稳定性都是在这一点的基础上产生不同的变化,在多样化的核心训练动作中一般表现为大核心区的肩关节或髋关节,其主要功能为产生肢体力量支点、传递身体两端(上端和下端)力量,以及被其他两点、两条传递边或外部干扰因素进行双向调控的稳定训练。

第二,两个平衡支点是在训练中维持或支撑中心点的上下肢体的关节,如肘(膝)关节或手(足)部等,主要功能在不同类型的核心训练动作中,这两个点分别可以起到维持身体与动作姿态的平衡、支撑身体重心和中心点,同时在两点上利用推拉、蹬踢、旋转等肢体运动和不同训练器械(如瑞士球、悬吊、小重量哑铃、弹力振动棒等)设计动作进阶难度,通过两个平衡支点所连接的两条传递边对中心点产生双向干扰动作的稳定训练。

第三,两条传递边是位于中心点和平衡支点之间单侧或异侧动作的肢体,主要起到双向传递与配合平衡支点运动的作用,传递中心点与平衡支点之间两点的双向干扰力量,并配合三个点做屈伸、旋转、摆动、推拉、蹬踢等增加难度的训练进阶动作。

第四,一条空间边是指两个平衡支点或中心点与平衡支点在空间上抽象所连接的边,例如,平板支撑中肘关节与足部在矢状面上平行相连接的地平线,仰卧背桥中肩关节与足部两点在水平面上的地平连线等,其作用主要是为了分析平面动作中构成三角稳定性结构的"三角形",在空间上进行两点间抽象的边线装配,而正是基于这种无具体固定抽象形态的边线,导致了训练中不稳定因素的增加,以及动作难度进阶发展的可能性。

专题九　运动营养摄取与健身

良好的运动营养摄取方案保证运动所需营养充足,是健康生活方式的重塑,是改善个体营养状况的重要方法。本专题着重介绍人体所必需的三种宏量营养素和三种微量营养素以及体重控制的基本原理,引导大学生进一步了解营养素的功能、食物来源以及每日所需量,根据个人特点积极调整饮食结构,达到日常膳食合理平衡,为大学生群体中超重和肥胖的个体进行体重控制,提供了运动训练建议和运动与营养方面的科学建议。

第一节　运动营养常识

营养物质是人类保证身体正常生长和发挥正常功能所需要的物质。通常人体所需的七大营养素包括蛋白质、碳水化合物、脂肪、维生素、矿物质、水和膳食纤维。其中,三种宏量营养素是蛋白质、碳水化合物和脂肪,三种微量营养素是维生素、矿物质和水。

一、宏量营养素

(一)蛋白质

蛋白质由氨基酸组成,维持细胞正常运转,增强免疫力,修复和维持身体机能。氨基酸存在于人体的每个细胞中,是肌肉、器官、皮肤和腺体的主要组成部分。每个人的身体能够自行产生 11 种非必需氨基酸,从饮食中摄取另外 9 种必需氨基酸。

一天摄入多少蛋白质取决于一个人进行的活动水平、肌肉质量、健康和年龄。蛋白质需求量随着运动强度而增加。过多的蛋白质摄入不会增加肌肉,而会增加体重,容易成为引发高胆固醇和痛风等疾病的一个危险因素,甚至会损害到人体的肾脏功能。健康均衡的饮食应该提供足够的蛋白质而不需要补充。表 9-1 列出了一些蛋白质含量较高的荤肉及豆制品。

表 9-1　蛋白质含量较高的荤肉及豆制品

食物	常用分量	碳水化合物/克	蛋白质/克	脂肪/克	能量/千卡
卤牛肉	10 片(150 克)	8.0	24.0	1.3	250
鸡胸肉	一小块(120 克)	3.0	23.3	6.0	160
牛排	一块(150 克)	1.5	21.5	17.7	254
虾仁	一份(200 克)	0	20.8	1.4	96
三文鱼	一份(100 克)	0	17.2	7.8	139

表 9-1（续）

食物	常用分量	碳水化合物/克	蛋白质/克	脂肪/克	能量/千卡
豆腐	一块（200 克）	7.6	16.2	7.6	162
千张	半张（50 克）	2.3	13.0	8.0	131
鸡蛋	一个（60 克）	1.7	8.0	5.3	86
卤鸭胗	一份（100 克）	3.4	16.7	1.3	92

（二）碳水化合物

碳水化合物又称糖类化合物，在体内以糖原的形式主要储存于肝脏和肌肉及血液中。人类利用碳水化合物来完成如睡眠、学习、呼吸和训练等很多重要的功能。碳水化合物是肌肉的主要能量来源，能维持血糖，是神经细胞和红细胞的代谢能力燃料，保证脂肪酸代谢。

在运动训练中，碳水化合物起到节省蛋白质的作用，有助于三磷酸腺苷的能量供给。在高强度的运动中，碳水化合物成为首要的能源物质。碳水化合物可分为好碳水化合物和坏碳水化合物，具体见表 9-2。

表 9-2 碳水化合物分类示意表

项目	好碳水化合物	坏碳水化合物
分类	结构复杂，纤维、维生素和矿物质	结构简单，果糖、葡萄糖
定义	富含高纤维素、低热量、少糖、丰富的营养素	高热量、低纤维素、多糖、无营养素
代谢机制	消化过程中缓慢分解、逐渐释放葡萄糖到循环系统，低升糖指数，对血糖影响较小，吸收缓慢，减少总热量	消化过程中迅速分解、迅速释放葡萄糖到循环系统，高升糖指数，导致血糖值尖峰吸收快，快速转化为能量，消耗快，易饥饿，没有营养价值
食物来源	粗加工食物，如糙米、全麦面包、芹菜、苹果、黄豆、低脂牛奶、纯酸奶等	精加工食物，如白米饭、面包、葡萄干、果汁饮料、糖果、蛋糕、炼乳、优酸乳等
健康影响	降低慢性病的风险	增加慢性病的风险

2018 年发表在《柳叶刀》杂志上的一项研究表明，碳水化合物摄入量长期小于摄入总热量的 40% 为过低，大于摄入总热量的 70% 为过高，过高和过低都会增加死亡率。最适宜的碳水化合物摄入量应占全天总热量的 50%～55%。

一天中最重要的一餐是在锻炼后，肌肉有一个储存肌肉糖原的窗口，为下一个锻炼日做准备。在锻炼后的 30 分钟内，吃复杂的碳水化合物，锻炼后 1 小时内，补充蛋白质，肌肉组织才能更快地恢复。碳水化合物含量较高的谷物、蔬菜、水果类见表 9-3。

表9-3　碳水化合物含量较高的谷物、蔬菜、水果类

食物	常用分量	碳水化合物/克	蛋白质/克	脂肪/克	能量/大卡
米饭	一碗(200 克)	51.2	5.2	0.6	232
红薯	一个(200 克)	46.1	2.2	0.2	204
玉米	一根(200 克)	39.8	8.0	2.4	224
意大利面	一小把(50 克)	38.0	6.0	0.1	175
紫薯	一个(200 克)	31.8	3.8	0.2	140
全麦吐司面包	一片(50 克)	25.4	4.3	0.5	123
燕麦片(生)	一份(30 克)	18.5	4.5	2.0	113
小米粥	一碗(200 克)	16.8	2.8	1.4	92
胡萝卜	一根(120 克)	8.9	1.3	0.2	45
南瓜	一块(150 克)	6.0	1.0	0.1	35

膳食纤维素是一种人体无法消化或吸收的碳水化合物,帮助身体吸收钙,通过提供肠道营养来帮助有益菌消化,调节血液中的糖含量,避免血糖峰值,降低患慢性疾病的风险,降低胆固醇,通过饱腹感来帮助控制体重,还可以降低患心脏病和结肠癌的风险。含有纤维素的食物有糙米、玉米、小麦、大麦、燕麦等全谷类,胡萝卜、西葫芦、黄瓜、小萝卜、芦笋、洋葱、菠菜、西兰花、山药、土豆等蔬菜,苹果、梨、草莓、柚子、桃子、樱桃、香蕉、李子等水果和豌豆、芸豆、斑豆、黑豆、鹰嘴豆、豌豆、小扁豆等豆类。纤维素含量较高的蔬菜见表9-4。

表9-4　纤维素含量较高的蔬菜

食物	常用分量	碳水化合物/克	蛋白质/克	纤维素/克	能量/大卡
秋葵	一份(200 克)	14.0	4.0	7.8	90
西兰花	一棵(250 克)	6.8	10.0	4.0	90
菠菜	一份(200 克)	5.6	5.2	3.4	56
香菇	一份(100 克)	2.0	2.2	3.3	26
木耳	一碟(100 克)	3.4	1.5	2.6	27
生菜	一把(200 克)	3.0	2.8	1.2	32
油麦菜	一把(200 克)	2.8	2.6	1.2	30
西红柿	一个(150 克)	5.9	1.5	0.9	34
黄瓜	一根(150 克)	3.1	1.0	0.6	21
海带	一碟(100 克)	1.6	1.2	0.5	13

(三)脂肪

脂肪可以调节体温、保护重要脏器、运载脂溶性维生素、供应能量以及构成细胞的某些结构,负责大脑发育和神经功能的健康,控制炎症和血液凝固,是荷尔蒙产生所必需的。脂

肪以甘油三酯的形式储存于体内,在安静和低强度运动时,甘油三酯的有氧代谢满足了大部分能量需求,1 克脂肪完全代谢可以产生 9 大卡的能量。脂肪分饱和脂肪、不饱和脂肪和反式脂肪三种,见表9-5。动物性和植物性的食物都可以提供脂肪。

表 9-5　脂肪类型示意表

脂肪类型		来源	作用
饱和脂肪 (在室温下是固态的)		动物(牛肉、猪肉)和全脂乳制品(奶酪、黄油、全脂牛奶、奶油);棕榈油、可可油	摄入过多会导致低密度(有害的)脂蛋白胆固醇水平升高,增加患心脏病的风险。
不饱和脂肪 (在室温下是液态的)	多不饱和脂肪	大多数植物油(橄榄、玉米、花生、菜籽、向日葵、红花),及牛油果、坚果、种子(葵花籽、芝麻、南瓜子、亚麻籽)、多脂鱼(鲑鱼、金枪鱼、鳟鱼、沙丁鱼)、豆奶和豆腐	更健康,降低患心脏病的风险,还可以降低患中风和癌症的风险,帮助控制情绪和抗疲劳。 w-3 系脂肪是特殊的多不饱和脂肪,防止记忆丧失和痴呆,预防抑郁,缓解关节疼痛和关节炎
	单不饱和脂肪		
反式脂肪		加工食品(如饼干和薯条等包装食品)和商业烘焙食品(饼干、甜甜圈、糕点、油炸食品、糖果和人造奶油)	不健康,增加低密度脂蛋白胆固醇,还会降低高密度脂蛋白胆固醇

个人食谱中,每日脂肪含量不应超过进食总量的 30%,即每天 30～40 克的有益脂肪。饱和脂肪不应超过所进食总脂肪含量的 10%。表 9-6 列举了一些不饱和脂肪含量较高的食物。

表 9-6　不饱和脂肪含量较高的食物

食物	常用分量	碳水化合物/克	蛋白质/克	脂肪/克	能量/大卡
巴旦木	10 颗	3.0	7.0	16.0	190
牛油果	一个(100 克)	5.3	2.0	15.3	161
腰果	10 颗	6.0	7.0	15.0	180
核桃	3 颗	1.0	5.8	14.0	150
花生	30 颗	2.0	2.0	5.2	60
椰子油	一勺(5 克)	0	0	5.0	45
奶酪	一片(10 克)	0.3	2.6	2.3	33

建议用不饱和脂肪代替饱和脂肪:

(1)少食炒菜。

(2)选择低脂奶酪和牛奶。把鸡肉去皮。

（3）避免食用动物油脂加工的蔬菜和肉类。

（4）选择瘦牛肉,少吃红肉,多吃白肉和鱼。

（5）每天在饮食中摄入 w-3 系脂肪:鱼、核桃、亚麻籽、菜籽油。

（6）用橄榄油烹饪。

（7）吃点坚果。

（8）从饮食中去除反式脂肪。

二、微量营养素

(一)维生素和矿物质

人体维持生命需要 13 种维生素。维生素分水溶性和脂溶性两大类。水溶性维生素简介见表9-7。

表9-7　水溶性维生素简介

水溶性维生素	食物来源	生理功能	缺乏症状	成人推荐摄入量（RNI）
维生素 B$_1$	谷类、豆类、干果类	能量代谢,维持神经、肌肉、心脏的正常功能,维持正常食欲、肠胃蠕动	脚气病、食欲不佳、便秘、恶心、抑郁、易兴奋及疲劳等	男性:1.4毫克/天 女性:1.2毫克/天
维生素 B$_2$	奶类、蛋类、肉类、内脏、谷物、蔬果	参与体内生物与能量生成,改善抗氧化防御系统功能,参与药物代谢	疲劳乏力,口腔疼痛,眼睛出现瘙痒、烧灼感,舌炎,皮炎及角膜血管增生	男性:1.4毫克/天 女性:1.2毫克/天
维生素 B$_6$	干果、鱼肉、禽肉、豆类、肝脏	参与氨基酸代谢,参与糖原与脂肪酸代谢,参与某些营养素的转化与吸收,参与造血	脂溢性皮炎、神经精神症状、抑郁、易激怒、免疫功能受损、消化系统紊乱	18~50岁:1.4毫克/天 50~65岁:1.6毫克/天
维生素 B$_{12}$	肉、蛋、动物内脏、鱼、禽、贝壳类	促进红细胞发育成熟,维持神经系统正常功能	巨幼红细胞贫血、神经系统受损、高同型半胱氨酸血症	2.4微克/天
复合维生素 B	硫胺素、核黄素、烟酸、B$_6$、叶酸、B$_{12}$、生物素和泛酸等帮助身体从食物中获取能量,并对视力、食欲、皮肤、红细胞和神经系统有重要作用			

脂溶性维生素有维生素 A、D、E、K,它们在脂肪中溶解,人体需求量很小,不是每天都需要。血液将它们输送到全身之前,在肝脏和脂肪组织中储存数日或数月。大量摄入会产生毒素,导致健康问题。因此,不推荐维生素补充剂。脂溶性维生素促进骨骼生长和牙齿发育,保持黏膜湿润(口、鼻、肺、喉),抗氧化,预防某些癌症,调节免疫系统,吸收钙,维持正常凝血。其

普遍存在于新鲜的水果和蔬菜、全谷物、低脂奶制品、家禽、鱼类和红肉之中。脂溶性维生素简介见表9-8。

表9-8 脂溶性维生素简介

脂溶性维生素	食物来源	生理功能	缺乏症状	推荐摄入量（RNI）/适宜摄入量（AI）
维生素A	动物肝脏、奶油、鸡蛋	促进视觉功能，维持皮肤黏膜完整，维持和促进免疫功能、生长发育和生育功能	夜盲症、干眼症、毛囊增厚、胚胎生长和发育异常、免疫功能受损、感染性疾病的患病率和死亡率升高	男性：RNI 800 微克视黄醇活性当量/天 女性：RNI 700 微克视黄醇活性当量/天
维生素D	海鱼、鱼卵、肝脏、蛋黄、奶酪	维持血液钙和磷的稳定，参与某些蛋白质转录调节，参与机体免疫调节	儿童佝偻病、骨质软化症、骨质疏松	18~65 岁：AI 10 微克/天
维生素E	植物油、坚果、谷物类、蛋类、绿叶蔬菜	抗氧化，维持生育功能，维持免疫功能	震颤和位感受损、平衡与协调改变、眼移动障碍、肌肉软弱和视野障碍	18~65 岁：AI 14 微克/天
维生素K	豆类、麦麸、绿色蔬菜、动物肝脏、鱼类	参与血凝过程，参与骨代谢，利于心血管健康	容易出血、皮肤淤青、牙龈出血、鼻出血等	18~65 岁：AI 80 微克/天

矿物质是人体内具有广泛作用的一类无机分子，分为常量元素和微量元素两大类，见表9-9。人体内含量较多的矿物质如钙、磷、钾、钠等称为常量元素，含量较少的矿物质，如铁、碘、氟、锌、硒、铜等称为微量元素。

表9-9 矿物质简介

矿物质	食物来源	生理功能	缺乏症状	成人推荐摄入量（RNI）/适宜摄入量（AI）
钙	牛奶、大豆及豆制品、深绿色叶菜和菜花、贝类、鱼类	构成骨骼和牙齿，参与凝血，调节肌肉收缩	生长迟缓、骨质疏松、抽筋	18~5 岁：RNI 800 毫克/天 50~65 岁：RNI 1 000 毫克/天
磷	瘦肉、蛋、乳、动物肝脏、海产品、紫菜、花生、坚果、粗粮	构成骨骼和牙齿，参与能量代谢，参与糖、脂代谢，调节体内酸碱平衡	肌肉无力、缺乏食欲、骨骼疼痛、佝偻病、软骨病	RNI 720 毫克/天

表9-9(续)

矿物质	食物来源	生理功能	缺乏症状	成人推荐摄入量(RNI)/适宜摄入量(AI)
钾	蔬菜、水果、豆类	参与糖、蛋白质代谢,维持细胞正常的渗透压和酸碱平衡,维持神经肌肉应激性以及心肌正常功能	肌肉无力及瘫痪、心律失常、横纹肌肉裂解症、肾功能障碍	AI 2 000毫克/天
钠	谷类、薯类、豆类、蔬果	调节细胞外液的容量与渗透压,维持酸碱平衡,维持正常血压	倦怠、无神、呕吐、血压降低、昏迷、外周循环衰竭	18~50岁:AI 1 500毫克/天50~65岁:AI 1 400毫克/天
镁	绿叶蔬菜、粗粮、坚果	激活多种酶的活性对钾钙离子通道的抑制作用,对激素的调节作用,促进骨骼生长,调节胃肠道功能	肌肉震颤、手足抽搐、反射亢进、共济失调、有时出现幻觉及精神错乱	RNI 330毫克/天
氯	酱油、腌制或烟熏食品等	维持细胞外液的容量和渗透压,维持体液酸碱平衡,参与血液 CO_2 运输,参与胃酸形成	掉发和牙齿脱落、肌肉收缩不良、生长发育不良	18~50岁:AI 2 300毫克/天50~65岁:AI 2 200毫克/天
铁	红肉、肝脏、蛋黄、豆类、干果	参与体内氧的运送和组织呼吸的过程,维持正常的造血功能,调节酶活性,催化 β-胡萝卜素转化为维生素A	缺铁性贫血、抵抗力低下	18~65岁男性:12毫克/天18~50岁女性:20毫克/天50~65岁女性:12毫克/天
碘	海产品、动物性食物	促进生长发育,参与脑发育,调节新陈代谢	甲状腺肿大及其并发症、甲状腺功能减退、智力障碍	18~65岁:120微克/天
锌	贝壳类、红肉、内脏、干果、奶酪、花生	酶的组成部分,促进生长发育,增加食欲,参与免疫力	味觉障碍、偏食厌食、生长发育不全、矮小瘦弱、皮肤干燥、皮疹、反复性口腔溃疡、免疫力减退、反复感染	男性:12.5毫克/天女性:7.5毫克/天

三、水

人体成分 60% 是水,白开水是补充身体水分的最佳方式。久坐不动的人每天的水分平均摄入量,男性和女性分别为 3 升和 2.2 升。参加减脂计划的人,应每超出理想体重 11 千克多喝 30 毫升水。如果运动强度较大或居住在炎热的环境中,也应该增加水分摄入。

足够水分对人体有很多益处:内分泌腺功能改善,体液潴留减轻,肝功能改善,提高使用脂肪功能的比例,代谢功能改善,体温调节能力提升,维持血量。水可以起到缓冲润滑关节、保护脊髓的作用。水帮助消化食物,携带营养物质到细胞,将营养分配到全身。水是吸收某些激素所必需的,并赋予肌肉收缩和保持肌肉张力的自然能力。水对保持皮肤健康很重要,有助于防止极端减肥后皮肤下垂,能软化皮肤,减少皱纹。

人体不能适应脱水状态,脱水会损害所有生理功能,即使只有相当于体重的 2% 的体液流失,也会对循环功能产生负面影响并降低运动能力。

运动期间的补水建议:运动前 2 小时饮用 500~600 毫升,运动期间每隔 10~20 分钟饮用 200~300 毫升。锻炼几小时后大量出汗,需要补充的不仅仅是水,而且需要补充钙、钠、镁和钾等电解质,这些电解质对调节神经和肌肉至关重要。需要多少水取决于年龄、活动和环境几个因素。如果等到口渴的时候,身体已经脱水了。每天通过呼吸、排汗、排尿和排便失去水分,在炎热的天气和潮湿的环境中,也会失去水分。最简单的判断是否缺水的方法是通过观看自己的尿液是否变黄。

远离含咖啡因等容易造成身体脱水的饮料,选择水而不是苏打水、茶水或果汁。饭前喝水并在水中加入柠檬、酸橙或几片黄瓜。

四、国 6 条

《中国居民膳食指南(2016)》对我国居民的“平衡膳食”做出了全面的阐释,提出了“国6 条”便于记忆和实施,提倡长期坚持。这 6 条分别是:食物多样,谷类为主;吃动平衡,健康体重;多吃蔬果、奶类、大豆;适量吃鱼、禽、蛋、瘦肉;少盐少油,控糖限酒;杜绝浪费、兴新食尚。

全面达到营养供给量标准的膳食就是合理膳食。采用多种食物,不仅提供足够数量的热能和各种营养素,满足人体的正常生理需要,还要保持各种营养素之间比例平衡。国内流行的如极低热量饮食、低脂饮食、高蛋白饮食、低碳水化合物膳食等都是在限定总热量的基础上,通过改变三大产能营养素的比例来降低体重,原则上都不属于平衡膳食。

合理营养是健康的基石,不合理的营养是疾病的温床。平衡膳食保证了机体的正常代谢需要,同时将对机体不利的饮食因素尽可能降到最低。人的智力、体力、学习能力、运动能力、防病能力、康复能力、生殖能力、寿命、身高、体重都与营养饮食有着不可分割的联系。虽然有些疾病是由遗传、生活方式、环境等多种因素作用所致,但膳食结构不合理、肥胖、营养不均衡是其中特别重要的因素。

与体重最相关的营养因素是热量,作为膳食因素的三大产能营养素,糖类、脂肪和蛋白质提供了人体一天所需的热量,由于产能营养素之间可以在体内相互转换,因此当这三大类基本的营养素摄入不均衡,如绝对摄入量过低、过高或相对比例失调,都会引起体重改变。

从小培养科学的饮食习惯是机体健康的基石。单纯的平衡膳食不是预防和治疗疾病的唯一处方，但结合健康的生活方式，保持适宜体重，对于预防和辅助治疗营养相关疾病有着重要意义。对一般人群而言，平衡膳食的目的不是减重，而是有利于保持健康体重；对于超重和肥胖等特殊人群，平衡膳食不一定能减重，但可以辅助他们科学健康地减重。

体重问题是复杂的，涉及基因、生活方式、社会文化、个体认知等多方面因素，可能需要内科、外科、营养科、心理科等专业医生建立多学科合作模式，才能更好地达到减重目的。

第二节　制定营养方案

有些学校和大学生对营养重视度不足，没有意识到营养对自身生活、学习的影响。因此要积极提倡引导培养学生的营养意识，使其认识到高纤维膳食均衡的重要性。除了体育锻炼外，营养也是导致学生体质测评结果不理想的重要原因。

首先，通过营养奠定体质基础。其次，控制体重，塑造体型，强健体魄。再次，缓解疲劳，充沛精力。最后，科学锻炼，提高素质。采用目标指引，激发学生合理饮食、营养均衡的动力。为学生制定运动营养摄取方案提供参考，参照《中国居民膳食指南》根据自身需求制定，分为周期性营养方案与长期性营养方案。

长期目标是提升免疫力，预防疾病。周期目标可分为三个阶段：第一阶段奠定体质基础；第二阶段提高弱项能力；第三阶段形成运动习惯。每个阶段配合以不同的运动营养摄取方案，以此全面提高大学生体质水平。

当一个人能量摄入大于能量消耗时，多余的能量便会形成脂肪。人体每天通过三餐将能量输入体内，并通过基础代谢、日常活动、身体锻炼等方式，将能量输出。能量输出一方面受到年龄、性别、体重的影响，另一方面还受到体育活动的影响。人体的体重控制就是能量摄入与输出之间的关系，输出能量与摄入能量平衡，体重保持不变；能量摄入大于能量输出，多余能量会转变为脂肪储存在体内，体重增加；当能量摄入小于能量输出时，体重就会下降。

一、合理膳食

全面均衡，即样样都吃，不挑食，不偏食。众所周知，任何一种单一的天然食物都不能提供人体所需要的全部营养素。因此，合理膳食必须由多种食物组成，才能达到平衡膳食之目的。中国大学生的膳食，应体现以植物性食物为主、动物性食物为辅的特点，远离脂肪过多、热能太高的外卖垃圾食品。

总量适度。历来的经验提出"食不过饱"是健康的前提之一，其目的就是要使适度，饥饱适当，热能和蛋白质等营养素摄入与消耗相适应，避免过胖或消瘦。

三餐合理。要建立合理的饮食方式，切忌暴饮暴食，提倡不吃或少吃零食。一日三餐中的热能分配，以早餐占全天总热能的30%、午餐占40%、晚餐占30%较为合适。

控制晚餐。晚餐特别要控制不能吃得太油、太饱，特别是晚餐进食大量高蛋白、高脂肪食品,将促使人体内胰腺外分泌过于活跃,胰液外溢。

二、科学进餐

吃饭不可太快过急。因学校食堂用餐时间集中,加之学习时间紧张,有些学生吃饭太快、狼吞虎咽,这种紧张情绪将使得未嚼好的食物在胃内造成消化负担。

单餐不可随意超量。由于学生自控能力有限,有好吃的饭菜就会超量,这样突然增量可使人出现胃扩张而导致胃病。

生冷不可毫无节制。有些学生爱吃凉东西,特别是在剧烈体育运动后,全身血液流动得较快,胃部突然受到冷刺激引起胃内血管痉挛,日久则胃部受损导致胃病。

餐后不可剧烈活动。校内大学生因为时间安排紧凑,往往是餐后就马上做剧烈活动,这对身体危害性很大,会刺激肠胃,让胃肠黏膜受到破坏,甚至会引起肚子疼、呕吐的症状,经常餐后做剧烈运动,还会患上胃下垂、胃溃疡等。

三、控制体重

管住嘴迈开腿,才能保持能量平衡。0.5千克脂肪含有3 500大卡能量,如果在给定的时间内比平时少吃3 500大卡或在体育活动中多消耗3 500大卡的能量,就可以减掉约0.5千克的脂肪。反之就能增加0.5千克的脂肪。

卡路里是常用的能量表示方法。卡路里(calories,缩写为cal)是能量单位,1卡路里是使1克水升高1 ℃所需的能量。在实际应用中,常使用千卡路里(kcal)这个单位,俗称大卡。

每日能量需要包括三部分:食物热效应、静息状态下的新陈代谢率(也就是基础代谢率)、体力活动时的能量消耗。一般情况下,其各自在总能量需要中所占的比例为:静息代谢率为60%~70%,食物热效应约为10%,体力活动为20%~30%。

食物热效应是指消化、吸收和进一步加工产能的营养素时,所需要消耗的大量能量,通常一天内食物热效应占总能量消耗的5%~10%。一般来说,食物热效应对每日的能量消耗影响并不大。一方面是由于不同的饮食结构并不会明显地改变食物的热效应,也就是说,尽管吃的是低能量食物,但消耗系统分解吸收能量的过程是一样的,消耗的能量也就相差不大;另一方面,食物热效应所占日常能量消耗比例较低,即使每天少吃一半的食物,也只能降低百分之几。

静息代谢率是指机体在静息状况下为维持基本生命活动所消耗的能量,一般要通过间接的能量测定。测量过程有很多特殊要求,如受试者必须在测量前数小时内禁食、12小时内禁止剧烈运动、静卧休息30分钟以上等。静息代谢率的测量并不经常进行,常通过一些公式来推算。

通过计算每日能量总消耗来估算每日能量需求,计算公式如下:

$$能量消耗=静息代谢率×运动校正因子$$

运动校正因子见表9-10。

表9-10　运动校正因子

体力活动类型	校正因子
久坐不动(很少或不运动)	1.200
少量运动(每周有1~3天进行少量运动)	1.375
中度运动(每周有6~7天进行中等强度运动)	1.550
大量运动(每周有6~7天进行大强度运动)	1.725
极大量运动(每周有6~7天进行极大强度运动)	1.900

对于在校大学生来说,以每天能量摄取和能量消耗来估算能量平衡,的确是不容易做到的。要减轻体重就要改变生活方式,多进行体育锻炼,即多消耗一些能量。如果要增加体重,就要多吃一些食物,即增加一些能量的摄入。能量是增加或减轻体重的关键所在。

了解了体重控制的原理后,同学们应该明确减脂不等于减体重,要学会甄别一些虚假减肥广告。比如通过穿不透气的衣服来增加出汗量而减肥,还有一些是通过吃减肥药排掉体内水分来减肥。如此减肥,降低的体重主要是我们身体内的水分,并不是脂肪。长期如此会导致体内平衡失调,影响健康。女性身体内脂肪比例为10%~13%,男性2%~5%,低于这个比例将会对健康产生不利影响。因此,不是体内脂肪越低越好。

科学的减脂方法有三种途径:一是保持每日能量摄入不变,增加每日体育活动的能量消耗;二是减少每日能量消耗即限制饮食,保持现有体育活动水平不变;三适当运动加健康饮食。很显然,第三种途径是最有效、最可行也最安全的方法,也就是管住嘴,迈开腿。若一个人通过运动从每天摄入能量中多消耗100大卡的能量,坚持一年将减少约5千克脂肪。

人体运动的能源物质是糖和脂肪,人体的肌肉分为快肌和慢肌,快肌纤维含糖多,含脂肪很少,慢肌纤维含脂肪多。快速运动如短跑,直接动用快肌纤维,消耗的是糖,而低强度有氧运动时慢肌纤维动员多,消耗的是脂肪,可见运动强度增大时消耗的是糖而不是脂肪。因此,要想动员脂肪作为供能物质,就应该选择强度小、时间长、慢肌纤维参与多的有氧运动。可参照表9-11肥胖、超重者运动处方,合理安排自己的运动项目、强度和频率。

表9-11　肥胖、超重者运动处方

方式	强度建议	频率建议	建议时间	注意事项
有氧运动	40%~60%最大心率	5天/周最好每天	开始阶段:20~30分钟/天最终目标:40~60分钟/天	疾走或低撞击性运动,骨质疏松、心脏病、高血压患者应谨慎,逐步增加强度、时间
抗阻运动	1~3组,负荷逐渐增强	2~3天/周隔天进行	20~30分钟	从自重训练开始,强调核心训练与有氧训练间歇,根据需要进行器械和力量训练,重点进行核心训练,加强腹部和背部肌肉力量

表 9-11(续)

方式	强度建议	频率建议	建议时间	注意事项
柔韧训练		5 天/周	最好每天	保持静态伸展 10~30 秒, 加强髋部屈肌、肩部内旋肌、胸部肌肉的拉伸和放松

肥胖者应该从低强度的有氧运动开始,持续时间达到足以消耗 200~300 大卡的能量。随着锻炼计划的进展、体质的增强再去增加运动能量消耗。肥胖者的体重较重,给关节带来额外的压力,应选择游泳、步行等低冲撞的运动形式,减少对关节可能带来的不利作用。

此外,进行适当的抗阻练习也是非常有益的,可以帮助维持瘦体重。当一个人建立了能量负平衡,并进行规律的有氧运动,脂肪减少将在全身范围内发生,而不仅仅是身体的某一部分。

减脂应该建立在科学的运动和饮食的基础上合理地进行,是一个长期的过程。1~3 周后,机体会逐步适应当前的运动负荷。之后,就可以适当延长每次运动时间 5~10 分钟,直到可以完成 40~60 分钟;4~6 周后,运动能力会明显提高,此时应重新评估测试,对训练计划进行调整,部分训练动作可以适当进阶,可以有效提高运动减脂的效果。

第三节 科学健身

一、健身新理念

久坐不动的不良生活方式与严重的运动不足,会明显地造成大学生体能下降、身体抵抗能力减弱、患病危险概率大大地增加。根据世界卫生组织全球体力活动建议和多国体力活动指南,科学健身包括适量运动、静坐少动间断和增加日常体力活动三个部分。

(一)适量运动

每周进行 150 分钟以上中等强度的有氧运动,或 75~150 分钟较大强度的运动,同时每周还要进行 2~3 次抗阻练习和 2~3 次的柔韧练习,特别是在健身计划中,有机融入平衡和核心稳定的专门项目练习。

1. 有氧运动

有氧运动是指以躯干、四肢等大肌肉群参与为主的,有节奏、时间较长、强度低、能够维持在一个稳定状态的身体活动。在整个运动过程中,呼吸心跳加快,人体吸入氧气量基本满足体内氧气的消耗量,达到生理上的动态平衡,没有缺氧情况存在。

有氧运动的特点是有节奏、不中断、持续时间较长,如快走、慢跑、有氧健身操、骑自行车、广场舞等都属于有氧运动。中等强度的有氧运动,用主观感觉判断是身体微微出汗的程度,步行速度 110~120 步/分钟,运动中的心率是个人最大心率的 64%~76%。

一些剧烈的运动如篮球、网球、羽毛球等,包含短时间大强度间歇性运动,对于健康的促进同样有利,能帮助锻炼运动技能并有助于健康的体重管理。每周进行 3 次即可改善心肺能力,并有效控制体脂率。有氧运动不仅是所有活动的基础,而且能保持心脏的良好状态,这有助于预防许多健康问题。

2. 柔韧练习

柔韧性是指肌肉关节进行最大幅度运动的能力。通过对自身肌肉、韧带、肌腱等结缔组织进行牵拉,使它们在一定的范围内被拉长,来改善我们身体的柔韧性。柔韧性是健身计划的基石,柔韧性差则限制了运动范围,会导致使用其他肌肉来补偿运动,从而引起肌肉失衡,影响姿势、表现和运动效率。健身中融入柔韧性练习(在任何年龄)可以改善姿势,使运动更有效率,还能有效缓解背部疼痛。柔韧性练习在运动后进行效果更佳。一般健身者每周 2~3 次,建议每种伸展运动持续 10~30 秒,每次做 2~3 组,有紧张感但不感到疼痛为宜。

3. 阻力训练

阻力训练是以提高肌肉力量为目的而进行的各种力量练习,肌肉力量可表现为绝对力量、相对力量、肌肉耐力和爆发力几种形式。阻力训练提高肌力和耐力,增加肌肉质量,提高力量。健身计划中加入阻力训练是很有必要的,因为强壮的肌肉会产生强壮的肌腱,而肌腱会使骨骼变得强壮而致密,这反过来又降低了患骨质疏松症的风险。20 岁以后,成人每 10 年会失去 2~3 千克的肌肉,阻力训练将有助于阻止肌肉的损失,重建肌肉。针对全身主要肌群每周进行 2~3 次,每组重复 8~10 次 14 组的力量练习,可以改善肌肉力量。每组重复 10~15 次,可改善肌肉耐力。

4. 平衡

平衡是控制身体在空间中的位置的能力,包括本体感受,身体接收来自环境的信息(比如从椅子上站起来),并将这些信息发送给大脑。这些信息告诉肌肉该怎么做,这样它们就能适应变化,保持平衡。当这个系统超载时,就会失去平衡。无论是站着(静态平衡)还是移动(动态平衡),身体都在不断地做出调整,以防止摔倒。

虽然大部分人可能认为自身的平衡只对体操运动员或花样滑冰运动员很重要,但是,定期的平衡训练可以改善姿势和协调性,提高运动的表现,并有助于防止摔倒和受伤。可以在准备活动部分或力量训练部分融入平衡训练,或单独进行练习,每周 2~3 次。

5. 核心力量与稳定

核心肌肉负责伸展、弯曲和旋转躯干,这些肌肉层决定了人体姿势。加强和调节这些肌肉可以减少背部疼痛和脊髓损伤的风险,提高运动能力,并改善协调和平衡。因此,所有的健身计划都应该有一个坚实的核心工作基础。

(二)静坐少动间断

1. 静坐少动行为

静坐少动行为也可称为久坐行为,是指能量消耗在低于 1.5 代谢当量(METs)的觉醒状态,如坐着、躺着、看电视和其他形式的基于屏幕的娱乐活动。世界卫生组织在全球健康危险因素调查数据表明,缺乏身体活动是紧排在高血压、吸烟和高血糖之后的导致全球死亡原因的第四大危险因素,全球 6% 的人类死亡是缺乏身体活动造成的。强有力的证据表明,静坐少动行为与全因死亡率密切相关,呈现直接的剂量-效应关系。

2.静坐少动时间越长,死亡风险越大

静坐少动行为与心血管疾病死亡率呈现直接的正相关,静坐少动时间越长,发生心血管疾病的风险越高,死亡率越高。静坐少动行为所带来的代谢问题和对长期健康的影响,不同于体力活动不足的影响。

研究表明,静坐少动行为独立于运动行为,即使是体力活动达到推荐量的人群,减少静坐少动时间仍然是必要的,静坐少动总时间越长,死亡和患慢性病的风险越大。改变这一行为最有效的方式是,至少每小时站立,或从事其他形式的较低强度的体力活动1~5分钟。

(三)增加日常体力活动

体力活动也称为身体活动,包括体育活动、竞技体育运动和体育锻炼。指骨骼肌收缩导致机体能量消耗明显增加的各种活动。体育活动是指有计划、有组织和重复进行的,以保持和提高健康和体适能为目的的体力活动。

在日常生活中,应保持适度体力活动,多行走、打球、打扫卫生、做家务等。减少坐电梯,改成爬楼梯;乘坐公交或地铁上学时,提前一站下车,选择步行去学校;减少开车的机会等,这些都可以有效增加日常体力活动。

二、科学健身的基本原则

(一)超负荷原则

体力活动最基本的规律是超负荷,通过体力活动产生健身和健康效益的唯一方法,是要求身体比平时做得更多,其规律是增加身体的需求-超负荷-迫使去适应。

简单来说,在给机体施加一个较大运动负荷的初期,机能反应较强烈,训练效果也比较明显,随着机体对该训练负荷的逐渐适应,机能反应便会越来越低,训练效果越来越不明显。在此情况下,若要继续提高运动水平,必须适度增加运动负荷,以引起新一轮次的反应及适应过程。依此周期不断循环,即为超负荷的基本内涵。更确切地说,所谓超负荷,实质上是指循序渐进地增加负荷,使人的机能水平在不断进行的反应-适应过程中逐渐提高到最高。

(二)循序渐进原则

在适宜运动区域进行体力活动可以促进健康,发展体能。按照循序渐进原则,运动量和强度应该逐渐增加。一段时间后,身体会适应体力活动的增加(负荷),此时会觉得体力活动变得更容易。当这种情况发生时,就可以逐渐增加运动量。这种正确的体力活动范围称为健身目标区域。从所有训练的"门槛"开始,有一个上限叫作目标上限。低于这个门槛的锻炼是不足以产生效益的,超过目标上限的锻炼(过度锻炼)会增加受伤和疼痛的风险,产生的效果可能不理想。如果在运动时感到疼痛,可能是负荷过重或太快,身体无法适应。

(三)特异性原则

同种类和数量的体力活动会对身体产生不同的好处。例如,经常跑步可以提高心肺耐力水平,但柔韧性并未得到提高;经常做拉伸运动可以提高柔韧性,但心肺耐力并未得到提高。想提高肌肉力量,还需要在健身运动中使用更多的抗阻训练。此外,对特定身体部位的锻炼,如跑步可以使腿部肌肉得到锻炼。身体其他部位肌肉,如胸背、肩膀、手臂则可以选择特定的训练动作进行相应的肌肉锻炼。

三、健身目标设定 SMART

健身作为个人管理的重要项目,可以用 SMART 方法使坚持变得更容易。SMART 方法一共分为五步。设定健身目标 SMART 的原则是:"在一个时期限制内,设定一个明确而且可以测量的数字目标,并且确定这个目标是合理可达成的。"

(一)设定一个具体的目标

SMART 中的 S 代表具体。设定的每个目标要具体明确,而不是一个笼统的目标,比如"我想减肥! 我要增肌! 我要提高柔韧性!"应该更具体些,用"谁""什么"和"在哪里"这些问题来决定个人将如何实现减肥、增肌或提高柔韧性的目标。

例如,减肥有多样途径,包括不吃甜食,进行心肺运动、力量训练和减少能量摄入。那么,在设定个人减肥目标时,应该结合自己的实际情况(如前面的测试和评价的结果、个人喜好、个人空闲时间)来制定一个具体的目标:

通过每周 1 小时的心肺运动和力量训练,减掉 5 千克;通过每周 4 次 1 小时步行和不吃甜食来减重 5 千克;在接下来的 3 个月里,每周慢跑 5 次,每次 30 分钟,等等。

(二)健身目标的进展可评估

SMART 中的 M 代表可测量和有意义,也就是有一个具体的数字或标准,例如每天吃 5 种水果和蔬菜,减重 5 千克等,一个具体的目标将使健身计划更专注更专一。达到了就是实现了目标。在设定目标时,问问自己:通过什么客观数据来衡量目标是否达成?

50 米测试考出 6.5 秒成绩是目标达成,考试达到 95 分是目标达成。设定目标的具体可行,可以借助体重秤或体脂分析仪等工具来测量体重的增减,也可以通过写健身日记的形式,标记出一周锻炼的天数和具体的时间来衡量,还可以通过免费网站和手机 App 测量记录,比如 keep。自己能一直保持动力,对健身这一行动更坚定、更强大、更有条理,激励自己实现目标并保持专注。

(三)设定目标的可实现性

SMART 中的 A 代表可实现性。比如一个月减肥 5 千克可能不太现实,健康且理想的减重速度是每周不超过体重的 1%,每周减 0.5~1 千克的目标是可以实现的。如果把目标设置得过高,不仅会让自己压力过大,难以坚持,一旦达不到还容易陷入自我否定的境地,最后会导致整个计划落空。

目标必须符合自己的时间表、健康水平和运动偏好。每周在跑步机上走三次,每次30~60 分钟,并进行一系列的重量训练,这是一个可以实现的目标。因此,根据自己的个人生活习惯安排锻炼时间。例如,如果不习惯早起,就不要安排在早上 6 点锻炼,可以根据自己工作学习的空闲时间合理设定目标。

(四)设定目标与自身能力相关

SMART 中的 R 代表相关。设定的目标与自身的能力、兴趣和需求相关。比如,如果一个人讨厌跑步,那就不要将目标设定为3千米跑。再比如,减脂计划中可以把甜点限制在一周吃两次,而不是"再也不吃甜点",这样更容易达成目标。

可见,目标与生活有方方面面的关联,而不是一个孤立的点。目标确定后,一定要配置相应的绩效目标与过程目标。

(五)设定目标的时间限定

SMART中的T代表时间限定。为完成目标设定一个具体的时间,这样就会保持动力,也会促使个人行动起来。

怎样才能在不设定完成目标的最后期限的情况下做出改变呢?

在接下来的8周内减掉4~5千克,或者在接下来的一个月里每周锻炼3次,每次30~60分钟,这些都是有时间限制的目标。很多人在制订了新年计划后,就不再锻炼了,原因之一就是锻炼变成了一种没有方向的无休止的苦差事。制定一个具体的目标清单,可以帮助坚定决心。

四、设定不同健身目标

(一)设定一个长期目标和一个短期目标

现实中,有些大学生经常会立下一个决心,比如吃得更少、多锻炼,但却不能坚持。失败的主要原因之一是选择了无法在规定的时间内完成的长期目标,没有设定明智的目标。

设定目标时,需要设定长期目标,也需要设定一个短期目标。根据目前健康状况,短期目标可以是每天、每周或每月的目标,长期目标可以是持续一个季度或一年的目标。短期目标可以改变行为,是实现长期目标的一个步骤,短期目标放在生活方式的改变上,而不是健身或减肥等结果上。比如,设定一个短期目标为每周做3天俯卧撑和弹力带肱二三弯曲练习,长期目标为完成俯卧撑10个。

(二)结果导向的目标和行为导向的目标

短期目标和长期目标可以是结果导向的目标,也可以是行为导向的目标。以结果为导向的目标专注于结果,比如在某段时间内减掉5千克,降低血压,或者进行一场比赛。这些目标仅仅是基于结果,大多数人比较关注这些类型的目标。

一个以行为为导向的目标是一个关注改变行为的目标。这些目标集中在行为上,比如设定下个月每周锻炼3次,每次1小时。这个目标是最优的和可测量的,是可实现的和相关的,是有时间限制的,但它是基于行为而不是基于结果的。

设定目标是非常个性化的,目标应该基于自己想要完成的事情。通常情况下,如果目前不爱运动或经常久坐不动,行为目标的效果最好,因为它可以帮助个人把锻炼作为每周例行活动的一部分。经过一段时间,锻炼将成为生活的一部分。长期行为目标的例子是:下一年每周锻炼5次,每天锻炼1小时。短期行为目标的例子是:在接下来的三周内每周锻炼3次,每次15分钟。锻炼时间可以每三周增加5分钟,一旦你可以锻炼1小时,每天可以从每周3次增加到每周4次,然后每周5次。将锻炼增加到每周5次,应该在几个月的时间里逐渐进行,以帮助降低受伤的风险,并适应个人的日程安排。因此,建议同学们设定一个行为目标,养成自觉锻炼的习惯,长期坚持,将大大获益。

五、健身计划的制订与实施

可以通过 5 个步骤科学制订和实施自己的健身计划。

步骤 1:确定个人健身需求

在制订健身活动计划之前,要评估自己的健身水平和运动模式。在制订营养计划之前,要评估自己的饮食习惯和素养。表 9-12 是个人信息档案示例,查看自己的体质健康、体力活动水平或营养膳食处在什么样的等级,清楚展示自己需要提高或改进的方面有哪些。

表 9-12　建立个人信息档案示例

健康评价	成绩	等级
BMI	28	超重(待改善)
1 000 米跑		不及格(待提高)
引体向上		
坐位体前屈		
立定跳远	237 厘米	中等
…		
体力活动评价	是或否	是
静坐少动	√	改变静坐少动,每周 3 次体育活动
偶尔运动		
经常运动		
营养膳食评价		
有风险	√	
无风险		

步骤 2:考虑健身项目选择

在确定了个人需求之后,下一步就是考虑健身项目或课程选择。根据表 9-13 和表 9-14 中列举的方案确定自己将要进行什么类型的活动。

表 9-13　健身效果示意表

健身活动类别	健身活动方式	健身效果
有氧运动 (中等强度)	健身走、慢跑(6~8 千米/小时)、骑自行车、登山、爬楼梯、游泳等	改善心血管功能、提高呼吸功能、控制与降低体重、增强抗疾病能力、改善血脂、调节血压、改善糖代谢

表 9-13（续）

健身活动类别	健身活动方式	健身效果
球类运动	篮球、排球、足球、乒乓球、羽毛球、网球等	提高心肺功能、提高肌肉力量、提高反应能力、调节心理状态
中国传统运动	武术、太极拳（剑）、健身气功、八段锦、五禽戏、易筋经等	提高心肺功能、提高呼吸机能、提高平衡能力、增强免疫机能、提高柔韧性、调节心理状态
力量练习	各类器械练习：杠铃、哑铃等；非器械练习：俯卧撑、仰卧起坐等	增强肌肉力量与耐力、增加肌肉体积、提高平衡能力、保持骨骼健康、预防骨质疏松
拉伸练习	静力性拉伸和动力性拉伸、筋膜放松等	提高关节活动幅度和灵活性、增强平衡稳定，预防运动损伤

表 9-14　健身活动类型示意表

健身目的	推荐健身活动类型
增强体质、强壮身体	有氧运动、球类运动、中国传统运动
提高心肺功能	有氧运动、球类运动
减控体重	长时间有氧、抗阻运动
调节类运动	球类运动、中国传统运动
增加肌肉力量	各种力量练习
提高柔韧性	各种拉伸练习
提高平衡能力	中国传统运动、球类运动、力量练习
提高反应能力	各种球类运动

有些需要健身设备才能进行，有些只需要简单的工具或只需要克服自身体重就可以进行，表 9-15 为不同类型力量训练的示例，可以根据自己的能力和兴趣有选择地进行。如果力量水平较差，则可以选择自重训练进行；如果有一定的基础，则可以选择器械训练。必须在教练或教师的指导下学习掌握正确的练习动作，自由重量和弹力带抗阻训练可以先从轻重量开始，再逐步增加训练的负重。

表 9-15　不同类型力量训练的示例

弹力带阻力练习	自重训练	自由重量训练	抗阻器械训练
弹力带弯举	俯卧撑	哑铃弯举	器械腿部训练
弹力带前平举	卷腹	哑铃颈后屈伸	器械背部训练
弹力带俯身划船	高抬腿	壶铃摇摆	器械胸部训练
弹力带俯卧撑	滑雪步	壶铃负重深蹲	…
…	深蹲	药球俄罗斯转体	
	原地纵跳	哑铃硬拉	

步骤 3：设定明智的目标

根据 SMART 写下具体的目标，见表 9-16。同时设定自己完成这些目标的时限。

表 9-16　目标示例表

长期目标	计划	时间
能完成 11 个标准引体向上	每周 3~4 天进行引体向上练习、上肢及背部力量训练	3 月 1 日—7 月 1 日
第一个月的力量训练	每组肌肉选择一项练习，每组练习 12~15 次，当能每组轻松完成 15 次时增加重量	3 月 1 日—3 月 31 日

步骤 4：制订详细的书面计划

为自己不同的健身需求准备一份详细的书面计划，包括柔韧、力量、平衡、耐力等。可以用图表的形式来准备，以一周女性肌肉塑形计划为例，见表 9-17。由于肌肉健身锻炼不需要每天都做，可以自己决定或咨询体育老师帮助决定哪天做哪项锻炼和做多少。根据自己的空闲时间和最喜欢锻炼的时间来决定锻炼计划。

表 9-17　一周女性肌肉塑形计划示例

星期	练习动作	组数×次数	时间	完成情况
星期一	深蹲	4×15	下午 5 点	√
	臀桥	4×20		√
	箭步蹲	4×12		√
	哑铃硬拉	4×12		√
星期三	哑铃弯举	4×10	下午 4 点	√
	哑铃划船	4×15		√
	哑铃肱三头肌颈后屈伸	4×12		√
	哑铃飞鸟	4×12		√
星期四	卷腹	4×25	下午 4 点	√
	平板支撑	4×40 秒		×
	俯卧登山	4×40 秒		√
	波比跳	4×8		√
星期六	哑铃侧平举	4×(8~12)	下午 5 点	√
	跪姿俯卧撑	4×(8~12)		×
	哑铃肩上推举	4×(12~15)		√
	弹力带扩胸	4×(12~15)		√

步骤5:记录并评估健身计划

在完成健身计划过程中,应定期评估自己的各项健康指标和体质的水平是否达到既定健身目标,根据评估结果定期修订、规划未来健身目标。比如,在实施健身计划之前,通过体质测试结果显示,心肺耐力较差,则可以将提高心肺耐力作为一个健身目标。在实施健身计划两个月后,再次对体质测试要素进行评估,如果结果显示心肺耐力提高了,达到中等,则下一步再以良好作为一个目标。在健身计划实施过程中,可以选择一或两个需要提高的体质要素,作为未来两个月内努力完成的目标。如果一次就想改变太多的构成要素,就会降低目标完成率。

如果达成目标,酬劳自己一下,如为自己买一套新的运动服装、一双运动鞋,或是很久以前就想买的特别物品。寻求朋友的支持,寻找一位同伴和自己一起参加健身计划,或不定期咨询专业教练或教师,与志同道合的人在一起做朋友,可以从健身教练和同伴处获得正确的技术指导,不断充实自己的健身知识和素养,提高自我效能感。

大多数参与健身计划的同学仅仅数周实践之后即能体验全新的生活品质,那些长期久坐不动的同学,可能需要较长的时间才能建立正确的健身行为习惯。

在健身计划进程中,认清可能会面临的困难或挫折,列出自己的目标和实现目标的时间表之后,还需要找出障碍和解决方法来帮助自己实现目标。若目标无法达成,则需要重新评估。因此,在健身计划实施中需要经常自我监控,跟踪自己的健身进展,并检查进展情况对一般性或特殊性目标做调整。

六、健身流程

一个完整的健身流程包括三个阶段。其一是准备活动阶段,主要是在正式运动前做一些热身,让自己的身体提前进入运动状态;其二是基本运动阶段,是体育活动的主要部分,包括一些体能运动、对抗或竞赛类运动或者娱乐运动;其三是结束放松阶段,帮助机体在运动后恢复体能。健身活动内容的组成见表9-18。

表9-18　健身活动内容的组成

组成部分	主要内容	活动时间建议
准备活动	慢跑、徒手操、动态拉伸、神经激活等	5~10分钟
基本活动	有氧运动、力量练习、球类等	30~60分钟
放松	静态拉伸、其他	5~10分钟

(一)准备活动阶段

运动生理学理论认为,人体各器官的机能都有一定的生理惰性,准备活动可以提高神经系统的兴奋性,激活运动器官,克服生理惰性,能促进血液循环加快,需氧量增加,机体的代谢速度加快,还能使体温略微升高,肌肉、肌腱的弹性、伸展性等处于良好的状态,提高肌肉的收缩力和速度以及动作协调性,避免运动损伤。

那么如何做好准备活动呢?

首先是做动力伸展,慢慢拉伸肌肉伸长超过其初始长度,然后再停止几秒。准备活动取决于参加的体育项目不同而不同,如慢跑或快走这类低强度或中等强度的运动,可以不进行准备活动。在进行高强度运动或比赛前,需要认真做好至少 5~10 分钟的低中等强度的准备活动,以利于肌肉和身体的温度升高,唤醒心血管系统和肌体的其他系统,为进一步高强度的运动做好充分的准备。

其次,准备活动分一般准备活动和专项准备活动。一般准备活动强度为低强度,包括慢跑和拉伸,时间为 5~10 分钟。低强度的简单判断方法是准备活动后,心率达到约100 次/分钟。气温较低时,准备活动的时间也适当长一些,量可大一些。气温较高时,时间可短一些,量可小一些。一般准备活动有慢跑为主的心肺热身活动,以及进行拉伸或者原地连续性徒手体操为主的肌肉热身准备。伸展肌肉部位的顺序应为颈、上肢、躯干、下肢以及脚踝等,伸展动作的原则应是前后、左右以及绕环等,表 9-19 提供了简单的一般准备活动示例。

表 9-19　一般准备活动示例

名称	要点说明
头部运动	两手叉腰站立,头部分别完成前点、后点、左点、右点 2 次,连续完成 4 组
扩胸运动	两腿开立站姿,双手胸前平屈向后扩胸 2 次,双手臂伸直前平举、双手伸直上举、双手伸直在体侧向后扩胸 2 次,完成 4 组
体转运动	两腿开立站姿,双手胸前平屈,左侧转体、右侧转体 2 次,完成 4 组
体侧运动	两腿开立站姿,一手上举,大臂贴耳朵,向叉腰手臂方向体侧屈 4 次,左右分别进行,完成 2 组
腹背运动	两腿开立站姿,双手上举向后伸展背部体前屈,分别进行 2 组
弓步运动	弓步站立,保持前腿大腿与地面平行,下压,左右交替进行,完成 2 组
侧弓步运动	侧弓步下压,左右交替进行,完成 2 组
压肩	两人 1 组,配合压肩。分腿站立,伸直膝盖,肩部肌肉放松,背部伸展,肩胸部下压。完成 10~15 次,或在下压最低处保持数秒

专项准备活动一般是在参与体育运动中一些动作技术相对复杂的项目的时候,需要运动者再适当做些与正式练习动作结构相类似的活动。比如,乒乓球练习前的简单推挡、篮球练习前的运球等。

(二)基本活动阶段

在健身活动中,需要选择合适的运动方式,运动强度和运动时间都要做到适宜,遵循定时定量的原则。动作标准永远是第一位的,不要盲目追求动作的数量和时间。应定期调整训练计划,并适时改变和加入新的训练方式,肌肉不断地突破舒适区间,更快提升身体素质。

(三)放松阶段

在运动后进行 5~10 分钟的放松和拉伸练习有助于防止头晕和昏厥。放松的形式有散步或慢跑这样的缓慢适度的活动,保证心脏和肌肉逐渐从高度紧张状态下恢复过来。在剧烈运动后继续做一些轻缓的放松活动,肌肉会挤压腿部的静脉,有助于血液回到心脏。心脏可以泵更多的血液到大脑,避免头晕或昏厥。

放 松 指 南

1. 剧烈运动后,切勿立即躺下或坐下。

2. 在放松期间逐渐减少活动强度(如慢跑,然后散步,然后考虑温和的伸展运动)。

3. 散步或做其他适度的全身运动。

4. 可以选择在肌肉还热着的时候做一些伸展运动,主要为静态拉伸,可以有效减少肌肉酸痛,加快肌肉恢复速度,减少肌肉黏滞性,塑造匀称的肌肉线条。但要注意力度,如果感觉拉伸部位发麻,须立即停止,拉伸时不要憋气,注意拉伸部位放松。

专题十 健康筛查

　　全面认真地组织青年大学生进行健康测试和评估,不仅能准确地发现和筛除有运动禁忌证的大学生,保障高校开展体育健康运动的安全性,而且健康检查反馈的所有相关信息材料,能够指导青年学生在参加运动前明确是否需要咨询专业医疗机构的健康专家,是否有需要注意的健康和损伤风险区域和风险因素。尤其是对于那些喜欢健身运动的大学生来说,通过健康测试和评估,青年学生可以熟悉自身体质处于何种健康状态,引导学生使用筛查结果作为个人的健康基线,加上学生的自我评估,可以直接作为制订运动健身计划的重要参考。还可以为青年学生确定健身目标后,有效地监控实施进展情况,从而提供充足的健身动力。

第一节 运动前健康筛查

　　健康筛查的第一步是进行自我筛查。通常情况下,在专业人员指导下,使用身体活动准备问卷调查,包括心脏、血压、脉搏、身体组成和腰围测量等方面的医学检查。通过筛查了解年龄、症状和(或)危险因素等增加疾病风险的原因,排查出心血管疾病危险因素和运动禁忌证。一旦发现有医学禁忌症状的大学生,在其身体症状减弱或得到控制前,一定要遵循医嘱不可盲目无所顾忌。尤其是有一种或多种临床疾病或状况的情况下,应该严格执行有医疗监护的运动健身活动。

　　健康筛查的第二步是认真仔细地评估身体姿态和功能动作,及时发现潜在的健康隐患,找出青年大学生在运动的时候,身体哪个部位发生疼痛,疼痛的真正原因是什么,做到早发现早预防,先把姿态瑕疵和疼痛问题消除掉,方可最大限度地降低学生们在未来运动中受伤的风险系数,确保健身质量和生命安全。自我健康筛查流程见图10-1。

一、身体活动准备问卷

　　该套问卷由7个问题构成,简称2014 PAR-Q+,是业内公认的在运动测试或运动前必须进行调查的问卷。用于识别那些少数不适宜做体力活动,需遵医嘱的人群。

　　2014 PAR-Q+问卷见表10-1。

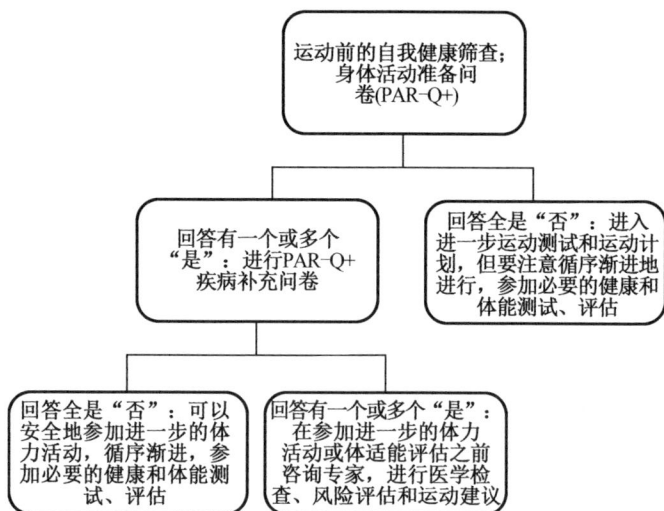

图 10-1 自我健康筛查流程

表 10-1 2014 PAR-Q+问卷

请认真阅读以下 7 个问题并根据真实情况选择"是"或"否"			
1	医生是否告诉过你患有心脏病或高血压	是☐	否☐
2	在日常生活中或进行体力活动时是否出现过胸痛	是☐	否☐
3	是否确诊患有其他慢性疾病(除心脏病或高血压外)? 请写出疾病名称	是☐	否☐
4	在过去 12 个月中,是否因为头晕而失去平衡或失去知觉？如果你的头晕与过度通气(包括进行较大强度运动时)有关,请回答"否"	是☐	否☐
5	你是否正在服用治疗慢性疾病的药物？请写出药物名称及其治疗的疾病	是☐	否☐
6	目前或在过去的 12 个月内,是否存在运动时加重的骨、关节或软组织(肌肉、韧带或肌腱)问题？如果过去有问题,但现在并不影响你进行进一步的运动,请回答"否"。请写出存在的问题	是☐	否☐
7	是否曾经听医生说过,你只能在医务监督(有专业人士监督或仪器监测)下进行体力活动	是☐	否☐

对于身体健康的大学生来说,开展体力锻炼活动一般不会出现什么问题或危机。如果参加大负荷的体育运动,请仔细阅读表 10-1 的问卷并如实地逐条回答。如果上表回答全部是"否",请直接进入下一步运动测试和运动计划;如果回答有一个或多个"是",则需要继续填写 PAR-Q+疾病补充问题的问卷表 10-2。属于危险因素的,需要向相关的专业医生咨询,待消除健康危险因素后,再进入下一步运动测试和运动计划训练。

表 10-2　2014 PAR-Q+ 疾病补充问题

1	是否有关节炎、骨质疏松症或腰背问题？如果回答为"是"，继续回答问题 1a~1c；如果回答为"否"，跳到问题 2	是 □　否 □
1a	是否在药物或其他医学治疗后，仍然无法很好地控制病情？如果目前并没有服用药物或进行其他治疗，请回答"否"	是 □　否 □
1b	是否有引起疼痛的关节问题、近期有骨折，或由骨质疏松症或其他病症引起的骨折、椎体移位(滑脱)和/或峡部裂/峡部缺陷(脊柱背侧的椎骨弓裂纹)	是 □　否 □
1c	是否定期注射或服用类固醇药物超过 3 个月	是 □　否 □
2	是否患有癌症？如果回答为"是"，继续回答问题 2a~2b；如果回答为"否"，跳到问题 3	是 □　否 □
2a	是否有已确诊的肺部/支气管、多发性骨髓瘤(血癌)、头部和颈部的癌症	是 □　否 □
2b	目前是否正在接受癌症治疗(如化疗和放疗)	是 □　否 □
3	是否有心脏或心血管疾病？包括冠状动脉疾病、心力衰竭、确诊的心律失常。如果回答为"是"，继续回答问题 3a~3d；如果回答为"否"，跳到问题 4	是 □　否 □
3a	是否在药物或其他医学治疗后，仍然无法很好地控制病情？如果目前并没有服用药物或进行其他治疗，请回答"否"	是 □　否 □
3b	是否存在需要治疗的心律失常如心房颤动、室性早搏	是 □　否 □
3c	是否有慢性心力衰竭	是 □　否 □
3d	是否有确诊的冠状动脉(心血管)疾病，且在最近的 2 个月中没有参加规律的体力活动	是 □　否 □
4	是否有高血压？如果回答为"是"，继续回答问题 4a~4b；如果回答为"否"，跳到问题 5	是 □　否 □
4a	是否在药物或其他医学治疗后，仍然无法很好地控制血压？如果目前并没有服用药物或进行其他治疗，请回答"否"	是 □　否 □
4b	无论服药与否，安静血压是否都大于 160/90 mmHg？如果不知道安静血压是多少，请回答"是"	是 □　否 □
5	是否患有代谢性疾病？包括 1 型和 2 型糖尿病、糖尿病前期。如果回答为"是"，继续回答问题 5a~5e；如果回答为"否"，跳到问题 6	是 □　否 □
5a	是否在饮食控制、药物治疗或其他医学治疗后，仍然经常无法很好地控制血糖水平	是 □　否 □
5b	是否经常在运动或日常活动后，出现低血糖症状和体征？低血糖症状包括颤抖、紧张、异常烦躁、异常出汗、眩晕或轻度头晕、精神错乱、说话困难、虚弱或嗜睡	是 □　否 □
5c	是否有糖尿病并发症的症状或体征(如心脏或心血管疾病，或眼部、肾脏并发症，或足部感觉障碍)	是 □　否 □
5d	是否有其他代谢性疾病(如存在妊娠糖尿病、慢性肾脏疾病或肝脏问题)	是 □　否 □
5e	近期是否打算参加对你来说强度非常高或较大强度的运动	是 □　否 □

表 10-2(续 1)

6	是否有精神问题或学习障碍,包括痴呆、抑郁症、焦虑症、饮食紊乱、精神异常、智力残疾、唐氏综合征? 如果回答为"是",继续回答问题 6a~6b;如果回答为"否",跳到问题 7	是 ☐	否 ☐
6a	是否在药物或其他医学治疗后,仍然无法很好地控制病情? 如果目前并没有服用药物或进行其他治疗,请回答"否"	是 ☐	否 ☐
6b	是否有唐氏综合征或影响神经、肌肉的背部问题	是 ☐	否 ☐
7	是否有呼吸道疾病? 包括慢性阻塞性肺病、哮喘、肺高压。如果回答为"是",继续回答问题 7a~7d;如果回答为"否",跳到问题 8	是 ☐	否 ☐
7a	是否在药物或其他医学治疗后,病情仍然无法控制? 如果目前没有服用药物或进行其他治疗,请回答"否"	是 ☐	否 ☐
7b	是否曾听医生说过你的血氧水平在休息或运动时偏低,需要进行支持性吸氧治疗	是 ☐	否 ☐
7c	如果有哮喘,现在是否有胸闷、喘息、呼吸困难、激烈咳嗽(每周超过 2 天)的症状,或在最近的一周是否用过两次以上的抢救药物	是 ☐	否 ☐
7d	是否曾经听医生说过,你的肺部血管血压高	是 ☐	否 ☐
8	是否有脊髓损伤,包括四肢瘫和截瘫? 如果回答为"是",继续回答问题 8a~8c;如果回答为"否",跳到问题 9	是 ☐	否 ☐
8a	是否在药物或其他医学治疗后,仍然无法很好地控制病情? 如果目前并没有服用药物或进行其他治疗,请回答"否"	是 ☐	否 ☐
8b	是否经常出现安静血压偏低并引起头晕、眩晕或晕厥的情况	是 ☐	否 ☐
8c	是否曾经听医生说过,你有突发性高血压(自主神经功能紊乱)	是 ☐	否 ☐
9	是否发生过中风? 包括短暂性脑缺血发作或脑血管事件。如果回答为"是",继续回答问题 9a~9c;如果回答为"否",跳到问题 10	是 ☐	否 ☐
9a	是否在药物或其他医学治疗后,仍然无法很好地控制病情? 如果目前并没有服用药物或进行其他治疗,请回答"否"	是 ☐	否 ☐
9b	是否有步行或活动障碍	是 ☐	否 ☐
9c	在过去 6 个月内,是否有过中风或神经/肌肉损害	是 ☐	否 ☐
10	是否有以上未列出的其他疾病或是否有两种或两种以上的疾病? 如果回答为"是",继续回答问题 10a~10c;如果回答为"否",请直接阅读"基于你的健康状况的推荐"	是 ☐	否 ☐
10a	在过去 12 个月内,是否发生过由头部受伤导致的晕厥、晕倒或失去知觉的情况? 或最近的 12 个月内是否曾经确诊过脑震荡	是 ☐	否 ☐
10b	是否有未列出的疾病,如癫痫、神经系统疾病、肾脏问题等	是 ☐	否 ☐
10c	目前是否同时存在两种或两种以上的疾病? 请写出疾病及其治疗药物的名称	是 ☐	否 ☐

表 10-2(续2)

基于你的健康状况的推荐:

1. 如果所有的疾病补充问题你都回答为"否",说明你可以安全地参加进一步的体力活动。

(1)咨询注册运动专家,请他帮你制订一个安全、有效的体力活动计划以达到目的。

(2)循序渐进:从每周 3~5 次 20~60 分钟低到中等强度的有氧运动和力量训练开始,逐步增加到每月 150 分钟或更长时间的中等强度运动。

(3)如果年龄超过 45 岁且没有规律的较大强度到最大强度运动的习惯,请在参加这类强度较大的运动前,咨询注册运动专家。

2. 如果疾病补充问题中,你有一个或多个回答为"是":

(1)在参加进一步的体力活动或体适能评估之前,请咨询专家。

(2)填写专门设计的筛查问卷,并进行运动咨询。如填写 www.eparmedx.com 上的 ePARmed-X+问卷,或在注册运动专家的帮助下,填写该问卷并获得更多的帮助。

3. 如果有以下任何情形,请暂缓开始进一步的运动:

(1)急性疾病期间,如严重感冒或发烧,请在病情缓解后再开始运动。

(2)妊娠期,在开始运动前咨询医生、注册运动专家,并填写 ePARmed-X+问卷。

(3)如果你的健康状况改变,请在开始任何体力活动前,咨询医生或注册运动专家

使用该问卷时,应忠实于原文,不允许进行任何改变。问卷作者和合作方、合作组织及其代理机构,不承担体力活动者或使用问卷者的责任。如果对问卷填写有疑问,请咨询医生。

另外,完成 PAR-Q+问卷者,请阅读下面的声明并签字确认。未达到法定年龄者,需要进行咨询或得到医生许可,请父母、监护人和医生同时在下方签字。

参与者声明

本人已经阅读、完全理解并认真填写此问卷,认可此声明自签署之日起 12 个月内有效,当本人健康状况改变时失效。本人知晓委托人(如雇主、社团/体适能中心、医生或其他签名者)可同时得到该问卷的复印件存档。

因此,委托人必须遵守地方、国家的个人健康信息存储法规,确保委托人对私人信息进行保密,并不会滥用或错误公开此信息。

姓名:　　　　　　　　　　　日期:

签名:　　　　　　　　　　　证明人:

父母/监护人/医生签名:

二、危险分层

鉴于国内个别高校曾经有学生在参加较大强度的运动时,突发如猝死、急性心肌梗死等风险事件。因此,一定要进行危险分层,中高危人群在运动测试或运动前,一定要配备医务监督来保障安全。

(一)危险分层的标准

心血管疾病的危险分层见表 10-3。

· 171 ·

表 10-3　心血管疾病的危险分层示意表

影响因素	危险分层	
	男性<45 岁 女性<55 岁	男性≥45 岁 女性≥55 岁
无症状或 1 个危险因素	低危	低危
≥2 个危险因素	中危	中危
患有心血管、肺脏或代谢性疾病中的 1 或 1 个以上心血管、肺脏、代谢性疾病症状或体征	高危	高危

(二) 根据危险分层给大学生的建议

第一,大学生有糖尿病、肺气肿、肝硬化、静脉炎、心脏疾患、血压异常、关节肿胀、虚弱眩晕、贫血症、癫痫症、哮喘、低血糖症、出血倾向、精神疾病、支气管炎、消化道溃疡、癌症、肠炎、甲状腺疾病、痛风、关节炎以及女生的体脂率>30%、男生的体脂率>25%等一些病症,需要进一步进行医学检查,并在医生监督下才能进行适当强度的体育锻炼。

第二,确定自身当前的体力活动水平和有无运动习惯,以便更好地确定是否已经适应了规律的体力活动的用力程度。没有完全适应的同学盲目地参加运动,可能会无端地增加自身心血管系统的负担,加大了罹患心血管疾病的风险。

运动习惯分无规律运动和有规律运动两种。一般情况下,有运动习惯的大学生每周至少有 3 天、每天 30 分钟的体育活动。有相当于中等强度系统性的体力活动,持续时间应该不少于 3 个月。否则就是没有运动习惯。

依据自身运动习惯结合表 10-4 对照以下几种情况进行运动或运动进阶,以减少运动中突发心血管疾病的事件。

表 10-4　危险分层的预期运动强度建议分类表

危险分层	运动强度	运动前医学检查	运动前运动测试	运动测试时医生监督
低危	中等强度	不必要	不必要	不必要
	较大强度	不必要	不必要	不必要
中危	中等强度	不必要	不必要	不必要
	较大强度	推荐	不必要	不必要
高危	中等强度	推荐	推荐	推荐
	较大强度	推荐	推荐	推荐

大学生本人有运动习惯而且没有心血管、代谢、肾脏疾病史,也就是本身是健康的,不需要再去医院做医学检查就可以稳妥地做低到中等强度的运动计划,之后遵守运动处方原则,循序渐进地由中等强度向高强度进军。

大学生入学之前有运动习惯,但是伴有已经确诊的心血管、代谢和肾脏疾病且无相应症状,必须在系统性运动计划前,做一次医学筛查,然后从低等强度运动开始,逐渐耐受适应后再根据需求逐步进阶。

那些没有运动习惯但显示有明显症状的大学生,必须到医院进行仔细的医学筛查。不管疾病严重到什么程度,在日常生活中出现了症状或体征,就要及时去做精准的医学筛查。然后,稍微做一些低到中等强度的体育运动,慢慢地耐受后再根据需求逐步向高一级强度进阶。

有运动习惯但有确诊心血管、代谢和相应的肾脏疾病,没有出现相应症状的大学生,允许做一些中等强度体育运动,不用去医院做筛查。如果在向高一级强度进阶的时候,建议做医学检查后再做运动计划。

特别指出的是,那些有运动习惯但有症状的大学生,一定要在及时做完医学筛查后,再做运动计划。

三、危险因素常规测试

(一) 血压

测量血压是大学生体检中常规项目。在检查前先排尿,确保身体处在舒适和放松状态,挽起衣袖休息 2~10 分钟。实测时,手臂与心脏保持水平,双脚平压在地上。

成人血压标准见表 10-5。如果收缩压也就是俗称的高压大于 140 mmHg 时,或者舒张压也就是俗称的低压大于 90 mmHg 的时候,请咨询医生。参加适当适度的体育运动是可以有效降低血压的。低血压的诊断情况需要因人而异做结论,对于一个人而言是低血压,但对于另一个人而言可能是健康的。有的人收缩压小于 90 mmHg,有的人舒张压低于 60 mmHg,或两者兼而有之。

表 10-5 成人血压标准示意表

类别	收缩压/mmHg(高压)	舒张压/mmHg(低压)
正常血压	<120	<80
正常高值	120~139	80~89
高血压	≥140	≥90
1 级高血压(轻度)	140~159	90~99
2 级高血压(中度)	160~179	100~109
3 级高血压(重度)	≥180	≥110
单纯收缩期高血压	≥140	<90

注:当收缩压和舒张压分属不同的级别时,以较高的分级为准。

血压值连续两天及以上比平时高 20% 左右,要倍加注意,表示身体机能下降了或过度疲劳。一般情况下,运动中会出现收缩压随运动强度的加大而升高,舒张压不变或有轻度的上升或下降的情况。运动过后,血压恢复较快,表明身体机能较好,运动后收缩压明显上升,舒张压也上升,或血压反应与强度刺激不一致,恢复时间延长等情况下,表明身体机能状况不佳。

烟草、酒精、咖啡因、心理压力、身体姿势、药物等都可以影响到血压值。处在卧位姿势时,血压下降;从卧位转变成坐位或站位的时候,血压上升。在一天当中,早晨血压下降,下午或晚上的血压上升或无显著变化。

(二)心率

静息心率是在清晨空腹状态下测量的心率,是衡量大学生的心脏是否健康的关键指标之一。心血管系统越健康,静息心率就越低。正常大学生的心率为 60~80 次/分钟(bmp)。表 10-6 可以用来评估成人静息心率。

表 10-6　成人静息心率示意表

名称	心率	症状
正常心率	60~100 bpm	
窦性心动过速	≥100 bpm	正常人激烈运动、情绪激动、吸烟、饮酒、喝茶和喝咖啡等,也可见于发热、休克、贫血、甲亢、药物反应等
窦性心动过缓	<60 bpm	健康的青年运动员、老年人、体力劳动者及睡眠状态下,也可由病理性疾病、服药引起

静息心率增加意味着平时的训练过度。研究表明,每周参与 5 次且每次 30 分钟的中等强度的有氧运动,以及每周进行 3 次且每次 30 分钟的高强度有氧运动,静息心率就会降低,每周最多可降低一次。平时心理压力、吸烟、疾病和炎热的天气等,都是致使心率增加的因素,因此,心率测量必须在一定的生理条件下进行。

心电图测量心率是黄金标准。动脉脉搏与心率一致,可以通过感觉血液流过动脉时引起的动脉规律性的收缩扩张来确定。

(三)血脂

血脂正常标准见表 10-7。

表 10-7　血脂正常标准示意表

四项指标	正常
总胆固醇(TC)	TC 值小于 5.2 毫摩尔/升
甘油三酯(TG)	TG 值小于 1.7 毫摩尔/升
高密度脂蛋白胆固醇(HDL-C)	HDL-C 值大于等于 1.0 毫摩尔/升
低密度脂蛋白胆固醇(LDL-C)	LDL-C 值小于 3.4 毫摩尔/升

(四)血糖

通过血糖测试能够主动知悉糖代谢的情况,诊断糖尿病的主要依据就是血糖是否超标。血糖检测分为空腹血糖和餐后两小时以后的血糖,血糖正常标准见表 10-8。

表 10-8　血糖正常标准示意表

静脉血	正常	糖尿病前期	糖尿病
空腹血糖	3.9~6.1 毫摩尔/升	6.1~7.0 毫摩尔/升	≥7.0 毫摩尔/升
餐后 2 小时血糖	<7.8 毫摩尔/升	7.8~11.1 毫摩尔/升	≥11.1 毫摩尔/升

(五)肥胖

在医学上,肥胖不是指单纯的体重超重,而被认为是人的体内脂肪组织积蓄过剩的状态。通常表现为一定程度的明显超重与脂肪层过厚,是体内脂肪尤其是甘油三酯积聚过多导致的一种特殊的身体状态。

食物摄入过多、不良的饮食习惯、睡眠不足、运动不足、机体代谢与内分泌功能的改变、原发性与家庭、个人生活习惯、社会经济发展文化背景环境等诸多因素,都是造成肥胖的原因,体重过度增长会导致大学生身体上的病理、生理改变或潜伏。

按照 BMI 标准,BMI 值"24"为中国成人超重的界限,BMI 值"28"为肥胖的界限。男性腰围≥85 厘米,女性腰围≥80 厘米为腹部脂肪蓄积的界限。

第二节　静态姿势评估

高校大学生保持端正优美的姿势既能减轻全身关节的压力,保证肌肉正常功能,同时也能有效地预防腰部、背部的疼痛,缓解减轻疲劳。静态姿势评估是识别肌肉失衡的基本工具。通过姿势评估,对诸如圆肩和头部前伸为特征的上交叉综合征,腰椎前凸与骨盆前倾为特征的下交叉综合征,以及足部过度外翻(扁平足)节曲内旋内收为特征的旋前变形综合征,能够制定相应的措施,选择出能有效减轻这些不良姿势或功能紊乱的干预措施,最终无痛地完成功能性体育训练任务。

一、肌肉失衡

肌肉失衡是某些特定类型的肌肉间缺少平衡的一种状态,这种趋势会呈现出系统性的表现。某些肌肉比较容易缩短(紧张),某些肌肉更容易被拉长(无力)。紧张和无力的肌肉组合会改变正常的动作模式,导致大学生身体关节生物力学的改变,最终引起退化。容易发生缩短或拉长的肌肉见表 10-9。

表 10-9　容易发生缩短或拉长的肌肉示意表

容易缩短的肌肉(需要拉伸)	容易拉长的肌肉(需要增加力量)
斜方肌上束、胸锁乳突肌、肩胛提肌、大圆肌	颈伸屈肌、三角肌后束、冈下肌、小圆肌、斜方肌中/下束

表 10-9（续）

容易缩短的肌肉（需要拉伸）	容易拉长的肌肉（需要增加力量）
背阔肌、胸大肌、胸小肌、竖脊肌、腰方肌	前锯肌、多裂肌、菱形肌
梨状肌、股直肌、阔筋膜张肌、腰大肌	腹内斜肌、腹横肌、臀大肌/中肌
腘绳肌、髋内收肌、比目鱼肌、腓肠肌	股内侧肌、胫骨后肌、胫骨前肌

二、引起姿势失衡的因素

肌肉不平衡（肌肉太弱或不灵活）、体重过重、床垫太软或太硬、跌倒或其他意外、不良的工作空间、不合适的鞋或脚的问题等多种因素及其相互作用，都会引起大学生的不良姿势。

（一）习惯性动作

平时习惯不好，长期伏案不活动，养成了不良坐姿和站姿，导致颈部和手臂的功能紊乱。有的大学生经常使用身体一侧如单侧背包等，身体持续处在一种不平衡的状态，形成了高低肩、脊柱侧弯等问题。

（二）重复性动作

有些大学生长期静坐少动，过度重复使用某一肌肉或肌肉群，髋腰肌的持续缩短和张导致肌肉失衡。有些大学生爱好游泳，胸肌发达而出现圆肩体态，有些大学生喜爱篮球运动，经常保持屈膝屈髋状态，形成了膝关节内扣，其股四头肌由于过度使用而造成肥大，很容易髌骨关节疼及出现炎症反应。有些大学生特别爱好健身，关注和锻炼某一特定的肌肉群，忽视其他肌肉的训练，也会导致肌肉失衡。

（三）损伤引起的动作模式改变

在关节损伤后，尚未完全恢复健康就急着进行运动锻炼，二次损伤导致组织受限，活动度不足。整个身体运用代偿机制，通过动员其他不该运动的肌肉参与运动，从而导致肌肉失衡，严重的也可能出现难以忍受的疼痛和损伤。

三、视觉评估

让参与评估的大学生穿着紧身的衣服自然站立，充分放松。教师或医生通过观察或者拍照片从前面、侧面、后面的角度开展最简单的静态姿势评估。评估检查点包括足部和踝部、膝关节、LPHC 腰盆髋复合体、头部/颈部等 4 个主要的关节区域，具体见表 10-10。

表 10-10　静态姿态评估

	检查要点
正面观	肩部：水平，无上提或圆肩； 头部：中立位，无前倾或旋转； 耳朵水平；肩膀水平；臀部水平；手臂两边肘部和腰部之间距离相等

表 10-10(续)

	检查要点
侧面观	足部和踝部:中立位、腿与脚底呈直角。 膝关节:中立位,无屈曲或过伸。 LPHC:盆骨为中位,无前倾或后倾。 肩部:正常的后凸曲线,不过度圆肩。 头部:中立位,无过度伸展(向前伸出);下颌平行于地板;耳线与肩膀成一条直线。 肩部直接越过臀部(不是向前)。胸部向上

	检查要点
后面观	足部和踝部:脚跟朝前,双脚平行无过度旋前。 膝关节:中立位,无内收或外展。 LPHC:盆骨水平,且与髂后上棘连线在同一水平。 肩部/肩胛骨:水平,无上提或前伸(内侧边基本平行,8~10厘米宽)。 头部:中立位,既不前倾也不旋转

第三节　姿势变形综合征

一、上交叉综合征

上交叉综合征的特点是:头部前伸、圆肩、上肢肌肉失衡。主要由久坐姿势不良导致肩部的肌肉变得紧张,造成肩颈酸痛,严重的还会压迫颈椎神经,引起头痛和手臂麻木。由于颈部的曲度变小了,大脑的供血量不足,导致人整天提不起精神。还会因为呼吸不顺畅和摄氧量的减少,使体内的废物在排出时受到阻碍,容易在体内堆积毒素,严重影响身体的机能。

二、下交叉综合征

下交叉综合特征的特点是:腰椎前凸、骨盆前倾、下肢肌肉失衡。久坐久站对腰部的负担很大,骨盆在人体结构中起承上启下的过渡作用,骨盆前倾是多数人都有的常见问题,其中一部分人是因为习惯造成的,如经常穿高跟鞋和肥胖的人等。日常中有一种假象,骨盆前倾的人,背看起来很直,腰椎过度前凸,让臀部看起来很翘的样子。

下交叉综合征的肌肉不平衡(表 10-11)会造成腘绳肌拉伤、膝前疼痛、下腰背疼痛等问题。通过松解紧张的肌肉,适当强化被拉长的肌肉力量,可改善该姿势变形。

表 10-11   下交叉综合征肌肉不平衡

缩短的肌肉	拉长的肌肉
腓肠肌	胫骨前肌
比目鱼肌	胫骨后肌
屈髋肌群	臀大肌
髋内收肌	臀中肌
背阔肌	腹横肌
竖脊肌	腹内斜肌

三、旋前变形综合征

旋前变形综合征的特点:膝外翻(X 型腿)、足部外翻、扁平足、下肢肌肉失衡。膝关节往内扣而身体的重心会转移到足部的内侧缘,足部有旋前的姿态,出现踝关节的疼痛和跟腱周围炎。足部问题很容易使膝关节由朝向第二第三脚尖的位置,改为朝内,造成膝外翻。

膝外翻会带来疼痛,关节不稳,膝部偏离会进一步影响到髋关节的排列,髋关节会被拉到屈曲、内收以及内旋的形状,导致肌肉的不平衡。髋部力量不均衡带来的行走步态异常,会造成髋关节炎。

旋前变形综合征的肌肉不平衡(表 10-12)表现为腓肠肌、髋内收肌群和阔筋膜张肌变紧,而臀大肌、臀中肌相对会变弱,减少了足部内翻、足背屈的动作,增加了膝关节内收内旋、足旋前的动作。

表 10-12   旋前变形综合征肌肉不平衡

缩短的肌肉	拉长的肌肉
腓肠肌	胫骨前肌
比目鱼肌	胫骨后肌
腓骨肌群	股内侧肌
髋内收肌	臀中肌/臀大肌
髂胫束	髋外旋肌
屈髋肌群	
股二头肌短头	

这些不平衡可能会造成足底筋膜炎、下腰背痛、胫后肌腱炎、髌骨肌腱炎等问题。通过松解紧张的肌肉,适当强化被拉长的肌肉力量,可改善该姿势变形。

第四节　身体功能动作筛查

在日常学习生活中或参加体育运动的时候,一旦重复错误动作,极易导致身体受到意外的损伤。

一、功能性动作筛查

功能性动作筛查(FMS)是由美国学者 Gray Cook 等设计,由 7 个测试动作构成的一种简单的、量化的动作质量评价方法,7 个动作分别是深蹲、跨栏上步、直线弓步蹲、肩关节灵活性、主动直腿上抬、躯干稳定性俯卧撑、旋转稳定性。

(一)FMS 测试评分标准

FMS 测试每个动作的评分从 0~3 分共有四个等级,见表 10-13。

表 10-13　FMS 测试的评分标准

等级	得分	表现
一	0 分	测试中任何部位出现疼痛
二	1 分	受试者无法完成整个动作或无法保持起始姿态
三	2 分	受试者能够完成整个动作,但完成的质量不高
四	3 分	受试者能高质量地完成动作

每个动作满分为 3 分,总分为 21 分。得 2 分和 1 分说明个体的动作相对表现差,得分为 0 分则说明个体不能完成动作或者已经出现疼痛。

在进行人体左右测试的时候,最终评分计左右侧得分最低一项分数。当最终得分小于或等于 13 分的时候,及时让大学生去接受物理治疗或进行正规的医学检查。得分为 14 分,各项目得分为 2 分且左右得分平衡时,相对运动风险较低。

二、FMS 测试必备知识

(一)测试所需器材(FMS 测试套件)

一支长 1.2 米左右的长杆、两支稍短的短杆、一块 2 米×0.6 米的测试板和一条弹力绳。

(二)骨骼结构或体表标志

(1)胫骨粗隆:在膝关节前面下方皮下隆起处,可触及,屈膝时更明显。

(2)髂前上棘:髂骨前上方的突起,平第二骶椎高度。

(3)外踝和内踝:外踝指腓骨下端向外的骨突,内踝指胫骨下端向内的骨突。

(4)远侧腕褶痕:自手指向身体方向最远的腕部褶痕。

(5)膝关节线:髌骨上缘和髌尖的中线。

(三)站位

观测人员一定要找准自己的距离和走位,这样有助于观察到测试过程中的左右细节。

1. 距离

需要距离受试者足够远,才能一眼看清楚全局,距离太近,只能注意测试的某个区域,不利于清楚地判断动作是否符合测试标准。

2. 走位

受试者有三次机会完成每项测试,测试人员需要根据测试内容适当走动,寻找最适宜的观察角度。

(四)执行顺序

虽然测试没有具体规定标准的顺序排列,通常为了方便,还是按照深蹲、跨栏上步、直线弓步蹲、肩部灵活性、主动直腿上抬、躯干稳定俯卧撑、旋转稳定性的顺序学习和测试。

三、FMS 测试动作与方法

(一)深蹲

该动作模式用来评价髋、膝、踝关节的双侧对称功能灵活性和稳定性,上举长杆过头顶的动作,测试胸椎、双肩的双侧对称功能灵活性和稳定性。所需器材有长杆和测试板。能够全面地完整地展示大学生的下肢灵活性、姿态控制能力、骨盆和核心稳定性。测试时深蹲动作口头指令见表10-14。

表10-14　深蹲动作口头指令

步骤	口头指令
1	完成以下动作的过程中如果感到疼痛请告诉我
2	双脚朝前,与肩同宽,挺胸站立
3	双手握杆,放置头上,使肩肘成90°角
4	将长杆举起至头顶正上方
5	上身挺直,双膝和长杆的姿势保持不变,尽量下蹲
6	在最低点保持1秒,然后回到原来的站立姿势

如有需要,受试者有三次机会完成动作,如受试者未能达到3分,则将测试板垫在受试者脚跟下,让受试者再重复上述指令,从正面和侧面观察受试者。脚跟下垫上测试板进行测试时,包括双脚姿势在内的所有姿势必须保持与原测试一致。深蹲动作模式评分标准见表10-15。

表10-15　深蹲动作模式评分标准

得分	动作模式
3分	躯干与胫骨平行或趋于与地面垂直;股骨位于水平面以下;双膝与双脚成一直线;横杆在双脚正上方保持水平

表 10-15（续）

得分	动作模式
2分	脚跟下垫上测试板后按 3 分标准要求完成动作
1分	脚跟下垫上测试板后无法按照 3 分标准要求完成动作

（二）跨栏上步

该动作模式用来评价大学生的髋部两侧、双膝、双踝的灵活性和稳定性,骨盆和身体核心部位的稳定性和控制能力及身体两侧在运动中的对称性。所需器材有长杆、测试板、短杆、弹力绳四种。跨栏上步能够充分暴露大学生在跨步功能中的不对称性和代偿动作,检测其单腿站立时的稳定性和控制力。

首先测量大学生胫骨的长度。用长杆测量地面至胫骨粗隆的高度,将弹力绳移至相同高度,或者让大学生右脚外侧靠在栏架底部,右腿与栏架的一条竖杆平齐,以此调节栏架高度。测试方法如下:

(1)受试者双脚并拢站立,脚尖平齐,并接触测试板。

(2)调整测试绳的高度(与受试者的胫骨粗隆同高),双手握长杆水平置于肩部后颈下方并与地面平行。

(3)受试者挺直腰椎,缓慢抬起一条腿跨过弹力绳后用脚跟触地,重心放在支撑腿上,并保持身体稳定。

(4)然后,跨栏腿再缓慢恢复到起始姿势。

(5)一侧腿测试完毕,换另一侧腿进行测试,分别记录两侧得分。

跨栏上步动作口头指令见表 10-16。

表 10-16　跨栏上步动作口头指令

步骤	口头指令
1	完成以下动作的过程中如果感到疼痛请告诉我
2	双脚并拢站直,双脚脚尖轻触测试板
3	双手握住长杆,把长杆水平放在脖子后面,贴在肩膀上
4	保持上身挺直,抬起右腿,跨过栏架,抬腿时注意脚尖要向上勾起,保持右脚与右踝、膝、髋成一条直线
5	只用脚跟着地,继续保持右侧踝、膝、髋成一条直线,将右脚移回原位

测试过程中,确保弹力绳齐平,开始测试时要求大学生尽可能挺直站立,为执行动作的腿评分,左右两侧的动作均需测试。如有必要,大学生左右两侧的测试最多各有三次测试机会,从正面和侧面观察躯干是否稳定,确保站立腿的脚尖在完成动作过程中和完成后始终与栏架接触。跨栏上步动作模式评分标准见表 10-17。

表10-17　跨栏上步动作模式评分标准

得分	动作模式
3分	髋、膝、踝在矢状面上保持齐平;腰椎保持不动;长杆与栏架保持平行
2分	髋、膝、踝在矢状面上不能保持齐平;腰椎移动;长杆与栏架未保持平行
1分	跨步过程中脚碰到栏架;身体失去平衡

(三)直线弓步蹲

该动作模式用来评价大学生髋部的稳定性和活动能力、股四头肌的柔韧性以及膝踝关节的稳定性。器材使用长杆、测试板。测试方法如下:

测量地面至胫骨粗隆顶端中点的高度,以确定受试大学生的胫骨长度,或通过跨栏上步动作测试时,栏架竖杆的刻度获取胫骨长度。告知受试大学生将后脚脚尖放在平板的起始线上。根据胫骨长度,让受试学生的前脚脚跟放在平板的相应标记上。多数情况下是让学生先摆好脚部姿势,再握长杆,会比较容易一些。

将长杆竖置于背后,轻触头、胸椎和骶骨。受试学生与前脚不同侧的手应当在颈椎处握住长杆,另一手则在腰椎处握住长杆。长杆在弓步测试的整个下压和恢复过程中,必须保持垂直。

受试学生降低后膝,使后膝触碰到前脚脚跟后方的板。然后恢复初始姿势,才算完成直线弓步蹲。若受试学生的动作有任何一方面未达3分标准,则评为2分。若受试者的动作有任何一方面未达2分标准,则评为1分。

测试过程中有下列的技巧:

(1)评分中的左右侧依前腿左右而定。

(2)动作过程中长杆始终保持垂直,并与头、胸椎、骶骨接触。

(3)前脚脚跟不离开平板,恢复到初始姿势时,后脚脚跟与板接触。观察是否失去平衡。

(4)与受试者保持较近距离,以防受试者完全失去平衡。

(5)左右两侧的动作均需测试。

(6)如有必要,受试者左右两侧的测试最多各有三次机会。

此外,还要进行排除测试——深关节灵活性测试:

后脚尖贴着前脚跟侧站立,使后脚踝关节向前屈。如果膝盖处于前脚内踝后方,踝关节背屈不足40°,测试不通过;如果膝盖处于前脚内踝前方,踝背屈活动度大于40°,测试通过。直线弓步蹲评分标准见表10-18。

表10-18　直线弓步蹲评分标准

得分	动作模式
3分	横杆始终与身体接触,横杆保持与地面垂直;躯干保持稳定;横杆与双脚保持在同一矢状面;后膝触碰到测试杆

表 10-18(续)

得分	动作模式
2 分	横杆未能始终与身体接触;横杆未能保持垂直;躯干出现明显摆动;横杆与双脚未能保持在同一矢状面;后膝无法触碰到测试杆
1 分	身体失去平衡;无法完成该动作
0 分	测试过程中任何时候,受试者感觉身体某部位出现疼痛

(四)肩部灵活性

该动作模式用来评价大学生双侧肩关节活动范围以及一侧肩关节的伸展、内旋和内收与另一例的屈曲、外旋和外履的能力。测试方法如下:

(1)测量横纹至中指尖之间的距离,即为受试学生手的长度。

(2)受试学生站立位,一只手握拳由下向上以手背贴后背部,尽力向上够,另一只手握拳由上向下以手掌贴后背部,尽力向下摸,记录两手最近点之间的距离。

(3)上下交换双手位置,重复以上测试,分别记录两次得分。

此外,还要检测肩部的疼痛隐患,两侧均需进行排除测试——肩部撞击测试:

受试者身体自然站立,将一侧手放到对侧肩上。保持手掌与肩的接触,尽可能地高抬肘关节。使受试学生排除测试的评分为阳性(+),两侧的分数也都要记录,以备将来参考。若受试学生在排除测试动作中感到疼痛,则评分为 0 分,继而全面评估受试者的肩部或推荐受试学生前往其他机构。

测试过程中有下列技巧:评分中的左右侧依上肩膀左右而定,若两手最近两点的距离与手长相同,则评分为低;确保受试学生双拳一次到位后,没有再尽力让双手靠近,重复测试并对两侧均进行排除测试,如有必要,受试学生左右两侧的测试最多各有三次机会。肩部灵活性评分标准见表 10-19。

表 10-19 肩部灵活性评分标准

得分	评分标准
3 分	小于 1 个手掌
2 分	大于 1 个手掌小于半个手掌
1 分	大于半个手掌
0 分	测试过程中任何时候,受试者感觉身体某部位出现疼痛

(五)主动直腿上抬

该动作模式用来评价大学生骨盆的稳定性和大腿后部肌群及小腿肌群的主动柔韧性。测试的步骤如下:

(1)受试学生仰卧后,掌心向下将双手放在身体的两侧,在一侧的膝关节下放置测试板。

(2)主动上抬另一侧腿,脚踝背屈,膝关节伸直。

（3）身体保持平直状态，一侧腿始终与测试板接触，然后把测试杆放在受试学生的踝关节中央部位并自然下垂，观察测试杆位于腿的位置。

（4）一侧腿测试完毕之后，换另一侧腿进行同样的操作，分别记录受试学生两次得分。

主动直腿上抬动作口头指令见表10-20。

表 10-20　主动直腿上抬动作口头指令

步骤	口头指令
1	完成以下动作的过程中如果感到疼痛请告诉我
2	平躺，双膝后部压在测试平板上，脚趾朝上
3	两臂放在身体两边，手掌朝上双脚并拢，处于中立位
4	受试腿保持平直，另一侧腿的膝盖后侧始终要压紧测试平板，尽可能高地抬起受试腿

注意：在评分过程中的左右侧要对应活动的左右腿，如果膝关节线难以辨认，一定要通过先屈曲膝关节，然后再伸直加以确定；确保非活动的下肢保持中立位；左右两侧的动作均需测试；如有必要，受试学生左右两侧的测试最多各有三次机会。主动直腿上抬评分标准见表10-21。

表 10-21　主动直腿上抬评分标准

得分	动作模式
3 分	测试杆位于大腿中点上方；踝骨垂线落在大腿中部和髂前上棘之间；非活动下肢保持中立
2 分	测试杆位于大腿中点与膝关节之间；踝骨垂线落在大腿中部和膝关节线之间；非活动下肢保持中立位
1 分	测试杆位于膝关节下方；踝骨垂线落在膝关节线以外；非活动下肢保持中立位
0 分	测试过程中任何时候，受试者感觉身体某部位出现疼痛

（六）躯干稳定俯卧撑

该动作模式用来评价大学生脊柱的稳定性、双侧对称性和肩带的稳定性。躯干稳定俯卧撑是一种特殊的单次伏地起身练习，是反映核心稳定性的一种基本方法，不是用来测量和考核上身力量。此外，还要进行排除测试——伏地起身测试。通过完成俯卧撑姿势伏地起身动作，目的在于检查脊柱伸展。观察受试学生的疼痛反应，如果受试学生感到疼痛，则记录为阳性，同时将整个躯干稳定俯卧撑测试评分记为 0 分，并执行更为全面的评估，或建议受试学生前往医疗机构进行下一步的检查。受试学生评分为阳性，要有专门记录本测试的评分，以备将来参考。

伏地起身测试口头指令见表10-22。

表 10-22　伏地起身测试口头指令

步骤	口头指令
1	腹部贴地俯卧,双手置于肩膀下,手掌朝下
2	下身不动,双肘挺直,尽力使胸部离开地面
3	是否感觉到疼痛

测试步骤方法如下:

(1)面朝下俯卧,两臂伸展过头顶,双手与肩同宽,即拇指末端与肩锁关节齐平。

(2)双手下移,保证拇指与额头(男)或下颌(女性)齐平。

(3)双腿并拢,脚趾勾起撑地,双膝和肘抬离地面。

(4)保持躯干稳固,将身体以一个整体撑起做一个俯卧撑。

注意:要让受试学生将身体以一个整体撑起,确保受试学生每次完成动作时,手部姿势不变,准备撑起时双手没有向下移动,确保胸部和腹部同时离地。受试学生有三次机会完成此项动作。另外,如果有需要的话,让受试学生双手摆在恰当位置,然后重复上述指令。躯干稳定俯卧撑评分标准见表 10-23。

表 10-23　躯干稳定俯卧撑评分标准

得分	动作模式
3分	男性受试者完成拇指与额头平齐姿势的一次动作;女性受试者完成拇指与下颌平齐姿势的一次动作;受试者将身体整体撑起,脊柱未弯曲
2分	男性受试者完成拇指与下颌平齐姿势的一次动作;女性受试者完成拇指与锁骨平齐姿势的一次动作;受试者将身体整体撑起,脊柱未弯曲
1分	男性受试者无法完成拇指与下颌平齐姿势的一次动作;女性受试者无法完成拇指与锁骨平齐姿势的一次动作
0分	测试过程中任何时候,受试者感觉身体某部位出现疼痛

(七)旋转稳定性测试

该动作模式用来评价大学生躯干在上下肢共同运动时,多维面的稳定性及其两侧的对称性。让受试大学生四肢着地,在其双膝与双手之间放置一块测试板,该板也可以是与测试板大小相似的板。测试板与脊柱平行,双肩和髋与躯干成 90°,双踝中立位,脚板与地板垂直。

在开始动作前,双手应当张开,双手拇指、双膝、双脚均与测试板接触。一侧肩前屈(向前伸臂),伸展同侧髋与膝关节,然后手触同侧脚踝外侧,并保持身体与测试板平齐,脊柱平直。两侧肢体均需测试,同样两侧均有三次机会,但是成功完成一次动作后,无需重复。

此外,还要进行排除测试——跪姿下腰伸展测试:

受试学生四肢着地,臀部后坐在脚后跟上,前胸下压,触碰大腿,双手尽量向前伸,以此来检查脊柱弯曲。若受试学生感觉到任何与此动作有关的疼痛,则评分为 0 分,并执行更为全面的评估或建议受试学生前往医疗机构。若受试学生排除测试结果为阳性,两侧的评分也需要记录,以备将来参考。

排除测试口头指令见表 10-24。

表 10-24 排除测试口头指令

步骤	口头指令
1	四肢着地,双脚放平,臀部尽量往脚跟上坐
2	上身下压,趴在大腿上,双手尽可能地向前伸
3	是否感觉到疼痛

注意:测试评分中的左右依活动上肢的左右而定,确保同侧肢体保持在板上方则评分,确保动作开始时脊柱平坦,髋、肩成 90°,而且左右两侧的动作均需测试。躯干旋转稳定性评分标准见表 10-25。

表 10-25 躯干旋转稳定性评分标准

得分	动作模式
3 分	正确完成同侧动作,手触到脚踝
2 分	手虽触到脚踝,但有动作代偿
1 分	无法完成动作

四、FMS 测试结果解读

首先,受试学生 FMS 测试单个项目得 0~2 分,说明其动作出现功能障碍。一旦进行强度稍大的运动训练,就会加大运动损伤风险。因此,建议根据下表 10-26 的解决方案开展训练,为时 3 周,然后再进行 FMS 测试,并对照测试结果,再进行运动或执行训练方案,避免运动损伤的发生。

第二,受试学生 FMS 测试得分为 0 分的项目解决办法是,要通过评估处理疼痛问题;然后同时处理灵活性项目如肩部灵活性和主动直腿上抬动作,改善和提高学生的灵活性;改善稳定俯卧撑、旋转稳定性的动作,有效地改善身体不对称性的动作;最后进行功能动作的整体训练。

FMS 测试结果解决方案建议见表 10-26。

表 10-26 FMS 测试结果解决方案建议

测试结果	解决方案
0 分	物理治疗、软组织放松、解决疼痛
1 分	软组织放松、增加灵活性训练、进行纠正动作训练
2 分	增加灵活性训练、进行纠正动作训练

五、FMS 筛查记录表

FMS 筛查记录表见表 10-27。

表 10-27 FMS 筛查记录表

姓名		性别		年龄		
测试日期		身高		体重		
惯用手/腿						

序号	测试项目		原始评分	最终评分	评述
1	深蹲				
2	跨栏上步(胫骨长厘米)	左			
		右			
3	直线弓步蹲	左			
		右			
	排除测试1 踝关节灵活性测试	左	+/-		
		右	-/+		
4	肩部灵活性(手掌长:厘米)	左			
		右			
	排除测试2 肩部撞击测试	左	-/+		
		右	-/+		
5	主动直腿上抬	左			
		右			
6	躯干稳定俯卧撑				
	排除测试3 伏地起身测试		-/+		
7	旋转稳定性	左			
	排除测试4 跪姿下腰伸展测试		-/+		
总评分	7 项得分				

第五节 运动风险防范

参加体育运动方式不当,对人体具有一定的危险性,容易导致运动损伤,诱发心血管疾病,严重的甚至造成死亡。尤其是那些高强度的体能训练和体育竞赛,不仅对人体的肌肉和骨骼系统要求高,对心血管系统功能要求也较高。运动中发生的风险一般有运动中的健康风险和运动中的损伤风险两种。

一、运动中的健康风险

不适当的运动容易诱发大学生原有的疾病,在运动中也可能出现如心血管、低血糖等问题,诱发心血管疾病比如心绞痛、心肌缺血、心律失常、血压过高或过低、晕厥、夹层动脉瘤、脑出血、猝死等,是最危险的健康风险。

大量的研究表明,心血管系统正常的健康个体从事中等强度的规律运动,不会引起心血管意外事件的发生,中等强度运动或体力活动能够诱发心血管意外风险也是非常低的。已经确诊或处于隐匿性心血管疾病状态的个体,在较大强度体力活动或剧烈运动的时候,诱发心肌梗死或运动猝死的风险快速地上升。

临床研究表明,已经确诊冠心病的人在较大强度(心率储备为60%～84%,或者心率强度为77%～93%)运动时,发生心血管事件的概率增加100倍。

经常参加体育运动的人,中等强度的运动是安全的,大运动量时发生猝死的危险性也很低;发生猝死危险性较高的是那些偶尔参加较大强度或大运动量的人,这些人在进行力竭运动时,发生猝死的危险性会增加7.4倍。

二、运动中的损伤风险

常见轻损伤包括人的肌肉、骨骼、关节损伤,轻伤是扭伤、拉伤、水泡、瘀伤和擦伤,严重但不常见的损伤包括脱臼和骨折。身体部位受伤最常见的是皮肤、脚、脚踝、膝盖和腿部肌肉,头部、手臂、躯干、内部器官(如肝脏和肾脏)受伤的可能性较小。

劳损就是过度运动导致的损伤,重复一个动作太多,以至于身体遭受磨损和撕裂的时候,就会发生劳损。比如胫骨疼,表现为小腿前部的酸痛,这是过度使用而导致的小肌肉撕裂或肌肉痉挛。如打篮球经常处于半蹲位,姿势不正确就会出现髌骨劳损。大多数人在进行中等强度身体活动时,肌肉、骨骼和关节损伤的可能性很小。体质健康水平高的人,发生损伤风险的可能性明显低于体质健康水平低的人。

三、有效防范运动中风险

运动中风险的主要诱因如下:

第一种是准备活动和整理活动不充分,较大强度运动或不当运动(如动作幅度过大)。像运动的时候弯腰、低头、屏气这些不良姿势,会明显地引起血压非正常波动。

第二种是关节使用不当。人体不同种类的关节允许不同类型的运动,例如,滑膜关节允许自由活动;铰链关节如膝关节和肘关节只允许屈曲和伸展;球窝关节如臀部和肩膀允许额外的活动,如旋转;软骨关节如背部的椎骨只允许有限的运动。不恰当的运动所产生的力量,会对关节或身体其他部位造成伤害,不同类型的损伤可以影响不同类型的组织。

身体疲劳后运动,如熬夜、醉酒、长途旅行等,会使身体机能下降,此时进行运动,运动中损伤风险会增大,尤其是心血管疾病的风险将大大增加。

因此,一定要特别注意运动中的风险防范。提高健康意识和健康风险防范的知识,了解健康风险评估,运动前应评估身体状态,进行体质测定,运动时遵循科学运动的原则,运动中学会自我监督,通过心率、主观感受等监测运动量,运动后做适当的整理放松运动,了解运动后适当补充营养的知识。学会健康管理与养成健康的生活方式,全面减少运动风险。

参 考 文 献

[1] 陈长洲,王红英,项贤林,等.改革开放 40 年我国青少年体质健康政策的回顾、反思与展望[J].体育科学,2019,39(3):38-47,97.

[2] 吴慧攀,尹小俭.青少年体质与心理健康关系的研究[J].中国学校卫生,2021,42(1):157-160.

[3] 吴慧攀,尹小俭,李玉强,等.中国汉族中学生 20 m 往返跑与心理亚健康的相关性[J].中国学校卫生,2017,38(12):1781-1784.

[4] 尹小俭,曾视平.共同关注体质与心理健康促进青少年全面发展[J].中国学校卫生,2021,42(1):5-9.

[5] 杨怡,陈洁,杨萱,等.超重、肥胖学龄儿童心理健康状况调查[J].中国健康心理学杂志,2015,23(10):1586-1589.

[6] 许天籍.大学生体质测试不合格人群的健康体能评测及运动处方设计研究[D].长春:东北师范大学,2022.

[7] 俞国良,李天然.社会转型中青少年心理健康的结构与特点探索[J].西南民族大学学报(人文社科版),2016,37(8):191-196.

[8] AKPARIBO R,HARRIS J,BLANK L, et al. Severe acute malnutrition in children aged under 5 years can be successfully managed in anon–emergency routine community healthcare setting in Ghana[J]. Maternal & Child Nutrition, 2017,13(4):e12417.

[9] NELSON C A,SCOTT R D,BHUTTA Z A, et al. Adversity in childhood is linked to mental and physical health throughout life[J].BMJ,2020,371(2):34-46.

[10] 王筱桂,刘铮,曹若湘,等.北京市儿童肥胖与抑郁症关系[J].中国食品卫生杂志,2007(3):214-217.

[11] 尹小俭.心肺耐力是儿童青少年体质健康的重要维度[J].中国学校卫生,2017,38(12):1761-1764.

[12] 陈华卫,窦丽,傅崇艳.中美青少年体质健康监测与后续干预比较[J].中国学校卫生,2018,39(10):1443-1448.

[13] 窦丽,陈华卫.大学体质监测后续工作的创新途径[J].湖北体育科技,2017,36(11):1011-1013.

[14] 应一帆,张锋.美国与日本学生体质健康测试研究[J].南京体育学院学报(自然科学版),2017,16(2):28-33.

[15] 陈华卫.美国《残疾青少年健康体适能测试标准》研究及启示[J].上海体育学院学报,2017,41(3):23-24.

[16] 窦丽.大学生体质健康的理论与实践研究[M].北京:北京理工大学出版社,2020.

［17］ 莫伟彬,宫明明,曾世程,等.广西大学生心肺耐力测试项目体系构建［J］.体育科技,2022,43(3):150-152

［18］ 张艺宏,何仲涛,徐峻华,等.国民体质监测与评价［M］.北京:科学出版社,2017.

［19］ JONATHAN B,REMCO P,PEPER O, et al. Effective speed and agility conditioning methodology for random intermittent dynamic type sports［J］. Journal of Strength and Conditioning Research,2007,21(4):1093-1100.

［20］ 国家队体能训练中心.身体功能训练动作手册［M］.北京:人民体育出版社,2014.

［21］ 李绪稳.浅谈学生灵敏素质的培养［J］.体育世界(学术版),2016(7):113-114.

［22］ 赵西堂,张玉宝,葛春林.运动灵敏素质理论与方法研究进展［J］.首都体育学院学报,2015,27(3):249-256.

［23］ 田麦久.运动训练学［M］.北京:高等教育出版社,2017.

［24］ 曾强,杨月欣,贾伟平,等.超重或肥胖人群体重管理专家共识及团体标准［J］.中华健康管理学杂志,2018,12(3):200-207.

［25］ 中华医学会内分泌学分会肥胖学组.中国成人肥胖症防治专家共识［J］.中华内分泌代谢杂志,2011(9):711-717.